INTERVENTIONS
PSYCHO-SOCIALES
Les personnes

W0345658

Martine Lamour
Marthe Barraco

SOUFFRANCES AUTOUR DU BERCEAU

Des émotions au soin

gaëtan morin éditeur
EUROPE

Paris, Gaëtan Morin Éditeur Europe
105, rue Jules-Guesde
92532 Levallois-Perret Cedex
Tél. : 01 41 40 49 19
Télec. : 01 41 40 49 21

Montréal, Gaëtan Morin Éditeur Ltée
171, boulevard de Mortagne
Boucherville (Québec), Canada, J4B 6G4
Tél. : (450) 449 2369

Casablanca, Gaëtan Morin Éditeur Maghreb
6 bis, rond-point des Sports, boulevard Abdellatif Ben Kaddour
20000 Casablanca, Maroc
Tél. : (02) 49 02 18

© Gaëtan Morin Éditeur Europe, 1998
Tous droits réservés

Couverture : DESIGN COPILOTE

ISBN : 2-910749-23-1

Dépôt légal : 3e trimestre 1998

En application de la loi du 13 mars 1957, il est interdit de reproduire intégralement ou partiellement le présent ouvrage sans autorisation de l'éditeur. Toute reproduction de cette publication, par n'importe quel procédé, sera considérée comme une violation des droits d'auteur.

Remerciements

Nous tenons à exprimer notre profonde gratitude au Dr Myriam David.

Ce livre, sans elle, n'existerait pas : elle nous a initiées à cette clinique du tout-petit et nous a formées à ne jamais oublier le bébé.

Nous remercions très sincèrement les bébés et leurs familles qui ont «accompagné» ce travail.

Merci aux professionnels de notre équipe et des autres institutions qui nous ont tant appris.

Merci aux collègues qui ont collaboré aux articles que reprennent certains chapitres de cet ouvrage :

- **Myriam David**,
- **Laurette Detry**
- **Claire De Vriendt-Goldman**,
- **Annie Gozlan-Lonchampt**,
- **Serge Lebovici**,
- **Michèle Léna**,
- **Catherine Le Van**,
- **Marie-Françoise Pain**.

Merci à nos collègues Colette Gachon et Evelyne Lemaire qui ont relu le manuscrit et nous ont fait part de leurs précieux commentaires.

Merci aux revues et ouvrages qui nous ont autorisées à réutiliser ces publications :

Revues :

- *Devenir*
- *Dialogue*

– *Neuropsychiatrie de l'enfance et de l'adolescence*
– *Nouvelle Revue d'ethnopsychiatrie*
– *Psychiatrie de l'enfant*
– *Revue de médecine psychosomatique*
– *Vie sociale et traitement*

Ouvrage :

– *L'Encyclopédie médico-chirurgicale*

SOMMAIRE

Introduction

Notre parcours, de clinicienne de la petite enfance, de formatrice[1] et de chercheur[2], nous a amenées à écrire dans des contextes divers (formation, séminaire, congrès). Ce livre est né de la demande de réunir et de synthétiser les articles qui ont jalonné notre pratique clinique. Nous l'avons fait avec un souci de transmission et de partage de notre expérience, dans ses aspects tant positifs que négatifs.

Notre pratique s'inscrit dans le cadre de l'Unité de soins spécialisés à domicile créée par le Dr M. David en 1975 et dirigée par le Dr F. Jardin, dans le XIIIe arrondissement de Paris. Le projet de l'Unité est d'offrir un soin psychologique le plus précocement possible aux bébés, à leurs parents et à leur environnement. Nous ne présentons pas ici l'ensemble du travail clinique de l'institution ni son fonctionnement global. Nous avons plutôt choisi de centrer notre réflexion sur les familles où les troubles graves de la parentalité exposent le bébé et appellent un soin précoce. Dans notre expérience, cela correspond aux familles carencées, dites à problèmes multiples, et aux familles où la mère présente une psychose chronique.

Les histoires cliniques qui nous ont mises le plus à mal sont aussi celles qui nous ont beaucoup appris. Nous avons perçu avec acuité la souffrance des bébés, des parents, ainsi que des intervenants. Dans ces paysages relationnels très tourmentés, la violence des émotions des protagonistes pouvait entraîner la sidération de la pensée et des *agis* qui ne faisaient que renforcer

1. Citons, entre autres : les universités Paris V (M. Barraco), Paris VII et Paris-Nord (M. Lamour), le COPES (Paris), le CPPA (Sucy-en-Brie), le PSYFA (Versailles).

2. M. Lamour : Recherches à l'université Paris-Nord et à l'USD en France, ainsi qu'au NIH (Bethesda Md) aux États-Unis.

et pérenniser les troubles. L'urgence était alors de se donner le temps d'évaluer, de donner sens, avant de conceptualiser le soin. C'est pourquoi nous sommes allées à la recherche (ou nous les avons construits) d'outils aisément utilisables, tant théoriques que pratiques, afin de nous aider dans ce cheminement.

Dans ces situations, la relation est en danger. Les dysfonctionnements interactifs ne se limitent pas à la relation parents-nourrisson : ils envahissent les relations famille-professionnels et les relations entre professionnels. C'est pourquoi ce livre s'adresse tout particulièrement aux professionnels tant du champ social que du champ médical qui sortent souvent meurtris de ces prises en charge.

Comment comprendre ce qui se joue ? Comment traiter ces situations ? À travers des histoires cliniques, nous tentons d'inventorier les questions et d'apporter quelques éléments de réponse.

Ce cheminement nous conduit de la souffrance des bébés à la pathologie interactive, en passant par les repères théoriques indispensables à la compréhension de la dynamique des relations parents-nourrisson. La dernière partie de cet ouvrage aborde les modalités de traitement, tant direct qu'indirect, de ces situations à hauts risques.

LA SOUFFRANCE DES BÉBÉS

Introduction

Lorsque nous parlons des bébés en souffrance, de quelle souffrance parlons-nous ? De la souffrance physique ou d'une souffrance psychique ?

Selon le dictionnaire, le mot « souffrance » peut désigner une douleur physique ou morale. Cependant, le mot « douleur » évoque généralement une sensation plus précise, moins durable que la souffrance ; au sens moral, on emploie plus souvent « souffrance » surtout s'il s'agit d'un état ou d'un « sentiment complexe » (P. ROBERT, 1980, p. 312).

Les bébés nous ont appris à ne plus opposer souffrance physique et souffrance psychique ; chez eux, la douleur physique peut s'exprimer par des troubles affectifs et relationnels, et leur corps nous parle de la souffrance affective et psychique.

Après avoir été longtemps ignorée, la douleur chez le bébé reste difficile à déchiffrer pour les soignants car elle s'exprime souvent de façon très globale, soit par des comportements d'hostilité, soit par des baisses de niveau de vigilance, c'est-à-dire essentiellement par les modes défensifs que l'enfant met en place pour se protéger, mais qui le mettent en danger d'être désinvesti par son entourage (A. GAUVAIN-PIQUARD, 1990). On comprend mieux pourquoi ces comportements ont pu être interprétés à tort comme l'expression d'une souffrance psychique et ont fait parler de retrait, de dépression chez le «bébé douloureux».

À l'inverse, nous savons bien que le corps, à cet âge si précoce, est la voie d'expression privilégiée des souffrances affectives, relationnelles ; ainsi arrête-t-il de se développer dans les carences intrafamiliales graves (nanisme psychosocial).

Si la souffrance physique était encore niée il y a peu, voire l'est toujours, la souffrance affective et psychologique demeure, elle aussi, largement méconnue chez les bébés. Banalement, on hésite à intégrer un enfant de 8 mois dans une collectivité car on connaît la fameuse angoisse de l'étranger, qui est devenue un concept réifié, mais on néglige les réactions des tout-petits qui, en raison de la gravité de la défaillance parentale, sont transférés brusquement de la maternité à la pouponnière, sans aucune transition.

1. Présentation des familles

Nous nous limitons aux nourrissons âgés de moins de 18 mois, exposés à des défaillances parentales graves, et que nous avons pu approcher au quotidien dans le cadre de notre expérience clinique : bébés dans les familles carencées et bébés dont la mère présente une psychose chronique grave (M. LAMOUR, M. BARRACO, 1991)

Les intervenants médico-sociaux nous formulent une demande de soins le plus souvent lorsqu'ils soupçonnent le nourrisson doublement en danger :

- danger physique résultant de l'inadéquation des soins, des négligences, des mouvements de maltraitance, voire des suspicions d'abus sexuels ;
- danger psychologique, engendré par l'exposition de l'enfant à la pathologie parentale.

Si les parents présentent une psychopathologie grave, elle n'est pas toujours identifiée comme telle, d'autant plus qu'elle est souvent composite, en «mosaïque», c'est-à-dire associant des manifestations dans des registres variés (psychotique, carentiel, anxio-phobique, etc.). Fait essentiel, cette psychopathologie s'associe à des troubles graves de la parentalité. Leur existence fait parfois se poser d'emblée la question de la distanciation ; dans certains cas, celle-ci existe déjà : les enfants ont été placés en famille d'accueil ou en pouponnière.

2. Les signes de souffrance du bébé

Le bébé nous avait été présenté comme un être fragile, sans défense, et nous avons découvert avec stupeur un bébé ni fragile ni passif, qui lutte activement face à un environnement adverse et développe ses propres stratégies défensives. Soumis à des conditions que nous percevons (que le bébé qui est en nous perçoit) intolérables au regard de ses besoins, ce bébé s'adapte, survit. Mais à quel prix ? C'est la question que chaque enfant nous pose, telle la petite Charlotte.

2.1. Esquisse d'un bébé en souffrance : Charlotte ou la « tension d'être »

► **C**harlotte naît avec un faible poids : 2,300 kg, un peu avant terme.

Sa mère, Mlle A., âgée de 22 ans, jeune femme fragile et immature, vit encore au domicile parental où se trouvent aussi un frère et une sœur aînés, tous deux en grande difficulté psychologique, avec pour horizon social leur travail dans une structure protégée (CAT). Leur père est retraité depuis peu. Leur mère semble avoir un rôle d'autorité reconnu de tous. C'est une femme dépressive, suivie par un psychiatre depuis longtemps et qui souffre d'une cardiopathie.

Le père de Charlotte, âgé de 30 ans, est de culture différente, traditionnellement opposée à celle de la famille de Mlle A. Il n'est accepté que difficilement et s'installe peu à peu au domicile avec A. et Charlotte. La grand-mère maternelle et lui se retrouvent vite dans une rivalité vis-à-vis de A. et du bébé. Le climat a toujours paru houleux entre tous.

Charlotte est d'abord complètement soignée par sa grand-mère. Son faible poids exige un biberon toutes les deux heures pendant les deux premiers mois.

Une nuit, de manière imprévisible, la grand-mère décède. Défaillance cardiaque ? Mauvais dosage de médicaments ? Accident ? Conduite suicidaire ? Toute la famille est choquée et culpabilisée. Charlotte perd à 3 mois l'adulte le plus significatif pour elle.

À cette période, ses deux parents se rapprochent. Ils s'épaulent dans le soin à prodiguer au bébé. Le père montre une certaine sensibilité : il permet à la mère de ne pas se sentir seule dans ces gestes de maternage qu'elle découvre et qui lui sont si peu familiers. Elle a immédiatement accepté de confier le bébé à une assistante maternelle de la crèche familiale (à 3 mois).

C'est la puéricultrice de secteur qui s'est préoccupée la première de ce bébé dès la naissance, de sa fragilité, de la place qu'il prenait dans cette configuration familiale, de ce « flottement » des parents quand ils s'occupent de leur fille. Ces impressions subsistent, les mois passant.

Les soins primaires ont du mal à être assurés par les parents, qui lui demandent des conseils, auxquels ils adhèrent sans nuance et sans adaptation ; par exemple, quand la puéricultrice trouve avec eux un aliment qui plaît au bébé, ils ne lui présentent plus que celui-ci jusqu'à ce que l'enfant le refuse activement.

Le choc de la disparition de la grand-mère perdure plusieurs mois et majore les difficultés à « porter ce bébé » tout en permettant un début de lien entre parents et enfant. Mais la défaillance parentale persiste, comme l'insuffisance de poids de l'enfant.

La mère reste à distance de Charlotte ; elle la prend rarement dans ses bras et semble avoir peu de plaisir à la câliner et à la soigner. Elle la regarde, en revanche, gentiment et lui parle de loin. Elle nous interroge sur le développement moteur de la fillette.

Le père se montre plus en interaction directe avec l'enfant. Il s'identifie plus au bébé, paraît sensible et a souvent des mouvements de rapprochement envers l'enfant qui y réagit positivement.

Charlotte, à 10 mois, se présente comme une enfant menue, au regard grave et perçant qui happe littéralement l'autre. Elle souhaite rester libre de ses mouvements et veut s'étaler sur le tapis ; là elle attrape les petits jouets, les regarde, les porte à la bouche. Elle démarre le « quatre pattes » avec la particularité de laisser la jambe droite plus molle, entraînée par le mouvement du reste du corps. Dans les bras de son père, qu'elle réclame, elle ne s'installe pas, gigote, se raidit et retourne au tapis. Nous constatons une hypotonie axiale, associée à une hypertonie des membres. Elle reste pourtant bien en contact du regard et de la voix. Elle lance des interjections pour qu'on lui réponde et reprend des sonorités qu'on lui propose. Elle peut imiter le geste d'au-revoir de la main et associer un mot : « ovoi ».

Si Charlotte a globalement progressé, des alertes sont déjà survenues sous forme de trois hospitalisations : à 1 mois et demi (3,650 kg) et à 2 mois et demi pour stagnation pondérale ; puis à 6 mois pour problème pulmonaire (elle pèse alors 5,300 kg)...

À 13 mois, en consultation dans nos locaux, Charlotte se met à quatre pattes ou debout, mais ne s'assied pas et sa raideur globale reste importante. Au cours des trajets en poussette, elle ne supporte que la position allongée à plat-dos. Les interjections, prémices du langage, n'ont pas changé et ne se sont pas enrichies, elles nous apparaissent même stéréotypées.

L'assistante maternelle, personne discrète qui a essayé de faire face aux difficultés du bébé, sans alerter, ne peut montrer l'ampleur des troubles qu'au cours d'une réunion. Nous nous apercevons alors que Charlotte évite systématiquement la position assise. Quand l'assistante maternelle l'assied sur ses genoux, elle ne supporte pas non plus la position des jambes à angle droit par rapport à son buste : sa jambe droite est hypotonique. Au tapis, elle ne s'assoit jamais spontanément et reste raide. Les repas se déroulent douloureusement. Charlotte n'a jamais manifesté ni grand appétit ni gourmandise, mais, là, elle semble ne plus avoir de sensation de faim, car elle ne réclame jamais, mange très peu, très lentement et de manière très sélective, arrivant à n'accepter que des biscuits en bouillie. Il est inconcevable qu'avec ses parents elle puisse se nourrir selon ces modalités. Eux n'en disent rien. Le faible poids de cette enfant est bien au-dessous de la moyenne ; elle perd 300 g en quelques jours.

À la demande de son père, elle est hospitalisée, pour la quatrième fois, pour une gastro-entérite (7,500 kg). Le couple traverse une crise importante, l'état de Charlotte ne peut pas passer au premier plan. ◄

2.2. Description sémiologique [3]

Comme Charlotte, tous les bébés nous ont appris que le corps est la voie d'expression privilégiée de la détresse, au niveau

---

3. Voir la synthèse au tableau 5, p. 211.

tant du poids, de la tonicité, de l'appétit, du transit que de la vulnérabilité somatique. C'est pourquoi l'évaluation du fonctionnement du bébé «balaiera» les secteurs suivants :

2.2.1. LA SPHÈRE SOMATIQUE

Les signes fonctionnels

Ils sont les mieux connus car tout ce qui touche aux grandes fonctions alerte parents et professionnels.

Les bébés étant dans la période d'organisation de ces fonctions, nous sommes vigilants aux difficultés d'installation des rythmes (faim-satiété, veille-sommeil). Concrètement, dans les soins, elles se traduiront par l'imprévisibilité des signaux du bébé exprimant la faim et le besoin de sommeil.

ALIMENTATION

Nous observons les particularités de la succion (lenteur, voracité, etc.), l'absence de plaisir lors de l'alimentation, l'absence de manifestation d'appel évoquant la faim. Il est souvent dit que «ces bébés ne demandent rien». Des régurgitations, des vomissements peuvent survenir. Et parfois se constitue une anorexie, ou l'inverse quand les enfants se «remplissent» indéfiniment.

ÉTATS DE VIGILANCE, ATTENTION, RYTHME VEILLE-SOMMEIL

◆ *ÉTATS DE VIGILANCE*

Le bébé exerce un contrôle sur ses niveaux de vigilance, qu'il peut utiliser à des fins défensives en réponse à des stimuli excessifs [4]. C'est le phénomène d'habituation qui témoigne d'une organisation adaptative précoce, mettant en jeu activement des pare-excitations internes.

Les bébés, en souffrance dans la relation, nous ont appris à donner aux variations de leurs états de vigilance la valeur de proto-émotions : le bébé exprime ainsi ses états de tension ou de détente, l'efficience ou le débordement de ses systèmes intégratifs. La chute dans le sommeil, pour se protéger d'une trop grande tension dans la relation, est fréquente chez les bébés que nous voyons : ils ne pleurent pas, mais manifestent ainsi

4. Cas du bébé prématuré hospitalisé, abordé p. 36 («Le climat perceptivo-sensoriel»).

leur détresse dans l'interaction avec leur mère. Progressivement peut se constituer une « hypersomnie refuge ».

Il faut parler ici des troubles de l'attention, que ce soit l'hypervigilance de ces bébés sur le qui-vive, dans un environnement chaotique, ou l'attention « rétrécie », focalisée à un objet (accrochage visuel par exemple, qui a pu être interprété comme un agrippement du bébé en réponse au holding parental défaillant).

Plus généralement, l'absence de souplesse dans les différentes variétés d'attention se retrouve fréquemment.

◆ *LE RYTHME VEILLE-SOMMEIL*

L'absence d'installation d'un rythme alerte, mais aussi la survenue d'une insomnie ou d'un sommeil haché, entrecoupé de pleurs et n'apportant pas le repos.

LES FONCTIONS D'ÉLIMINATION

Les épisodes de diarrhée ou de constipation sont toujours à resituer dans le contexte de vie de l'enfant. Exemple :

Thomas[5], âgé de 13 mois, est depuis trois mois à la pouponnière. À chaque changement important de son environnement, il a un épisode de diarrhée ; il « ne peut rien garder », note son auxiliaire.

Cette pathologie somatique est souvent d'apparence banale.

Les infections à répétition

Les infections ORL à répétition, dont on sait que la persistance chez les enfants accueillis en crèche doit faire évoquer des difficultés de séparation mère-enfant (pathologie symbiotique). Chez ces bébés, les absences qu'elles occasionnent vont encore aggraver les troubles, ainsi que les angoisses qu'elles suscitent chez la mère, qui provoquent une multiplicité de consultations, une anarchie du traitement, voire des hospitalisations (F. Jardin *et al.*, 1996).

Les fièvres inexpliquées

Elles apparaissent brutalement pour s'évanouir aussi vite ; elles traduisent parfois les angoisses massives au sein de la relation.

---

5. Son histoire sera développée au § 3.1.1, p. 153.

Nous avons pu les observer chez les bébés vivant en milieu carencé.

Nous en rapprocherons les pâleurs inquiétantes, tout aussi labiles.

La pathologie des voies respiratoires

La pathologie des voies respiratoires (rhino-pharyngite, bronchiolite, bronchite asthmatiforme, asthme attendu ou avéré) s'accroît chez les bébés que nous suivons, comme elle s'accroît dans la population générale. Ce qui est particulier, c'est l'investissement qui en est fait par les parents. Nous avons observé qu'elle soulève chez les mères des craintes bien particulières, liées aux angoisses de mort de leur enfant par étouffement. Quand elle devient trop envahissante, elle annihile les possibilités des parents à voir autre chose que la maladie de leur bébé ; son aggravation est anticipée de manière néfaste, attendue comme inéluctable.

Le bébé disparaît derrière la symptomatologie respiratoire qui devient le lieu des échanges privilégiés mère-bébé, enfermant les partenaires dans un cercle vicieux où seule la maladie anime la mère dans son lien à son enfant qui, en retour, le sollicitera à ce niveau.

La croissance staturo-pondérale

Nous avons appris, en particulier dans les situations de carences intrafamiliales, à être à l'écoute de ce que le bébé nous dit de sa possibilité ou non de grandir dans un environnement carencé à tous niveaux : la vie affective, la vie psychique et les soins nourriciers. Nous sommes attentifs dès le ralentissement de la courbe de poids, sans attendre une cassure. À l'extrême, on trouve le nanisme psychosocial où souvent s'associent des pseudo-déficits sensoriels (combien de fois avons-nous entendu : « Cet enfant est sourd ! ») et une pseudo-débilité.

2.2.2. LA SPHÈRE TONICO-MOTRICE

Le comportement moteur est l'autre sphère corporelle où s'exprime la pathologie précoce.

L'organisation tonique ou «formule tonique»[6]

Elle est très sensible à la pathologie interactive.

Les premiers signes de détresse peuvent s'exprimer dans ce registre. Tel est l'exemple de Laura[7] qui dans les premiers mois se raidissait et s'arc-boutait dans les bras de sa mère quand le contact devenait intolérable.

L'hypotonie ou l'hypertonie s'inscrivent dans une régulation significative de l'interaction. De labiles elles peuvent devenir permanentes et traduire l'évolution vers un mode d'organisation de la personnalité – ex. : l'hypotonie dans les carences. Soulignons là encore le cercle vicieux dans lequel sont enfermés adultes et enfant : un bébé mou est très difficile à porter et à «contenir» («il coule») : l'inconfort que ressent l'adulte rend les ajustements tonico-posturaux périlleux et entraîne une raréfaction des contacts, pouvant aggraver encore les troubles du tonus chez le bébé.

La motricité

La pauvreté des mouvements, la «retenue gestuelle» peuvent témoigner d'une difficulté du bébé à s'engager dans le dialogue. La discordance entre le développement de la motricité des membres et l'absence de déplacement global du corps est parfois la traduction corporelle d'une impossibilité d'autonomisation face à une mère psychotique qui ne tolère aucune distanciation de l'enfant.

La motricité non investie comme activité exploratoire (déambulation) est préoccupante et fait rechercher non seulement des carences de stimulation, mais aussi des perturbations graves du processus de séparation-individuation.

Les activités répétitives ou stéréotypies

Les balancements rythmiques, la stimulation répétitive d'une région du corps avec un objet dur expriment la difficulté du

6. L'organisation tonique (l'ajustement possible ou non, le maintien postural, l'extensibilité, la passivité, etc.) s'évalue dans l'interaction directe avec le bébé et par une observation attentive des interactions mère-bébé.

7. Son histoire est développée au § 1.4. p. 80.

nourrisson à réguler ses tensions internes. Quelquefois il utilise l'excitation douloureuse pour percevoir les limites de son corps.

Ces comportements, qualifiés par certains de comportements autistiques (ce qui pourrait faire craindre la constitution d'une pathologie autistique grave), nous les rencontrons dans des situations très carentielles et chaotiques. Durant le traitement de l'enfant et le travail avec son environnement, leur disparition est un argument en faveur de leur origine carentielle.

2.2.3. LES PROCESSUS DE RÉGULATION

Les bébés en souffrance, contrairement aux bébés en bonne santé, n'ont pas une grande flexibilité des conduites. Leurs réponses aux variations de l'environnement et aux tensions internes sont plus univoques. Aussi explore-t-on avec soin leur capacité à se calmer et à être calmés et les désordres régulatoires au niveau de leurs processus physiologique, sensoriel, moteur et de l'attention, avec, aux deux extrémités, l'enfant hypersensitif qui «réagit trop» et l'enfant en retrait qui «ne réagit pas assez».

2.2.4. LA DYNAMIQUE DU DÉVELOPPEMENT

On est alerté par un ralentissement, voire un arrêt du développement psychomoteur, et par la perte des acquisitions (ex. : sourire, tenue assise), à laquelle on est particulièrement vigilant dans les premiers mois d'un placement où l'amélioration apparente de l'état de l'enfant, grâce aux «bons soins» prodigués par la famille d'accueil, risque de la masquer.

Plus que les variations de la vitesse de développement, sont inquiétantes les atypies, les dysharmonies dans le déroulement des acquisitions (inversion de l'ordre des acquisitions).

Plus que la quantité des acquisitions, c'est leur qualité qui importe.

2.2.5. LA SPHÈRE RELATIONNELLE

Manifestations émotionnelles

Ce qui frappe chez ces bébés, c'est l'absence de manifestations de détresse et de plaisir. Le visage est peu mobile, avec une grande pauvreté des mimiques. L'histoire est «sans parole», un grand silence. Le sourire n'apparaît pas. On parle «d'affect plat».

Selma Fraiberg (1981), à propos de nourrissons qui lui avaient été adressés pour une absence de soins, des sévices soupçonnés ou avérés, et dont les parents présentaient de graves désordres de la personnalité et étaient dans une large mesure incapables d'élever leur enfant, décrit des réactions que nous connaissons bien :

- la réaction de «gel», observée à partir de 5 mois, se caractérise par une immobilité complète, un «gel» de la posture, de la motilité et de la voix. Elle peut survenir dans une situation nouvelle : pendant un temps long, l'enfant reste ainsi, les yeux dans le vide ;
- les «transformations de l'affect», très fréquentes, du type inversion de l'affect anticipé par l'observateur (plaisir à la place de la douleur, rire à la place de la peur, etc.), apparaissent entre 9 et 16 mois ;
- les états transitoires de désorganisation, sous forme de «crises violentes», expression d'une colère, avec éventuellement des mouvements auto-agressifs ; à partir de 1 an environ :

  «... Notre attention est attirée par l'image du petit enfant dont les défenses échouent devant l'insurmontable difficulté de se défendre sans défenseur. J'ai décrit des états de désintégration au cours desquels l'enfant agite ses bras de façon désordonnée, pousse des cris et n'a apparemment aucun contact avec ceux qui l'entourent» (Selma Fraiberg, 1981).

Nous avons pu également observer :

- le syndrome de l'enfant vide chez les enfants de famille carencées, dont nous reparlerons plus loin [8] ;
- des états dépressifs : peu expressifs, silencieux, atones, ces bébés ne sont pas perçus comme tristes mais comme indifférents. Ils n'intéressent personne et n'engagent pas à l'échange : ils expriment si peu de demandes. Le risque est grand qu'ils s'enferment dans leur dépression, et ce d'autant plus que celle-ci évolue à bas bruit.

---

8. Se reporter p. 55 («L'enfant vide»).

Troubles du contact

L'ÉVITEMENT

L'évitement a été la première défense que Selma Fraiberg a identifiée chez ces bébés, à l'âge de 3 mois ; c'est un évitement sélectif de la mère. C'est particulièrement flagrant au niveau des interactions visuelles : le bébé détourne son regard et peut le fixer sur une personne ou sur un objet.

Selma Fraiberg écrivait en 1981 :

« Mais que peut faire un enfant dans les dix-huit premiers mois de sa vie lorsque ceux qui l'entourent ne remplissent pas leur fonction de protection et qu'il est exposé à des expériences répétées et prolongées d'abandon ? Comment peut-il soulager sa propre souffrance ? Quels moyens a-t-il pour supporter son impuissance totale ou chasser « cette chose-là dehors » qui est vaguement associée à une expérience douloureuse ? Et si c'est à l'image de sa mère elle-même que la souffrance est associée à la suite de circonstances quotidiennes et répétées, comment peut-il se protéger de la personne dont il est entièrement dépendant et qui est pour lui source de souffrance et de déception ? Ces questions semblent nous mener à une impasse : penser l'impensable. » (S. FRAIBERG, 1993, p. 9).

LA MISE À DISTANCE DE L'AUTRE ET LA MAÎTRISE DE LA DISTANCE DANS LA RELATION

Nous les trouvons fréquemment chez les bébés de mères psychotiques [9].

Là encore, la tonalité du regard, son intensité, sa fixité, sa vacuité sont très indicatives de la qualité de l'échange.

L'hyperadaptation associée à une apparente passivité

Les bébés vivant avec une mère psychotique en offrent une bonne illustration. Très vigilants, ils se manifestent rarement et paraissent accepter de manger et de dormir au rythme des impulsions maternelles ; ce sont eux qui s'adaptent à leur mère [10].

---

9. Voir §1.3 p. 66.

10. Voir § 1.3 p. 66 (« Les familles où la mère est psychotique »).

Les troubles de l'attachement, de la différenciation des personnes

Ces troubles, de type attachement anxieux, indifférenciation des personnes, seront développés dans les chapitres suivants.

Conclusion

Lorsque nous entrons en contact avec les bébés et leur environnement relationnel, malgré le climat d'urgence et de dramatisation, malgré l'intensité des mouvements émotionnels chez tous les intervenants, nous prenons le temps de regarder le bébé et d'observer, d'évaluer la relation parents-bébé, du point de vue tant de l'enfant que des parents. Nous mettons alors en évidence d'importantes perturbations des interactions.

Dans ces familles, la souffrance du bébé est le plus souvent l'expression d'une souffrance relationnelle. S'il y a maltraitance, négligence, carence, c'est toujours dans le cadre de perturbations relationnelles que ces mouvements s'inscrivent. C'est pourquoi il nous faut aborder la dynamique relationnelle précoce.

REPÈRES THÉORIQUES SUR LES INTERACTIONS PARENTS-NOURRISSON

1. Les interactions

Avant de nous immerger dans la clinique, nous avons choisi de rappeler ici les quelques repères théoriques qui nous sont utiles au quotidien.

◆ **LES INTERACTIONS** se définissent en général comme l'ensemble des phénomènes dynamiques qui se déroulent dans le temps entre un nourrisson et ses différents partenaires.

Pour décrire les échanges entre le bébé et ses parents, nous prendrons d'abord comme modèle l'interaction mère-nourrisson. Mère et bébé vont interagir avec leurs comportements, leurs affects, leur vie psychique.

1.1. Interactions et modalités interactives [11]

Nous différencions trois niveaux, dans une démarche qui va de l'observable au fonctionnement préconscient et inconscient, en

11. Sont repris ici des extraits des articles de M. Lamour et S. Lebovici sur « Les interactions du nourrisson avec ses partenaires », parus dans l'*Encyclopédie médico-chirurgicale* (1989) et *Psychiatrie de l'enfant* (1991).

passant par le registre de l'affect : les interactions comportementales, affectives et fantasmatiques.

Ces trois niveaux sont toujours étroitement articulés dans le «se faisant interactif» (M. LAMOUR, S. LEBOVICI, 1989, 1991).

- **INTERACTIONS COMPORTEMENTALES** : manière dont le comportement de l'enfant et celui de la mère s'agencent l'un par rapport à l'autre.
- **INTERACTIONS AFFECTIVES** : influences réciproques de la vie émotionnelle du bébé et de celle de sa mère.
- **INTERACTIONS FANTASMATIQUES** : influences réciproques de la vie psychique de la mère et de celle de son bébé.

1.1.1. LES INTERACTIONS COMPORTEMENTALES

Lorsqu'on regarde avec attention mère et bébé interagir, on est frappé par la richesse, la complexité des modalités d'échanges tant corporelles que visuelles et vocales.

Ajuriaguerra parlait déjà de «dialogues toniques» pour décrire les ajustements corporels (J. AJURIAGUERRA, 1974).

Mère et bébé dialoguent aussi avec leurs yeux. De nombreuses observations ont souligné l'importance de la mutualité du regard entre une mère et un bébé. Winnicott (D.M. WINNICOTT, 1975) évoquait le rôle du miroir que jouait la mère pour son bébé : le regard mutuel, en permettant l'intégration en un même lieu, le visage de la mère, d'états affectifs différents du bébé, va favoriser la constitution d'une image de soi du nourrisson, distincte et différenciée de celle de sa mère.

Dès les premières heures, mère et bébé s'engagent dans l'échange langagier. Le bébé, par ses cris, ses pleurs puis, plus tard, par ses vocalises variées, communique à sa mère ce qu'il ressent. La mère ne s'y trompe pas et l'anticipe déjà comme sujet parlant, comme le suggère l'importance des pauses et des formes interrogatives, lorsqu'elle s'adresse à lui. Elle sait aussi s'adapter à la sensibilité acoustique particulière de son bébé dans les premières semaines, en donnant à sa voix un timbre plus aigu, en utilisant des fréquences prosodiques spécifiques, donnant parfois le sentiment qu'elle chante plus qu'elle ne parle à son enfant (J. RABAIN-JAMIN, 1984).

À la charnière des interactions comportementales et des interactions affectives prend place le domaine des comportements de tendresse mère-nourrisson : baisers, étreintes, blottissements, tous les types de caresses qui jouent un rôle essentiel dans la genèse de l'attachement entre le petit d'homme et ses parents.

La pauvreté ou la richesse, la qualité des échanges mère-bébé vont se révéler dans les moments de soins qui rythment la journée du bébé et aussi dans les temps de jeux.

Suivant la qualité des ajustements entre la mère et son bébé (c'est-à-dire la perception des signaux, leur déchiffrage, l'adéquation de la réponse de chacun des partenaires), on parlera d'interaction harmonieuse ou dysharmonieuse.

1.1.2. Les interactions affectives

Mère et bébé vivent dans un «bain d'affects».

Vers l'âge de 6-8 mois, dans le dialogue des émotions, ils vont s'accorder avec précision pour échanger dans l'harmonie. «L'harmonisation des affects» (D.N. Stern, 1985) ou «accordage affectif» permet à la mère et au bébé de faire l'expérience d'une communication intersubjective qui donne aux deux partenaires le sentiment d'une intimité profonde et au bébé le sentiment de se sentir compris et accompagné dans ses émotions : dans cette expérience subjective, la mère reproduit la qualité des états affectifs de son bébé sur un autre canal sensori-moteur que celui du bébé : par exemple, à des gestes du bébé vont correspondre des vocalises maternelles dont l'amplitude et la durée suivront celles des mouvements du bébé. L'harmonisation des affects est aussi une étape essentielle vers le langage, puisqu'elle se situe à mi-chemin entre l'imitation pure et la véritable traduction symbolique qui se mettra plus tard en place.

La période entre le septième et le neuvième mois est un temps important où apparaissent puis se déploient des phénomènes de signalement émotionnel, tel l'accordage affectif que nous venons de décrire, mais aussi de la «référence sociale». C'est un moment clé : «Les nourrissons commencent à développer un deuxième système d'interprétation qui survient lorsqu'ils découvrent qu'à l'extérieur il y a d'autres psychismes analogues au leur» (D.N. STERN, 1989). Le soi et l'autre n'incluent plus seulement une présence physique, une affectivité, une continuité, «ils incluent maintenant des états mentaux subjectifs – émotions, raisons, intentions...». Cela permet d'avoir le sentiment d'une communication intime entre soi et l'autre, de pouvoir partager ses émotions. On entre dans le domaine de l'intersubjectivité.

1.1.3. LES INTERACTIONS FANTASMATIQUES

On ne peut comprendre les relations précoces qu'en incluant la vie psychique des protagonistes, y compris dans ses couches les plus profondes, c'est-à-dire inconscientes. C'est pourquoi les psychanalystes ont introduit le concept d'interaction fantasmatique (M. LAMOUR, S. LEBOVICI, 1991 ; L. KREISLER, B. CRAMER, 1981). L'interaction fantasmatique va donner sens à l'interaction comportementale, elle est à celle-ci ce qu'est le contenu latent au contenu manifeste du rêve. C'est ici que s'anime l'enfant imaginaire, produit de la «grossesse de la tête» ; c'est là que prendront valeur les projections et les anticipations parentales, projections à prédominances positives ou mortifères, selon les cas.

1.1.4. LE PÈRE DANS L'INTERACTION

Ces processus que nous venons de décrire au niveau de l'interaction dyadique mère-bébé s'observent aussi dans l'interaction dyadique père-bébé.

Avec l'implication de plus en plus grande des pères dans les soins (paternage) qui a fait parler d'une «paternité de proximité» (D. CUPA-PÉRARD et collab., 1994), les travaux sur les interactions comportementales et affectives père-bébé se sont multipliés.

Parallèlement à un courant qui s'attachait à montrer les similitudes entre père et mère dans les interactions avec le bébé, des recherches ont mis en évidence que le père se différencie de la mère ; l'un n'est pas l'autre, pour reprendre l'expression de Jean Le Camus.

B. Cyrulnik résume bien cette différence :

« Pourtant, son style (*du père*) est différent. Il est plus stimulant qu'une femme. Les performances alimentaires sont supérieures (à condition d'alimenter avec un biberon !). Il toilette moins et joue plus. Il sourit moins, vocalise moins, mais "pinçouille" plus et empaume plus les jambes du bébé pour jouer à le faire pédaler. Les mères jouent beaucoup moins à pinçouiller et à faire pédaler. Mais le jeu le plus spécifiquement masculin, c'est le "lancer de bébé". Les mères soulèvent parfois leur bébé à hauteur de visage en souriant et en vocalisant, alors que les pères maternants effectuent d'amples mouvements d'ascenseur qui provoquent chez le nouveau-né un très vif intérêt.

« Dans une observation plus dirigée, nous avons noté que les jeunes accouchées médiatisaient souvent leurs interactions avec un nouveau-né à l'aide d'un objet (poupée, chiffon ou vêtement), alors que les hommes intervenaient directement à la main en délaissant les objets médiateurs.

« En somme, les mères sont plus tranquillisantes et plus intellectuelles, alors que les pères maternants sont plus excitants et plus manuels. Dans l'état actuel des observations, on peut penser que les stratégies éducatives sensorielles sont différentes, mais également favorables. » (B. CYRULNIK, 1989, p. 40-41).

Jean Le Camus (1995) oppose le dialogue phasique, qui caractérise la relation avec le père, au dialogue tonique [12], qui caractérise la relation avec la mère. Par exemple, les pères privilégient le canal tactilo-kinesthésique de type proximal dans le jeu social (sans jouet), la mère privilégie le canal visuel de type distal. Le dialogue père-enfant est conçu comme plus particulièrement adapté à l'ouverture vers l'environnement « par la médiation des caractéristiques motrices, émotionnelles et cognitives de son style, alors que le dialogue mère-enfant serait

12. *Tonique* et *phasique* sont employés ici dans leur acception classique (contraction musculaire) : *tonique* est synonyme de lent et continu (maintien des postures), *phasique*, de transitoire et discontinu (mouvements).

davantage lié à l'expression des émotions des deux partenaires» (J. LE CAMUS, 1995).

Ainsi le bébé va distinguer très précocement les soins paternels des soins maternels grâce à l'expérience sensorielle (odeur, grain de la peau, tonalité de la voix), tactilo-kinesthésique et tonico-posturale et à la tonalité affective de l'interaction.

Père et bébé s'engagent très tôt dans le dialogue et déploient sous nos yeux leur chorégraphie interactive riche d'affects. Là encore les interactions fantasmatiques orientent ces interactions comportementales et leur donnent sens.

1.2. La dynamique interactive ou l'orchestration des échanges

Parents et bébé sont actifs dans l'échange. Si le rôle des parents est évident, celui du bébé l'est moins.

1.2.1. LE BÉBÉ PARTENAIRE

Le bébé est un partenaire à part entière de l'interaction, doté de compétences et d'une personnalité. Il joue un rôle actif dans l'instauration et le maintien des modes interactifs par ses caractéristiques propres à sa naissance et à son jeune âge : il influe sur les échanges avec sa mère par la particularité de son fonctionnement dans les premiers mois (classiquement désigné par le terme de «non-mentalisation»), qui en fait d'abord pour la mère un étranger. Étranger qui ne parle pas, mais dont les pleurs, le regard, les comportements interrogent et vont peu à peu prendre sens.

C'est par son corps et sa riche sensorialité que le nourrisson communique avec sa mère avant la mise en place de mécanismes plus complexes au niveau de son comportement psychique. Ainsi, dès les premières heures, le nouveau-né suit des yeux le visage de sa mère, prend plaisir à des jeux d'imitations réciproques, en ouvrant et fermant la bouche ou en tirant la langue comme elle. Il montre aussi combien elle est unique pour lui, en marquant une préférence pour sa voix et en reconnaissant, dès les premiers jours, son odeur.

Cependant, un tout petit bébé n'est pas toujours prêt à communiquer avec son environnement. C'est lorsque ses besoins sont satisfaits, qu'il est calme, attentif, «éveillé», qu'il prend plaisir à l'échange. Soutenu par une mère sensible à son état d'éveil et à ses besoins de régulation face aux stimuli externes, le bébé va progressivement augmenter la durée de cet état, le plus propice à l'interaction avec ses différents partenaires.

Pourtant tous les bébés ne se ressemblent pas : chacun a sa personnalité, son tempérament (pour reprendre le terme utilisé dans les travaux américains). Les mères, comme les soignants proches des bébés, le savent bien, qui parlent de bébés faciles, de bébés difficiles ou irritables. Le mérite de Brazelton est d'avoir proposé un mode d'évaluation des caractéristiques tempéramentales du bébé qui permet de mieux comprendre son rôle dans l'échange avec ses parents (T.B. Brazelton, 1984). Lorsqu'on sait que le bébé de moins de 1 mois initie quatre fois sur cinq l'échange, et qu'il l'initie la plupart du temps par des pleurs, on comprend pourquoi des différences au niveau de l'aptitude à se laisser apaiser, de la capacité à utiliser les conduites d'autoréconfort et des quantités de pleurs ont un impact important sur les interactions. Ainsi, un bébé pleurant fréquemment amorce des interactions beaucoup plus fréquentes avec sa mère qu'un enfant plus placide (A.F. Korner, 1984). À un bébé très irritable qui ne peut être apaisé, une mère réagit d'abord par un mouvement dépressif, puis elle éprouve un sentiment d'impuissance ; dans certains cas, elle ira jusqu'au rejet du bébé. Les caractéristiques du bébé agissent sur le sentiment de compétence maternelle pour le museler ou l'épanouir.

Quand les enfants sont porteurs d'un handicap, d'une atteinte somatique, d'une pathologie à la naissance, qui font obstacle aux premiers mouvements d'identification de la mère, ce sont des situations à risque pour l'interaction ; elles réclament un accompagnement de la rencontre entre cette mère et ce bébé dans une optique de prévention.

Si les caractéristiques individuelles de l'enfant ont tant d'impact sur le maternage et le paternage qu'il reçoit, c'est bien parce qu'elles sollicitent la mère et le père au niveau de leur vie fantasmatique, par le canal des interactions comportementales.

Après avoir évoqué les partenaires, voyons comment ils jouent leur partition interactive

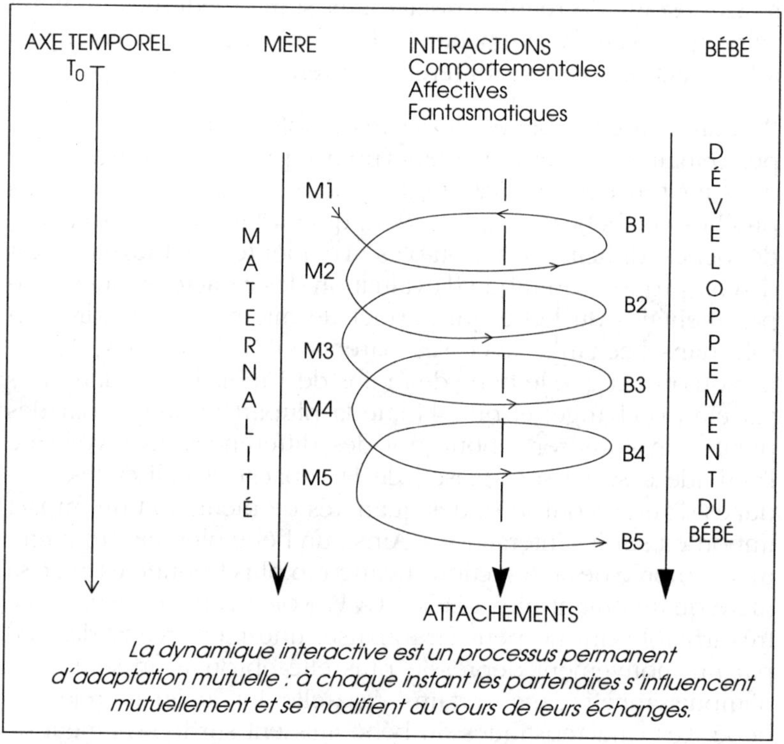

SCHÉMA 1. LA SPIRALE TRANSACTIONNELLE

1.2.2. L'ORCHESTRATION DES ÉCHANGES : LE MODÈLE TRANSACTIONNEL

La conception de la relation mère-nourrisson s'est modifiée. On. est passé de la théorie de la mère «toute-puissante», organisatrice de l'interaction, à la reconnaissance du rôle du bébé comme partenaire actif. La modélisation de la relation sur le mode d'une causalité linéaire, ou d'une addition de facteurs maternels et de facteurs liés au nourrisson, a cédé la place à la théorie transactionnelle, qui s'énonce ainsi : L'environnement (la mère, mais aussi le père) et le nourrisson s'influencent réciproquement dans un processus continu de développement et de changement.

Parler de la dynamique interactive ne peut se faire sans introduire la dimension de la temporalité. L'interaction parents-nourrisson apparaît comme un processus dynamique d'adaptation mutuelle qui se déroule dans le temps. La meilleure figuration de l'influence réciproque des partenaires au cours du temps est la spirale transactionnelle (S. ESCALONA, 1968).

À chaque étape du développement du nourrisson correspondent un stade de la parentalité et une nouvelle configuration de l'interaction. Les parents devront faire un important effort d'adaptation. Mais le premier développement est rapide ; le bébé franchit un grand nombre d'étapes en très peu de temps ; une mère, ou un père vulnérable, peut se désorganiser à certaines étapes. Les étapes importantes, comme le sevrage, la marche, signalent cette sensibilité, de même que des étapes plus fines comme le premier décollement du bébé du corps de sa mère, comme les variations dans la qualité du regard de l'enfant, etc. La dynamique de développement de l'enfant peut être ainsi à l'origine de certaines décompensations parentales.

Cette dynamique longitudinale d'adaptation des parents au niveau du fonctionnement de l'enfant favorise le déploiement des compétences du bébé, ses parents lui offrant un contexte approprié à chaque étape de son développement pour qu'il ait l'initiative de ses actes et les mène à bien.

Ce modèle transactionnel appliqué aux perturbations des relations parents-nourrisson les fait apparaître comme la conséquence d'une adaptation mutuelle problématique. Il n'y aurait pas de bons ou de mauvais parents dans l'absolu, pas plus que de bons ou de mauvais bébés ! Les facteurs de risques au niveau de l'interaction, qu'ils soient le fait des parents (par exemple, leur psychopathologie) et/ou de l'enfant (par exemple, prématurité, malformations, caractéristiques tempéramentales), ont un impact très différent suivant les familles : c'est la rencontre des partenaires qui leur donnera tout leur poids dans le système familial qu'ils vont créer. Quand l'adaptation mutuelle est difficile, parents et nourrissons s'engagent dans une spirale transactionnelle néfaste où prédominent les modes (les «patterns») interactifs inadéquats, qui ont la signification de mécanismes adaptatifs développés par chacun des partenaires pour mieux s'ajuster à l'autre et, dans les cas les plus graves, pour tenter de rendre tolérable l'intolérable (M. LAMOUR, N. KUKUCKA, 1989).

Quand la relation est perturbée, les stratégies adaptatives, qu'elles soient le fait des adultes ou des bébés, ne font le plus souvent qu'aggraver le dysfonctionnement interactif. Les partenaires s'enferment dans une spirale néfaste qui s'auto-entretient ; ils deviennent aveugles à l'inadéquation de leurs réponses.

La dynamique de l'interaction précoce peut se décrire, en complexifiant, du point de vue de la triade, c'est-à-dire des échanges mère-père-bébé.

1.2.3. LA TRIADE PÈRE-MÈRE-BÉBÉ : UN SYSTÈME D'ENCADREMENT DU DÉVELOPPEMENT

Quand père, mère et bébé interagissent, ils s'influencent mutuellement suivant certaines règles qu'on peut dégager et qui sont propres à l'ensemble qu'ils forment à trois. Ce système (L. VON BERTALANFFY, 1973) est une création originale qui, en réponse aux influences extérieures, se modifie pour tenter de retrouver un équilibre.

Dans ce système, quand l'un des parents présente une psychopathologie, les difficultés interactives caractérisent l'ensemble de la famille et pas seulement le membre porteur du symptôme (A. CORBOZ, 1986). Dans la clinique, la méconnaissance fréquente de cette dynamique alimente des attentes illusoires à l'égard du parent «sain». Ainsi, par exemple, le père viendrait suppléer la défaillance parentale de sa femme, en pleine désorganisation psychotique ; nous occultons alors la souffrance du père et son besoin d'être aidé aussi dans la relation avec son bébé.

Depuis une vingtaine d'années, il y a de nouvelles répartitions des tâches dans les familles et de grandes transformations dans l'implication directe de chacun des parents auprès du bébé. Des recherches, d'inspiration systémique, ont mis en évidence la précocité de l'organisation triadique mère-père-nourrisson et son importance dans le développement du bébé (A. CORBOZ-WARNERY, P. FORNIP, E. FIVAZ, 1986). De fait, les observations très précoces des échanges père-mère-bébé montrent que les partenaires mettent en place dès la naissance un système triadique. Pendant la grossesse, les parents qui ont des représentations mentales «d'être à trois» préparent le nid triadique, contenant psychique familial à triple polarité, qui accueille le bébé à sa naissance et dans lequel il se développe.

La triade père-mère-bébé apparaît comme l'Unité primaire à l'intérieur de laquelle se construisent les différentes dyades (père-mère, père-bébé, mère-bébé). Jamais deux sans trois ! (M. LAMOUR, 1995.)

C'est un système d'encadrement (E. FIVAZ, 1989). Mère, père et bébé sont dans des ajustements réciproques. Mais ils ne contribuent pas de façon symétrique à l'échange. La mère et le père, en raison de leur maturité d'adulte, ont des comportements plus ajustés et plus prédictibles que ceux de leur bébé : ils «encadrent» leur bébé, et plus précisément son développement.

Cette matrice triadique stable permettant l'organisation développementale donne l'occasion aux membres de la dyade de se différencier, de se séparer et de s'individuer en toute sécurité.

2. Les axes de développement

Comprendre et évaluer la dynamique des échanges parents-nourrisson sont des temps essentiels de la prévention et des soins, car c'est dans la matrice interactive que se font le développement de la parentalité, le développement de l'enfant et l'instauration des liens.

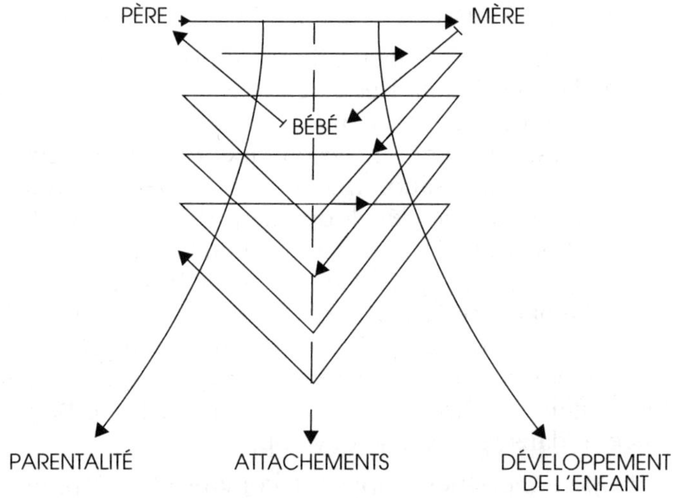

SCHÉMA 2. LES TROIS AXES DE DÉVELOPPEMENT

2.1. Le développement de la parentalité

La naissance d'un enfant implique des remaniements psychologiques, qui vont bouleverser le fonctionnement des parents : ce processus de maturation de la personnalité est désigné par le terme de «parentalité», et plus spécifiquement de maternalité pour la mère et de paternalité pour le père (T. BENEDEKT, 1959). Les parents vont avoir à cheminer pour faire une place tant physique que psychique à leur bébé et accompagner son développement.

- **La parentalité** peut se définir comme l'ensemble des réaménagements psychiques et affectifs qui permettent à des adultes de devenir parents, c'est-à-dire de répondre aux besoins de leur(s) enfant(s) à trois niveaux :
  - le corps (les soins nourriciers) ;
  - la vie affective ;
  - la vie psychique.

C'est un processus maturatif.

2.1.1. LA MATERNALITÉ

La mère s'engage dans la maternité, avec sa personnalité, avec son histoire personnelle dans sa profondeur transgénérationnelle, son histoire de couple et en fonction d'événements plus actuels. Elle va puiser dans ses premières relations, dans sa petite enfance. Cet enfant qui se développe dans son ventre, la mère l'a porté depuis longtemps dans sa tête : c'était d'abord l'enfant des profondeurs, l'enfant de l'inconscient, qu'elle a espéré, enfant, de son propre père ; puis c'est l'enfant qu'elle a désiré en tant que femme dans la rencontre avec un homme qui en sera le père ; c'est enfin l'enfant de ses rêveries, l'enfant imaginaire.

Le processus de maternalité est un processus continu qui dure toute la vie : chaque nouvel enfant va le raviver, le bouleverser. Cette évolution du lien, cette construction de la fonction parentale dans l'interaction avec l'enfant se retrouvent chez le père.

2.1.2. LA PATERNALITÉ

Du côté de l'homme, les bouleversements ne sont pas moins profonds que chez la femme. Si le désir de paternité ne peut être considéré comme équivalent à celui de la petite fille, l'homme est, comme la femme, amené à modifier sa place dans le cours des générations ; il devient père comme son propre père et transmet son nom. Les changements dans l'organisation de la vie familiale l'amènent à prendre part de plus en plus aux soins du bébé (paternage).

Les pères vivent des phénomènes émotionnels proches de ce que vivent les mères. Leur vie fantasmatique est très riche pendant la grossesse et les premiers mois ; ils «portent» aussi dans leur tête un enfant imaginaire (C. GILLES, 1991). Le «post-partum blues» (M.J. ZASLOW et collab., 1985) les atteint aussi, comme ces dépressions d'intensité moyenne dans la première année de vie de leur enfant.

La paternalité se différencie de la paternité, fonction qui garantit l'exercice de la parenté et rend compte des filiations.

2.1.3. La parentalisation

◆ **La parentalisation** est l'influence positive (création ou renforcement) exercée par une personne (le bébé par exemple) sur le sentiment qu'a un adulte (le père par exemple) d'être parent. Elle fait donc référence au vécu de l'« identité parentale » et aussi au sentiment de compétence. La paternalisation est la parentalisation appliquée au père, la maternalisation à la mère.

La parentalisation a d'abord été mise en évidence dans les sous-systèmes dyadiques :

– le bébé parentalise son père et sa mère dans le cadre des interactions dyadiques père-nourrisson, mère-nourrisson : « les compétences du bébé relance les compétences maternelles »...;

– La parentalisation et le couple :

La qualité de l'alliance parentale semble exercer une influence déterminante sur la parentalité. Un mari tendre et affectionné peut aider la mère en satisfaisant ses besoins de dépendance : celle-ci trouve alors plus facile d'exprimer des comportements « maternants » à l'égard du bébé.

Classiquement on attribue au père une fonction de soutien émotionnel de la mère (F.A. Pedersen, 1982) : le père renforce la compétence de la mère et son sentiment de bien-être. Il contribue à une adaptation réussie à la grossesse. À l'accouchement, il diminue le besoin d'antalgique et il favorise un vécu plus positif. Son soutien est un facteur important pour la réussite de l'allaitement. Le père serait d'abord « la mère de sa femme » avant d'être le père du bébé ! (A.E. Solyom *et al.*, 1981)

La réciproque, le support émotionnel du père dans son rôle paternel par la mère, a été en revanche moins étudiée. Les recherches qui se sont développées plus récemment à ce sujet montrent les mêmes types de résultats concernant l'influence exercée par la mère sur le père : la mère contrôle l'« accès » du père au bébé et favorise le développement de la paternalité chez son mari : elle le paternalise. La position maternelle à ce niveau s'origine dans sa propre histoire, par exemple dans ses modes de résolution de son Œdipe, etc.

Les représentations qu'a la mère de l'implication du père vont significativement influer sur sa perception de ce que le père fait.

Si, dans l'interaction dyadique, chacun des partenaires conquiert à travers ces processus conjoints un surplus d'identité, comme l'a souligné S. Lebovici, si le bébé parentalise chacun de ses parents, le contenant triadique permet très précocement le jeu complexe des parentalisations réciproques père-mère en présence du bébé, qui est un partenaire actif dans la construction de la parentalité.

C'est aussi dans le creuset triadique que se renégocie l'héritage des familles d'origine afin que le bébé prenne sa place dans les identifications transgénérationnelles (S. LEBOVICI, M. LAMOUR, A. GOZLAN-LONCHAMPT, 1997).

2.2. Le développement de l'enfant

L'intrication psyché-soma est évidente chez le bébé. Dans les travaux issus de courants théoriques et cliniques variés (psychiatrie, psychanalyse, psychologie développementale, sciences cognitives) qui se sont intéressés à la genèse de la pensée [13], l'accent est mis sur l'« ancrage corporel » des systèmes qui permettront l'avènement de la pensée, des représentations et de la symbolisation :

« … Les premiers noyaux de la psyché sont essentiellement corporels, et c'est donc dans le corps et par le corps que vont se mettre en place, peu à peu, les processus de symbolisation » (J. SIKSOU, B. GOLSE, 1991, p. 63).

L'école de Loczy [14] a montré l'importance de l'activité motrice autonome sur l'évolution psychique du bébé. Très tôt, lors de l'apprentissage des premiers grands mouvements, le bébé met en place les fonctions psychiques d'anticipation et de prévisibilité

13. *Protopensées* désigne l'« avant » de la pensée (D. Marcelli, 1985).

14. Décrite au § 3.1.1. p. 153.

ainsi que les premiers liens de causalité à la source de la pensée logique (A. TARDOS, M. DAVID, 1991).

Le temps et les rythmes participent pleinement à l'émergence des anticipations et de la pensée : le caractère cyclique, rythmique des comportements de la mère et du bébé dans l'interaction, leur structuration temporelle ont un rôle essentiel dans l'émergence des premières pensées du bébé, des anticipations, et dans la perception par l'enfant d'un environnement stable et fiable.

Pendant la première année, le bébé organise et lie peu à peu ses expériences, il unifie son corps et construit ses premières représentations, témoins d'une vie psychique naissante, tant dans les temps d'interaction que dans ceux de l'activité autonome, chacune se nourrissant de l'autre, dans un mouvement constant de va-et-vient.

Grâce aux échanges variés, nombreux et réciproques avec ses parents, le bébé va ainsi passer :

- de la parcellisation à l'organisation : la discontinuité externe sera compensée par la création d'un sentiment de continuité interne, à l'origine du self ;
- des éprouvés corporels et perceptivo-sensoriels aux premières pensées ;
- d'une faible différenciation soi-l'autre à une différenciation physique et psychique de l'autre ;
- de la perception d'objets externes mal différenciés à la construction d'objets internes, la représentation d'une mère, d'un père qu'il peut garder à l'intérieur de lui.

Aussi peut-on dire que le nourrisson se construit dans l'interaction tout autant qu'il la construit.

Un aspect du fonctionnement du bébé est peu connu et pourtant fondamental : sa mémoire. Les capacités mnésiques des nourrissons et des jeunes enfants sont en fait beaucoup plus élaborées que ce qui était reconnu jusqu'alors. L'enfant mémorise déjà *in utero*. La mémoire des nouveau-nés pour les événements prénataux est porteuse de la continuité transnatale. On naît avec son bagage de souvenirs ; la naissance, comme le dit B. Cyrulnik, est bien un déménagement !

Les capacités mnésiques permettent qu'une expérience d'interaction spécifique vécue soit encodée en une courte séquence, trace mnésique d'un épisode spécifique (par exemple : je tète le sein de Maman), constituée des actions, des perceptions, à la fois de soi et de l'autre. C'est le travail de la mémoire épisodique. L'événement va se répéter ; le bébé va travailler sur les multiples souvenirs d'événements particuliers qui alimentent sa mémoire. Il fait une catégorisation fonctionnelle de ces souvenirs en extrayant des invariants pour construire une représentation ou un modèle d'expérience qui a été généralisée, une moyenne. Par exemple, le prototype visuel d'un visage familier, en général inscrit dans une constellation affective, motrice, etc. Ainsi, dans la première année, la répétition des expériences interactives qu'il va se représenter mentalement va permettre qu'il les généralise : ce sont les « représentations d'interactions généralisées » (D.N. STERN, 1989). C'est la permanence de la mère, du père, qui permet au bébé de construire ses représentations. L'importance des rythmes qui organisent la continuité des comportements (macrorythmes des soins nourriciers par exemple) prend tout son sens. S'écrit ainsi une histoire interactive où chaque Unité successive incorpore les Unités précédentes ; des scénarios se construisent et sont mémorisés (D.N. STERN, 1994).

Dès les premières semaines de vie, les paysages relationnels, colorés par les émotions, s'esquissent dans la mémoire des bébés.

2.3. Instauration des liens, construction des attachements

Le fonctionnement mnésique du jeune enfant aide à mieux comprendre un des mécanismes grâce auxquels les modes relationnels de l'enfant sont, en grande partie, la résultante des interactions précoces avec ses principaux partenaires. Ce sont dans les petits riens du quotidien que vont se construire les grands liens. C'est ce « bain d'humain » qui va faire du bébé un petit d'homme, avec une vie psychique et affective riche et complexe : des soins purement fonctionnels conduisent à la mort psychique et corporelle (R.A. SPITZ, 1968). Quel que soit son environnement (famille, pouponnière, hôpital), le bébé a besoin d'un lien qui l'humanise, il a besoin de recevoir une qualité et une continuité d'attention de l'adulte. Le bébé noue ainsi des attachements privilégiés, c'est-à-dire des relations stables, fiables et sécurisantes.

2.3.1. COMMENT NAISSENT CES LIENS

Du point de vue des parents

Au cours des neufs mois de gestation, les pères comme les mères développent des sentiments puissants d'attachement à l'égard du bébé qui, progressivement, acquiert une réalité d'existence et une humanité. Va naître un bébé imaginaire, bébé héritier du passé, de l'histoire individuelle et familiale, porteur d'espoir et de craintes.

Ce bébé va être confronté au «bébé du ventre» : cette confrontation est l'événement psychique crucial de la naissance. Aimer son enfant au premier regard nécessite tout à la fois un attachement des parents à l'égard du bébé avant la naissance et un degré élevé de similitude entre les attentes parentales et la réalité du bébé.

Du point de vue du bébé

«Bowlby a eu l'intuition que chez les humains, comme chez les animaux, un besoin relationnel primaire devait exister. Suivre, s'accrocher, sourire sont des comportements faisant partie d'un répertoire destiné à maintenir la proximité et les soins de la mère» (B. PIERRHUMBERT, 1992, p. 70).

> ◆ **LA RELATION D'ATTACHEMENT CONFIANTE** se caractérise par le sentiment de se sentir protégé et en sécurité en présence d'une personne spécifique, et par le désir de rétablir le contact et la proximité avec elle en son absence (A.F. LIBERMAN, J.H. PAWL, 1988).

La disponibilité du parent, sa sensibilité aux signaux de l'enfant et sa capacité à y répondre de façon adéquate sont des facteurs déterminants dans la constitution d'un attachement où les adultes pourront être représentés comme aimants, dignes de confiance et fiables et où l'enfant se représentera lui-même comme une personne compétente et digne d'être aimée.

2.3.2. Le modèle interne dynamique d'attachement

L'enfant dans le cadre des interactions avec sa ou ses figures d'attachement construit des représentations mentales de lui-même et des autres en relation : le «modèle interne dynamique d'attachement» (J. Bowlby, 1969). Ce modèle de fonctionnement est intégré au cours du temps à la personnalité de l'enfant et guide ses appréciations sur l'autre et ses réponses dans les relations humaines (C.H. Zeanah, T.F. Anders, 1988). L'enfant va avoir des attentes à l'égard d'autrui mais aussi une image de lui-même dans sa relation avec autrui. Par exemple, un enfant rejeté pensera qu'il ne vaut pas la peine d'être aimé ; aussi n'attendra-t-il rien des autres ; il n'ira pas vers eux. Pour Bowlby, ces modèles se constitueraient en grande partie pendant la première année (d'où l'importance de la prévention précoce) tout en étant cependant remaniés jusqu'à l'âge adulte.
L'enfant construit un lien d'attachement différencié à son père, d'une qualité éventuellement différente de son lien à sa mère [15] (L. Bridges, J.P. Connell, J. Belsky, 1988 ; B. Pierrhumbert, 1992).

2.3.3. Les attachements multiples

La construction des attachements ne se limite pas aux relations parents-nourrisson. Dans les lieux d'accueil, les relations établies avec son assistante maternelle ou avec son auxiliaire référente sont aussi d'une grande importance pour l'enfant. Banalement, dans les temps de séparation et de retrouvailles à la crèche, les échanges quotidiens parents-enfant-auxiliaire alimentent la construction de modèles relationnels chez l'enfant. Les comportements de l'enfant sont révélateurs des représentations en train de se former, et les réponses des adultes vont alimenter cette

15. Selon la classification d'Ainsworth (sécurisant/anxieux...).

construction. D'où l'importance de l'établissement d'une relation de confiance enfant-parents-auxiliaire visant à la complémentarité, au-delà des compétitions relationnelles (B. PIERRHUMBERT, 1994). C'est là encore un axe de prévention important.

Conclusion

Ainsi, progressivement, cet homme, cette femme et ce bébé vont s'apprivoiser mutuellement : le bébé deviendra de moins en moins étrange et étranger à ces adultes, qui eux se sentiront de plus en plus père et mère de cet enfant. Une relation harmonieuse naîtra de la rencontre : les compétences du bébé seront révélatrices des compétences parentales, et réciproquement.

La qualité des échanges que nous venons de décrire brièvement dans leur complexité est primordiale pour les partenaires car elle aura un impact sur le développement de la parentalité, le développement de l'enfant et l'instauration des liens.

Nous comprenons mieux pourquoi les perturbations relationnelles graves exposent à une pathologie du lien, à des troubles de la parentalité et font peser des risques majeurs sur le développement de l'enfant.

C'est ce que nous rencontrons dans notre pratique clinique.

QUAND LA RELATION EST EN DANGER

Dans notre clinique des bébés sont exposés à des défaillances parentales graves. Quand la relation est en danger, elle l'est à trois niveaux : parents-nourrisson, famille-intervenants et entre intervenants.

1. Les perturbations des relations parents-nourrisson

Bien que cet ouvrage soit centré sur les familles carencées et les familles à pathologie psychotique, il nous paraît souhaitable de partir d'une situation plus banale (et en apparence moins complexe) mais où le bébé est exposé à un contexte qui peut le mettre en grande difficulté et où la relation parents-nourrisson est en danger : le nourrisson malade hospitalisé [16].

1.1. Quand le nourrisson est hospitalisé [17]

Nous nous limitons ici aux six premiers mois de vie du bébé, phase de développement essentielle. L'âge de 6-7 mois marque

16. Et dont la famille ne présente pas de psychopathologie.

17. Est reprise ici une partie du texte de l'article de M. Lamour, Annie Gozlan-Lonchampt et de Claire Goldman-De Vriendt : « Attention bébé : naissance de la vie psychique chez le nourrisson hospitalisé » (1994).

un tournant important avec l'apparition de l'intersubjectivité, témoin de la possibilité d'une communication intime mère-bébé.

Que va vivre un bébé défaillant sur le plan somatique, dans l'environnement hospitalier ? L'hospitalisation impose au bébé malade un nouveau cadre de vie et un monde relationnel particulier.

1.1.1. LE CADRE DE VIE HOSPITALIER

Il se définit par ses espaces, ses stimulations sensorielles et corporelles, ses rythmes.

Le climat perceptivo-sensoriel

L'observation des bébés hospitalisés nous donne partiellement accès à leur vécu «proto-émotionnel» : subitement manipulés, tenus, puis lâchés, irrités, malgré les gestes de tendresse des infirmières. Les sensations liées aux changements posturaux, à la perte du contact corporel avec l'infirmière, aux différentes manœuvres nécessaires pour effectuer les soins médicaux, définissent, à chaque moment, un climat perceptivo-sensoriel particulier pour le nourrisson (D.N. STERN, 1990).

La situation extrême du nouveau-né en réanimation sensibilise à ce que vit le bébé.

Imaginons ce bébé qui passe du monde intra-utérin au monde hospitalier. Dans l'utérus régnaient l'obscurité, des conditions sonores particulières, où en rythme de fond battait le cœur de la mère, et une température constante ; l'espace vital y était limité par une paroi musculaire et un milieu aquatique ; les rythmes du fœtus épousaient l'organisation rythmique de la mère. Transféré dès la naissance, le nouveau-né vit une rupture totale d'avec son environnement intra-utérin : il perd les rythmes maternels, les bruits du cœur de sa mère, etc. [18].

---

18. Pour éviter que le nouveau-né transféré ne vive une rupture totale d'avec le monde intra-utérin, des aménagements ont été proposés, comme faire entendre au bébé dans l'isolette les bruits du cœur de sa mère, ce qui a sur lui une action apaisante.

En néonatalogie, il se trouve dans une isolette, dont il ne sent pas les limites, soumis souvent à une lumière vive peu modulable, à un environnement sonore permanent et très variable, à des soins et des examens médicaux souvent douloureux. Intubé, le nourrisson n'entend pas ses propres cris. Ainsi, lors des examens douloureux, il crie, mais ses cris n'ont pas de valeur organisatrice : pour le bébé, les cris ne coordonnent plus son comportement, ne sont plus associés à sa motricité et ne l'aident plus à moduler l'intensité de sa douleur. Pour le nourrisson et pour l'environnement, ils ont perdu leur valeur essentielle d'appel.

Gavé, le nouveau-né est privé de l'alternance de sensations internes de faim, de satiété, privé de la succion et de multiples stimulations liées au goût du lait, à sa température, privé aussi de l'expérience de la déglutition (HERBINET et collab., 1982 ; G. RAIMBAULT et collab., 1980).

Dans de nombreuses modalités sensorielles, le bébé est soumis à des hypo et hyper-stimulations qui dépassent ses capacités intégratives [19]. Aussi est-il particulièrement exposé à un possible surmenage sensoriel, qui se traduit par des changements de couleur de sa peau, le type de respiration qu'il utilise, son état de vigilance et les signes de fatigue qu'il présente (T.B. BRAZELTON, 1981, p. 386). Il est très vulnérable dans la gestion des stimulations car il n'en est qu'au tout début de l'agenda de ses régulations homéostatiques :

– la première étape, le contrôle du système physiologique (respiration, rythme cardiaque, température du corps), est plus difficile à franchir pour les prématurés et les nourrissons à hauts risques que pour les enfants normaux nés à

19. L'accessibilité des stimuli au bébé dépend de plusieurs paramètres. « Le degré d'intensité est probablement le premier indice dont il dispose pour savoir s'il faut s'approcher ou se tenir à l'écart. Il guide son attention et sa curiosité et détermine son niveau d'intérêt » (D.N. Stern, 1992, p. 30). L'intensité modérée d'une lumière, d'un son, d'un contact l'intéresse et le stimule ; par contre il se ferme aux intensités trop fortes et « s'ennuie » aux intensités trop faibles. Le nouveau-né est passionné par les stimuli nouveaux, mais il se désintéresse des situations où la stimulation est répétitive ; c'est le phénomène d'habituation, décrit par Brazelton (T.B. Brazelton, 1984).

terme. Ce contrôle doit être acquis pour passer à l'étape suivante ;

– la deuxième étape : l'organisation stable des états de conscience, qui permet au nouveau-né d'avoir à sa disposition six états de vigilance, qui vont du sommeil profond à la forte crise de pleurs.

Pour franchir ces étapes, le bébé s'appuie sur la fonction organisatrice de l'adulte qui prend soin de lui (T.B. BRAZELTON et H. ALS, 1981, p. 410).

En cherchant les stimuli adéquats, en les dosant, tant dans l'interaction qu'en dehors, on favorise l'état de reprise physiologique, la guérison, le fonctionnement ultérieur du système nerveux central et le devenir de ce bébé.

Lorsque son état s'améliore, le bébé intègre le contrôle de ses différents systèmes et commence à les utiliser efficacement. Par exemple, grâce au phénomène d'habituation, il apprend à se soustraire à un stimulus sensoriel répétitif tel que les bruits de ses divers appareils. Grâce à la possibilité de régulation de ses états de vigilance, le bébé se protège alors d'un environnement sensoriel trop agressif (pare-excitation interne). Il se maintient dans les états 1 et 2 de sommeil ou en état 3 de somnolence. Mais, en se protégeant, il s'isole : il n'incite évidemment pas ses soignants et ses parents à interagir avec lui. Les variations des états de vigilance peuvent être alors considérées comme des proto-émotions, qui permettent au bébé d'exprimer ses états de tension ou de détente, traduisant l'efficacité ou le débordement de ses systèmes intégratifs.

Quand, depuis quelques jours, le bébé est extubé et que la sonde de gavage a été retirée, il est capable de téter, il commence à connaître l'expérience de la faim puis de la satiété. Il a aussi moins souvent à vivre des soins douloureux. Pris dans ce flot de sensations plus intégrables pour sa psyché naissante, il commence à éprouver deux types d'expériences : les unes satisfaisantes et apaisantes, les autres excitantes, désorganisatrices. «Le nourrisson peut maintenant les lier et investir ses appareils d'autonomie [...] au premier rang desquels la capacité d'attention» (D. MARCELLI, 1985, p. 415).

Le bébé s'engage peu à peu dans une interaction affective vivante qui à son tour mobilise, chez les soignants et les parents, des anticipations positives. Si minimes que soient les signaux interactifs émis, il est essentiel que les adultes les repèrent et y répondent en fonction de la grande sensibilité qui caractérise le nourrisson convalescent.

Pour des situations moins extrêmes que celles du nouveau-né en réanimation, le climat perceptivo-sensoriel peut être moins désorganisateur, par exemple en ce qui concerne les stimulations douloureuses.

Les éprouvés corporels

Chez certains nourrissons hospitalisés apparaissent la formation d'un dos dur en hypertonie, des contractures des extrémités, un accrochage du regard à un point lumineux, etc. Ces manifestations sont associées à l'absence d'un holding de bonne qualité. Plusieurs psychanalystes post-kleiniens (E. BICK, TUSTIN citées par A. CICCONE et M. LHOPITAL, 1991) les interprètent comme des mécanismes de défense contre des angoisses corporelles proches des «angoisses primitives» ; ils parlent alors d'«auto-contention» et d'«auto-agrippement». Selon leur hypothèse, ces angoisses primitives existeraient dès la naissance et évoqueraient la chute et la liquéfaction ; elles seraient normalement soulagées par un holding, physique et psychique, adéquat du nourrisson par sa mère.

À l'inverse et sous un tout autre angle théorique, celui de l'activité propre de soi (D.N. STERN), quand l'enfant subit une contention physique, il fait l'expérience que ses membres ne répondent plus à sa volonté de bouger. Les projets moteurs du bébé attaché dans un lit d'hôpital sont très limités. D'où l'importance de veiller à ce que l'enfant, quotidiennement et dès que possible, exerce librement sa motricité.

Le climat perceptivo-sensoriel et les éprouvés corporels vont peser sur la constitution du schéma corporel, de même que la douleur. C'est précisément parce que le schéma corporel est en train de se construire qu'une atteinte du corps risque de s'y inscrire durablement.

Nous l'illustrerons par l'exemple de Naura :

► **N**é à terme, par césarienne, ce petit bébé de 2,500 kg ne sait pas téter et est alimenté par sonde les premiers mois de sa vie, passant de longs temps à l'hôpital.

Rentrée à la maison, Naura refuse de se nourrir activement ; elle vomit sans cesse et recherche les excitations sensuelles. Quand, pour la première fois, après le retrait de la sonde, elle accepte de prendre un biberon, elle refuse le liquide tiède et n'absorbe que du lait brûlant. Elle en tète une petite quantité en regardant le plafond... et le rejette quelques minutes après.
Que vit Naura pendant le nourrissage ?
La tétée ne l'apaise pas ; le liquide tiède qui se répand dans sa bouche coule dans sa gorge, elle le sent à peine ; juste assez pour lui faire ressentir le manque : celui de la pression de la sonde.
Avec le lait brûlant, c'est différent. Il redessine le trajet pas encore oublié. Elle tète vite pour le sentir en continu couler en elle. Cette sensation forte lui restitue son corps ; elle s'y agrippe comme avant. Ne pas regarder, ne pas entendre et n'être que cela. Mais l'illusion est brutalement rompue. La tension monte en elle, se change en spasmes violents qui lui font expulser le lait.
Épilogue deux ans plus tard :
Naura et sa maman viennent rendre visite à la psychologue, qui voit Naura enfoncer dans sa narine droite un minuscule objet et le garder là où passait la sonde ! ◄

Au-delà de la réflexion sur ce que représente pour le bébé le passage du cathéter à l'alimentation normale, chaque étape étant à considérer comme un «microsevrage» (Y. QUINIOU-PIZZOGLIO, 1992), quelle place vont prendre les appareillages quels qu'ils soient (sonde, cathéter, respirateur) dans les éprouvés corporels du bébé ? Et ce d'autant plus qu'ils sont installés d'emblée et maintenus longtemps. Le bébé peut les percevoir peu à peu comme faisant partie de lui-même. Les lui enlever sans prendre en compte ce mécanisme risquerait alors d'attaquer son sentiment de continuité, de le lui faire vivre comme une amputation. Dans ces moments-là, la vigilance au fonctionnement du bébé est d'autant plus impérative que la suppression des appareillages est vécue par les soignants et les parents, à juste titre, comme un soulagement important et une nouvelle étape vers la guérison pour le bébé.

L'état somatique du bébé hospitalisé rend encore plus difficile la détection et l'interprétation de ces signes de souffrance.

La douleur

Elle tient une place toute particulière dans l'expérience quotidienne du nourrisson hospitalisé. Après avoir été longtemps ignorée, voire niée chez le nourrisson, elle reste d'interprétation difficile pour les soignants car elle s'exprime souvent de façon très globale chez le bébé, soit par des comportements d'hostilité (projection externe), soit par des baisses de niveau de vigilance, c'est-à-dire qu'elle s'exprime essentiellement par les modes défensifs que l'enfant met en place pour se protéger, mais qui le mettent en danger d'être désinvesti par son entourage.

La douleur va jouer un rôle important dans le développement du nourrisson : « Que la douleur soit trop forte, dure trop longtemps, et elle perd ce caractère vraisemblablement structurant, pour, au contraire, devenir effraction, écartèlement et vécu de détresse » (A. GAUVAIN-PIQUARD, 1990, p. 13-14).

La douleur pathologique, c'est-à-dire celle dépassant les possibilités de régulation et d'intégration du nourrisson, peut laisser en séquelle :

- une faiblesse dans le self, sous forme d'un doute profondément enraciné sur la possibilité d'exister en continuité ;
- une atteinte du schéma corporel.

Les rythmes

L'hôpital impose au bébé le rythme des soins médicaux et nourriciers, souvent loin de son propre rythme, malgré les efforts constants des soignants. Dans cet environnement, les conséquences de ses actes sont rarement prévisibles.

Cependant, les macrorythmes semblent exister. Même s'ils nous paraissent très loin des besoins du fonctionnement psychique du bébé, ils répondent à ses besoins physiologiques tels que la faim ; on peut imaginer que les «proto-pensées» du bébé émergent partiellement de ces macrorythmes. Mais la rotation des soignants accroît les difficultés. Pour prendre une métaphore musicale, la mélodie ne prend forme que s'il existe une portée.

1.1.2. LA VIE RELATIONNELLE DU NOURRISSON HOSPITALISÉ

Dans les conditions adverses décrites précédemment, les mécanismes adaptatifs que le bébé met en place pour se protéger dès que son état le permet renforcent son isolement et lui donnent de moins en moins de possibilité de communiquer à l'adulte ce qu'il vit, et donc d'être aidé. Cette tentative de protection se retourne contre lui, sur le plan relationnel. Le risque est qu'un véritable cercle vicieux s'instaure dans ses relations avec ses parents et ses soignants. La vie relationnelle du bébé se caractérise par une séparation plus ou moins totale d'avec ses parents et par la multiplicité des intervenants en contact avec lui, sur un mode souvent chaotique, n'offrant pas au bébé la possibilité d'anticiper.

Les interactions nourrisson-parents

SÉPARATION/DISCONTINUITÉ DE LA RELATION PARENTS-ENFANT

Les réactions de l'enfant à la séparation dépendent de son niveau de différenciation de la personne qui assure d'une manière privilégiée les soins, le plus souvent la mère, mais aussi de ses capacités de représentation et de mémorisation, donc d'une intériorisation de «quelque chose» des bras, du visage, du regard de cette personne pour qu'il puisse la garder en lui lorsqu'elle est absente et passer à l'évocation.

Qu'en est-il du bébé à ce niveau-là ?

Quand le bébé a été en contact avec sa mère, dès les premiers jours il reconnaît sa voix, son odeur. Dans les premiers mois, il ne dispose que de proto-représentations qui ne lui sont accessibles que si peu de changements interviennent dans son environnement. Plus l'enfant est jeune, plus l'intégralité du contexte est nécessaire pour permettre l'évocation.

Aussi, séparer un bébé de sa mère pendant la première année, est-ce risquer, d'une part, de l'amputer d'une partie de lui-même et, d'autre part, de provoquer une rupture brutale dans son expérience d'une certaine continuité d'existence. Changé totalement d'environnement, il peut difficilement se souvenir, évoquer ses expériences antérieures et les lier avec ce qu'il vit dans le présent.

MAINTIEN DES LIENS

Bien que les services pédiatriques se soient beaucoup ouverts aux parents, ceux-ci, vulnérabilisés par la pathologie de l'enfant, sont plus ou moins présents à l'hôpital. Ainsi :

- la création ou le maintien d'un lien d'attachement parents-bébé risque d'être compromis d'autant plus que les soins qui favorisent non seulement la proximité corporelle, mais aussi le dialogue émotionnel ne peuvent pas toujours être prodigués par les parents ;
- le bébé sera en difficulté dans la construction des représentations de soi en interaction avec l'autre. Le concept de représentation d'interaction généralisée [20] (RIG) par exemple, nous permet de comprendre que l'impact d'une hospitalisation sera très différent selon la présence ou l'absence de sa mère auprès du nourrisson avant et pendant cette hospitalisation, selon la durée de l'hospitalisation et l'âge de l'enfant au moment de l'hospitalisation.

Le maintien des liens parents-nourrisson est une préoccupation constante des équipes hospitalières qui favorisent :

- l'instauration progressive d'une régularité du rythme des visites, afin que le bébé puisse anticiper et peupler peu à peu son attente d'évocations ;
- la présence puis la participation des parents aux soins nourriciers dès que cela est possible ;
- un accompagnement des relations parents-nourrisson par un tiers afin de permettre la rencontre avec le bébé, en cas de pathologie grave ou de grande prématurité ;

20. Le concept de RIG est défini dans la deuxième partie de cet ouvrage.

– l'offre aux parents, quand cela est nécessaire (parents en état de choc, parents trop angoissés pour approcher ce «bébé-machine» entre la vie et la mort, parents déprimés), d'un espace pour parler de leur souffrance, de leur ambivalence à l'égard de ce bébé «étrange», si loin de leurs attentes !

La relation bébé-soignants

QUE SE PASSE-T-IL POUR LE BÉBÉ ?

Comme son environnement physique, son environnement humain est labile et imprévisible. Que peut mémoriser le nourrisson de ses interactions avec les soignants, quand ils sont nombreux à être en contact avec lui au cours de vingt-quatre heures ? Quelle «représentation d'être avec» intègre-t-il ? Peut-être tente-t-il de construire une «infirmière mosaïque», dans un essai d'unification ? Cette discontinuité risque d'entraîner là encore des carences relationnelles et un vécu de chaos pour le bébé. Pourtant les nourrissons construisent des attachements aux soignants : certains montrent des réactions de perte au départ de leur infirmière référente, véritable syndrome dépressif pouvant mettre en question la guérison en cours.

«Afin de ne pas trop demander à l'enfant de faire des puzzles pendant cette phase particulière de son développement» (J.A. DAVIS, 1989), il est souhaitable d'instaurer des liens différenciés et privilégiés avec des soignants de référence pour l'enfant.

QUE SE PASSE-T-IL POUR LES SOIGNANTS ?

Il n'est pas rare que le bébé soit l'objet d'un fort investissement des soignants. Dès son entrée en réanimation néonatale, Catherine Druon (1989) parle de «parentalité provisoire» des soignants.

Les soignants ont à gérer une situation de crise, crise où s'exprime la souffrance de l'enfant, crise dont témoigne la douleur des parents. La question majeure qui se pose à eux en permanence est la suivante : comment concilier efficacité sur le plan des soins physiques et réponse aux besoins affectifs et psychiques du bébé ?

Favoriser la création d'un lien plus différencié et plus stable avec une référente peut, *a contrario*, mettre celle-ci en difficulté dans les soins techniques.

Certaines équipes résolvent ce problème par la dissociation des gestes douloureux, qui sont accomplis par une autre puéricultrice que la référente, afin que le bébé repère sa référente comme une personne qui ne lui fait jamais de mal (C. DRUON, 1989).

Tous ces processus adaptatifs sont mis en place par les soignants pour rendre tolérable l'intolérable : ils sont exposés à recevoir les projections violentes que le bébé dépose en eux (mécanisme d'identification projective pour les psychanalystes) et risquent constamment d'être mis en échec dans leur fonction de contenant de ces émois archaïques et dans leur capacité à les penser et à les rêver, pouvant ainsi leur donner sens. Des défenses se construisent.

La qualité de l'investissement du bébé par l'adulte peut être constamment menacée dans ce contexte, d'où la nécessité du soutien du soignant référent et d'un cadre, dont les modalités sont à trouver par l'équipe hospitalière (par exemple des synthèses centrées sur l'enfant avec l'aide de psychologues et de personnes plus à distance, etc.).

La relation parents-soignants

Parents et soignants « se partagent » la parentalité : les soignants doivent répondre partiellement aux trois types de besoins du nourrisson (corporels, affectifs et psychologiques), mais jamais ils ne pourront remplacer l'investissement psychique continu de l'enfant par ses parents.

En raison des blessures narcissiques, de la culpabilité réactionnelle, de l'intensité des souhaits de mort à l'égard de l'enfant alternant avec les désirs de vie, l'angoisse des parents peut se cacher sous le masque de la colère, de l'hostilité à l'égard des soignants. Ils peuvent soit paraître très passifs, acceptant tout de l'équipe hospitalière, soit à l'inverse être en révolte permanente. Leur parentalité (voir définition p. 26) est en sursis.

La relation parents-soignants devient souvent source de conflits, étant donné l'intensité des angoisses en jeu et les processus inconscients à l'œuvre, et ce d'autant plus que les difficultés relationnelles parents-bébé et les conflits internes des parents sont aussi projetés sur les soignants.

Dans la triade bébé-parents-soignants, les angoisses de chacun des partenaires sont projetées dans l'autre et risquent de s'amplifier et d'avoir un impact désorganisateur si elles ne sont pas contenues. La violence se joue dans l'alternative normalité-handicap et vie-mort. Cette problématique s'exprime dans le vécu de l'observateur qui se sent pétrifié devant ces bébés somnolents ou endormis, et aussi par la négation de l'existence de la douleur chez le bébé, aussi bien par les parents que par les soignants, s'associant à des processus de clivage.

Quittons le bébé hospitalisé pour entrer dans des familles où la gravité des troubles de la parentalité expose le bébé tant psychiquement et affectivement que physiquement.

1.2. Négligence et carences intrafamiliales[21]

Ces vingt-cinq dernières années, de nombreux et importants travaux sur la maltraitance ont porté essentiellement sur les sévices corporels et les abus sexuels. Pourtant il nous paraît urgent d'attirer l'attention sur ces états de négligence et de carence précoces, tout particulièrement quand ils se développent au sein même de la famille.

Il s'agit en effet d'un problème particulièrement grave, par :

- sa fréquence ;
- la précocité et la sévérité des troubles qui en résultent et qui touchent tous les secteurs du développement de l'enfant (physique, affectif, relationnel, cognitif) et le potentiel de parentalité des parents ;
- les difficultés d'atteindre ces enfants, leurs parents et d'assurer une continuité de soins.

---

21. Sont inclus et synthétisés ici des extraits de l'article «Recherche sur les nourrissons de familles carencées», paru dans *Psychiatrie de l'enfant* en 1984 et écrit par M. David, M. Lamour, A. Kreisler, R. Harnisch.

«Par tradition, la négligence se définit comme une forme de mauvais traitement caractérisé par un manque de soins sur les plans de la santé, de l'hygiène corporelle, de l'alimentation, de la surveillance, de l'éducation ou des besoins affectifs, mettant en péril le développement normal de l'enfant. Il s'agit d'un manque ou d'une absence de soins nécessaires pour répondre aux besoins de l'enfant selon son âge et son niveau de développement. La négligence ne peut donc être définie qu'en interaction avec le degré de dépendance-autonomie de l'enfant.

«Les risques de négligence sont plus grands lorsque l'enfant est jeune et plus dépendant» (E. Palacio-Quentin, L.S. Ethier, 1993).

Nous aborderons ici les situations de négligence et de carences intrafamiliales chroniques qui touchent les nourrissons, c'est-à-dire quand la dépendance de l'enfant à l'égard de l'environnement est maximale.

Les carences affectives ont été depuis longtemps identifiées et étudiées chez les nourrissons d'abord dans le contexte institutionnel puis dans le contexte familial.

L'hospitalisme démontre de façon dramatique que des soins purement fonctionnels conduisent à la mort psychique et physique (R.A. Spitz, 1965).

Dans la clinique, l'expression de ces carences affectives précoces est variée. Kreisler parle d'«inorganisations structurales du jeune enfant, conséquences des carences affectives chroniques» (L. Kreisler, 1989), et les rattache à la pathologie du «vide relationnel». L'exemple le plus connu est celui du nanisme par souffrance psychologique : «On ne peut pas grandir si l'on n'est pas aimé.» Les retards de croissance ou les arrêts du développement staturo-pondéral sont des signes particulièrement alarmants et actuellement vite repérés, mais il est des situations où l'état de l'enfant attire moins l'attention et qui pourtant à long terme ont des effets très graves sur le développement de l'enfant. Les carences ne se limitent pas au domaine affectif.

Ce sont les enfants de familles carencées ou familles dites à problèmes multiples.

Nous définissons les **FAMILLES CARENCÉES** par :
- l'importance des carences sanitaires, éducatives et sociales au sein desquelles les enfants se développent ;
- l'absence d'organisation de la vie quotidienne et la fréquence des situations de crise ;
- l'histoire des parents marquée par la carence et la discontinuité des soins parentaux dans l'enfance ;
- la fréquence d'une psychopathologie grave, souvent non reconnue et non traitée comme telle chez les parents.

L'amplitude de ces carences a déjà conduit dans les cas les plus sévères à des hospitalisations répétées, voire à des placements, qui avaient pour but de protéger l'enfant, mais qui de fait ont aggravé considérablement ses troubles en l'absence d'un traitement spécifique.

1.2.1. Premières rencontres

Les parents ne sont jamais demandeurs de soins psychologiques. Ce sont donc les travailleurs sociaux, les médecins et les puéricultrices qui nous demandent de leur venir en aide et souhaitent notre intervention.

La défaillance parentale occupe le plus souvent le devant de la scène au détriment de la souffrance du bébé. Pour ces parents, l'accès à la parentalité n'a pas pu se faire de façon satisfaisante. Les troubles de la parentalité mettent l'enfant en danger physique et psychique. Pourtant, il est peu parlé de l'enfant. Dans les premières rencontres avec lui, l'illusion que l'on pouvait avoir d'une relative bonne santé physique et psychologique s'estompe rapidement. Dès qu'on l'observe avec continuité, la symptomatologie est là, riche et polymorphe, même à cet âge très précoce.

L'exclusion sociale de ces parents, souvent privés de liens familiaux, vient leur confirmer leur peu de valeur, leur sentiment de n'être rien, qui s'origine dans les carences narcissiques profondes, vécues dans leur petite enfance. L'exclusion s'inscrit dans une histoire de ruptures et de rejets. L'extérieur est vécu comme dangereux, menaçant ; le regard de l'autre fait ressentir la honte, l'humiliation... ou la crainte, crainte d'être jugé mauvais parent, crainte d'être séparé de ce bébé qui porte tous les espoirs, qui est si précieux pour continuer à vivre.

► **V**éronique R. est âgée de 3 mois lorsque nous entendons parler d'elle pour la première fois par l'assistante sociale de l'intersecteur de pédopsychiatrie. Décrite comme un beau bébé qui semble bien se développer, ce n'est pas elle qui préoccupe l'assistante sociale, mais la mère. Mme R. est présentée comme une femme débile, avec un fonctionnement discontinu, aux possibilités très limitées pour élever les enfants. Au moment de la conception de Véronique, elle a traversé une période d'errance où elle s'est alcoolisée en permanence. Actuellement la dépression s'ajoute à ce tableau clinique dominé par la pauvreté du fonctionnement maternel.

Pendant les grandes vacances, l'essentiel des soins primaires au bébé a été assuré par la grande sœur de 13 ans. Depuis la rentrée scolaire, celle-ci reste plus préoccupée par sa petite sœur que par le travail scolaire.

La famille de Mme R. est connue du secteur de psychiatrie adulte comme une famille à problèmes multiples sur deux générations.

Le père de Véronique est africain. Beaucoup plus âgé que Madame, il est retraité. Il est décrit comme un homme gentil, très peu présent dans la journée au domicile.

Le couple est stable, Monsieur et Madame ont eu trois enfants :

- l'aînée, âgée de 15 ans, au fonctionnement déficitaire, est en internat. Son placement a été ordonné par le juge des enfants, dans le cadre d'une mesure d'AEMO et malgré l'avis contraire des parents ;
- la seconde fille, âgée de 13 ans, poursuit normalement sa scolarité. Enfant intelligente et jolie, elle est la «petite maman» de Véronique ;
- le troisième enfant est un garçon de 9 ans, scolarisé. Il a été suivi par le secteur de psychiatrie infanto-juvénile.

La famille vit avec la grand-mère maternelle dans une cité HLM. La présentation physique de la mère et de la grand-mère évoque le quart-monde.

Les deux aînées, qui bénéficient d'une AEMO, vivent à la maison. Au moment où nous faisons connaissance avec cette famille, il est question de placer le garçon dans un internat à la semaine. Monsieur refuse (comme il l'a fait pour sa fille aînée), d'où un conflit avec l'éducateur qui assure l'AEMO et l'équipe de pédopsychiatrie.

Dans ce contexte, l'équipe de pédopsychiatrie nous demande :

- de protéger l'adolescente de 13 ans afin que la préoccupation maternelle qu'elle développe pour sa sœur ne la mette pas en échec scolaire ;
- de traiter la dépression de la mère ;
- d'aider cette femme à investir sa petite fille.

Alors que nous proposons d'emblée d'aller à domicile, l'assistante sociale insiste pour que la mère vienne avec le bébé à l'Unité : «Sortir de chez elle lui fera le plus grand bien.»

Lors du premier rendez-vous à l'Unité, elle accompagne mère et bébé. Le médecin consultant les reçoit avec une infirmière de l'équipe et leur explique le fonctionnement du centre. Madame parle peu, mais par son regard laisse «entendre» que quelque chose est possible. Durant l'entretien, Mme R. prête très peu, trop peu d'attention à sa fille, qu'elle «oublie» dans sa poussette. Véronique ne sollicite pas sa mère : elle s'oriente vers l'infirmière et s'y agrippe du regard.

Nous convenons de nous revoir la semaine suivante, mais Mme R. ne vient pas au second rendez-vous proposé. Après concertation avec l'assistante sociale, le consultant lui téléphone. Mme R. explique que Véronique a eu de la fièvre après la première visite. Le médecin évoque alors sa possible difficulté à venir au centre et lui propose d'aller chez elle : «C'est chose courante à l'Unité, car il n'est pas toujours facile aux mamans de sortir de chez elle avec un tout-petit.»

Quand les soignants l'ont mieux connue, ils ont mesuré combien cette famille (et plus particulièrement Madame) se vivait isolée dans sa propre cité, exclue parmi les exclus ! L'approche à domicile était le seul mode d'abord possible pour entrer en relation avec ce bébé et ses parents. ◄

Grâce à des modes d'abord diversifiés, nous avons pu aller à la rencontre de ces familles, observer et évaluer le fonctionnement de ces bébés et les interactions précoces parents-nourrisson.

Une recherche animée par Myriam David, s'appuyant sur le matériel clinique et la connaissance intime de ces familles par l'équipe de l'Unité, a permis de mettre en évidence d'importantes perturbations des interactions précoces mère-nourrisson. C'est au cœur même de cette interaction perturbée que l'enfant va se construire, se développer et instaurer une relation d'attachement.

Tenter de comprendre comment le nourrisson peut se développer dans un tel contexte impose donc de se pencher sur la dynamique relationnelle précoce.

1.2.2. Dynamique relationnelle précoce

Ce qui caractérise les interactions mère-nourrisson

L'ALTERNANCE IMPRÉVISIBLE DU TOUT AU RIEN

Plus fréquente que la permanence de la pauvreté des échanges, la discontinuité des comportements maternels dans les familles carencées (comme celle de Véronique) s'observe à deux niveaux :

– *microscopique :* les discontinuités infiltrent les séquences interactives, les partenaires paraissant se rater, voire se fuir ;
– *macroscopique,* sous deux formes :
  - succession d'hospitalisations et de placements (forme agie des fantasmes d'abandon des parents). À défaut d'être verbalisées, leur angoisse, leur détresse et leur intolérance aux besoins du bébé s'expriment dans des passages à l'acte, dans des situations de crise ;
  - dans la vie quotidienne, sous forme de mini-abandons : à un afflux d'excitation dans une interaction proche, souvent brusque, parfois violente succèdent des moments d'absence totale d'interaction où le nourrisson est oublié, voire laissé seul au domicile. Ces alternances quotidiennes et imprévisibles ne s'articulent jamais avec les besoins de l'enfant.

Les rythmes temporels qui normalement organisent et ritualisent le quotidien du bébé, mais aussi la vie familiale, ne se mettent pas en place. Privé de repères temporels, le nourrisson ne peut pas anticiper. Il est dans un état permanent d'insécurité, que traduirait l'air perdu, égaré, de certains de ces enfants, incapables d'imaginer la suite de leur vie.

L'UTILISATION PRÉDOMINANTE DE MODES RELATIONNELS QUI PRIVILÉGIENT LA PROXIMITÉ, DANS LES TEMPS D'INTERACTION

L'enfant est porté, serré contre la mère sans ajustement tonico-postural.

Ce corps à corps sans plaisir contraste avec la pauvreté des interactions visuelles, modalité interactive qui permet la distanciation.

La rareté du regard mutuel a des effets majeurs chez le nourrisson. À une carence massive du regard maternel ces nourrissons répondent le plus souvent par une atonie impressionnante, une apathie, un manque d'intérêt pour leur image, qui s'originent dans l'impossibilité d'investir leur corps propre.

LA DÉFAILLANCE DES SOINS CORPORELS

Ces femmes qui ne peuvent voir le corps de leur enfant sont en difficulté pour en prendre soin. Certaines n'osent pas le toucher tant sont grandes les angoisses de rapproché ; d'autres ne peuvent pas le déshabiller ni le laver. La négligence se lit sur le corps de l'enfant : il est sale, mal habillé, ses vêtements sont trop grands ou trop petits, ses cheveux mal coiffés, voire pleins de poux. Une telle apparence, pénible à supporter, va jusqu'à susciter le rejet.

Les soins corporels et nourriciers déficients signent la difficulté de ces mères à investir le corps du bébé à l'image de leur propre corps qu'elles dévalorisent et malmènent parfois gravement ou qu'elles exposent à la maltraitance au cours de scènes conjugales violentes.

PERTURBATIONS DES INTERACTIONS AFFECTIVES ET VERBALES

Le bruit et la fureur parentale font parfois illusion, mais c'est l'absence d'échanges mutuels véritables qui caractérise la relation. La mère peut ainsi exprimer des affects très violents dans une excitation intense et érotisée qui déborde l'enfant et dont il tente de se protéger en coupant le contact. L'impossibilité pour la mère d'être attentive à ses manifestations émotionnelles, d'y donner sens, de les différencier, s'oppose à l'« accordage affectif », étape essentielle pour le passage de l'imitation à la symbolisation, qui permet l'installation du langage. Le nourrisson sera en difficulté pour évoluer de la variation des états de tension à la diversification des émotions avec des conséquences sur l'expression des affects plus tard, et son utilisation : souvent ces enfants ne manifestent pas leur détresse et ne réagissent pas à la douleur.

Si les mères parlent bruyamment et crient leurs angoisses et leurs frustrations, elles ne s'adressent pratiquement jamais à leur enfant, qu'elles ne différencient et ne personnifient pas dans leur langage. En retour, l'enfant s'adresse peu à sa mère : bébé déjà, il vocalise peu. Se mettent en place, insidieusement, un retard d'apparition et une pauvreté de langage.

Ces perturbations chroniques des interactions décrites schématiquement se retrouvent dans la majorité des familles que nous avons suivies, à des degrés variables.

La relation mère-nourrisson

La relation mère-nourrisson qui émerge de ces interactions peut être qualifiée de fusionnelle, en raison du peu de différenciation de soi et de l'autre et de l'impossibilité de donner une place à un troisième.

La mère exclut activement le père de sa relation avec l'enfant, et ce d'autant plus que ces pères, souvent très fragiles malgré leur violence apparente, s'éliminent d'eux-mêmes. Cependant, ces pères s'intéressent à leur enfant et nouent des liens dans un contexte dyadique.

Dans cette relation fusionnelle, tout mouvement de séparation et d'individuation de l'enfant est peu tolérable :

«La principale source de résonance entre le nourrisson et ses parents est le besoin d'agrippement et l'angoisse de perte qui s'opposent à la progression du processus d'individuation» (M. DAVID et collab, 1984, p. 219).

La carence narcissique est au premier plan des relations parents-enfant. Peu investi, le bébé est exposé à une sous-alimentation narcissique primaire, comme ses parents l'ont été dans leur petite enfance. L'intensité des besoins narcissiques infantiles de ces parents les met en rivalité avec leur bébé.

1.2.3. FONCTIONNEMENT DES NOURRISSONS

C'est au sein de ces interactions très perturbées que le bébé va se construire. Les perturbations ne se situent pas uniquement dans le registre du manque, du déficit en stimulations précoces : des «explosions interactives» avec surexcitation alternent avec des moments de vide relationnel.

Pour mieux comprendre ce à quoi le bébé est confronté au quotidien, il nous faut aller au plus près de son expérience subjective.

«Avancer en terrain miné»

Si nous tentons de «penser bébé» ici, que ressentons-nous ? D'abord le chaos, impossible qu'un rythme s'installe, impossible de prévoir ce qui va se passer dans l'instant qui va venir... Pas de terre ferme, mais des sables mouvants sur lesquels il faut tenter de se construire, et puis des alternances de tension liées à des afflux d'excitation soit internes, soit externes : cette faim qui n'est pas apaisée par le lait, ce froid qui n'est pas apaisé par le chaud, une attente longue, si longue qu'on ne peut plus la peupler de représentations. Un sentiment de solitude... Et puis brusquement «elle» (la mère) surgit et alors de nouveau la tension, un afflux trop brutal d'excitation et puis de nouveau rien... le vide de l'abandon. Et puis ce corps qui se dérobe, ces contours qui restent flous, ces bras qui ne contiennent pas... À quoi bon continuer à pleurer puisqu'il n'y a pas de réponse ! Et des vécus de détresse absolue : tout bascule, plus de repère, quand l'environnement se transforme brutalement dans les situations de crise.

Métaphoriquement, nous dirions que ces bébés avancent en terrain miné.

Pourtant ces bébés nous ont montré qu'ils développaient des stratégies pour survivre, comme leurs parents l'avaient déjà fait eux-mêmes dès leur plus jeune âge.

Troubles présentés par l'enfant[22]

TROUBLES SOMATIQUES

À leur admission à l'Unité de soins, nous avons trouvé chez ces enfants, âgés de 4 mois à 2 ans, une grande variété de troubles manifestes, aisément identifiables bien qu'ils ne nous aient pas été adressés pour ces motifs : retard staturo-pondéral, retard du développement moteur, troubles du langage, perturbation des

---

22. Voir aussi «Les signes de souffrance du bébé», p. 3.

conduites alimentaires, signes digestifs (diarrhées, vomissements), affections ORL (celles-ci avaient pu justifier des hospitalisations).

PSYCHOPATHOLOGIE

Ces troubles sont beaucoup plus difficiles à diagnostiquer, si ce n'est par une observation attentive et continue de l'enfant et par l'instauration d'une relation avec lui. Ont été mis en évidence :

- une atonie affective globale : ces enfants n'expriment ni tristesse ni joie (absence de pleurs, de rires) ; les affects sont très émoussés, voire absents ;
- un non-investissement de l'activité exploratoire en lien avec le mode d'attachement : inertie ou instabilité motrice avec déambulation dispersante et désorganisatrice ;
- une absence d'investissement de leur corps que traduit l'indifférence à leur propre image dans le miroir.

Ces perturbations sont à l'origine d'un retard, voire d'un arrêt de développement.

Cette pathologie témoigne d'une anorganisation de la personnalité, décrite par Myriam David sous le terme d'«enfant vide».

«L'ENFANT VIDE»

Cette anorganisation de la personnalité est sous-tendue par des perturbations de la relation à soi et à autrui :

- la relation à soi est marquée par le non-investissement narcissique : ces enfants n'ont pas conscience de leur être et ne semblent pas habiter leur corps. Ils n'ont pas d'activités auto-érotiques ; l'objet transitionnel n'existe pas pour eux ;
- dans la relation à autrui, l'indifférenciation des personnes s'associe à une absence d'angoisse de l'étranger, qui contraste avec leur difficulté à se séparer de leur mère. La relation est pauvre, en particulier dans le registre des affects.

Ce diagnostic est difficile à poser car la pathologie familiale bruyante se présente au premier plan, et les troubles mêmes de l'enfant le rendent «inapparent». Il se fonde sur les sentiments que ressent le soignant lorsqu'il entre en relation avec le nourrisson. Le soignant passe par différentes phases. D'abord l'ennui, avec le sentiment qu'il ne pense plus, qu'il ne fantasme plus, comme si son fonctionnement mental était sidéré. Puis la culpabilité se traduisant par la difficulté à dire «qu'il n'y a rien» chez cet enfant. Enfin le vécu dépressif, alors qu'il y a absence d'expression dépressive chez l'enfant. Le terme d'«enfant vide», introduit par M. David, fait essentiellement référence à ce vécu et ne veut pas signifier que l'enfant est vide de toute pensée, de tout fantasme.

LES TROUBLES DE L'ATTACHEMENT

La pathologie interactive va «imprégner» les modes relationnels de l'enfant à son environnement et être à la source de troubles de l'attachement. Ceux-ci ont de graves conséquences sur l'image que l'enfant a de lui-même et de son environnement, puisque c'est dans le cadre des interactions avec sa ou ses figures d'attachement que l'enfant va construire des représentations mentales de lui et des autres en relation. Chez les enfants négligés, le pattern d'attachement «anxieux avec évitement»[23] prédomine : ces nourrissons, séparés de leur mère, pleurent rarement, et lorsque leur mère revient, ils l'évitent généralement. Ils paraissent explorer l'environnement et peuvent donner une impression d'indépendance (P.N. CRITTENDEN, 1988).

Si Crittenden souligne l'importance des mécanismes adaptatifs à l'œuvre dans les interactions, elle montre aussi qu'ils sont à l'origine de comportements atypiques, qui risquent d'être mal interprétés. Les réponses habituelles à un haut niveau de stress quotidien (tels la colère, l'hostilité, le retrait de la part des parents, allant de pair avec la passivité, la résistance et l'évitement chez l'enfant) sont remplacées, sauf dans les cas extrêmes, par des approximations d'un comportement normal.

PARTICULARITÉS DE LA SYMPTOMATOLOGIE PRÉSENTÉE PAR L'ENFANT

Le diagnostic est difficile : les adultes envahissent la scène et il faut beaucoup d'attention, une observation très soigneuse de l'enfant pour commencer à évaluer et à comprendre son fonctionnement.

23. Selon la classification d'Ainsworth.

Cette symptomatologie n'est pas réactionnelle. L'illusion serait de penser qu'un simple changement de l'environnement la ferait disparaître ; c'est pourquoi on prescrit des placements. La tentation est d'autant plus importante que souvent, dans les premiers temps du placement, l'état somatique s'améliore. Myriam David a bien montré, dans son expérience du placement familial spécialisé, que, passé cette phase idyllique, l'enfant risque de se réengager avec la famille d'accueil dans le même type de relation que nous avons décrit entre lui et sa mère. Cette pathologie du lien ne se manifeste que dans le lien, c'est-à-dire quand l'enfant a créé une relation significative avec les adultes qui s'occupent de lui au quotidien.

Ce mécanisme est à l'origine des échecs à répétition de placements, qui aggravent encore la pathologie de l'attachement, en l'absence d'un accompagnement des premiers liens qui se tissent entre l'enfant et la famille d'accueil.

1.2.4. Traitement

Nous n'aborderons ici que les points les plus spécifiques, certaines des modalités d'intervention utilisées (visites à domicile, accompagnement, observation thérapeutique) étant développées au chapitre suivant (Modalités d'intervention).

Quelques repères

ALLER À LA RENCONTRE DE CES FAMILLES

Les liens qui se sont tissés avec les intervenants médico-sociaux de l'arrondissement [24] nous ont permis d'avoir connaissance des difficultés de ces familles. Le développement du travail à domicile a rendu possibles la rencontre avec les enfants et leurs parents et l'établissement de relations de confiance s'appuyant sur la stabilité des soignants et la continuité du cadre thérapeutique [25].

Quand les problèmes sociaux sont au premier plan, masquant les troubles graves de la parentalité, ils ne constituent pas pour nous une contre-indication à notre intervention. Bien au contraire,

24. Nous faisons référence au travail en réseau que nous abordons au § 3.2. p. 196.

25. Cette modalité de traitement est décrite p. 182.

il importe, en tant qu'équipe psychiatrique, de ne pas se décharger à bon compte sur les travailleurs sociaux qui font appel à nous, en les laissant seuls gérer l'ensemble des problèmes. Ce sont des situations où le bébé est en danger, où la détresse psychologique est si grande dans la famille qu'elle envahit aussi les intervenants. Toutes les dimensions du suivi (psychologique, éducative, sanitaire et sociale) doivent être étroitement articulées, tout en préservant la spécificité de chacun, dans le cadre d'un travail conjoint des différents intervenants.

PRENDRE CONSCIENCE DE L'IMPACT DE LA SOUS-ALIMENTATION NARCISSIQUE SUR PLUSIEURS GÉNÉRATIONS

La carence narcissique primaire est au premier plan, tant chez l'enfant que chez les parents :

- que l'enfant se soit construit dans une sous-alimentation narcissique permet de mieux comprendre pourquoi il suscite si peu l'intérêt de l'entourage et des intervenants, qu'il est si peu vu, si peu regardé ;
- quand nous approchons ces parents, nous sentons combien il est important aussi que l'enfant négligé, carencé, qu'ils ont été, puisse être vu, être l'objet de notre attention et de notre empathie ; c'est alors seulement que nous pouvons établir une alliance thérapeutique avec eux pour soutenir leur regard sur leur enfant et les accompagner dans la construction de leur parentalité.

La prise de conscience de l'impact de ces carences narcissiques sur nos fonctionnements d'intervenant souligne l'importance des temps de reprise, d'élaboration en équipe, de supervision et l'intérêt de différencier le soignant de l'enfant de celui des parents.

RELATION FUSIONNELLE ET PROCESSUS DE SÉPARATION-INDIVIDUATION

Nous l'avons vu, l'alternance de mouvements d'abandon et d'agrippement de la mère à son nourrisson s'oppose à l'individuation.

À l'inverse, les tentatives de l'enfant de s'individualiser vont chez la mère susciter des passages à l'acte, précipitant la famille dans des situations de crise. Les intervenants risquent alors de prendre, dans l'urgence, des décisions de séparer l'enfant de sa famille.

◆ *LA FRÉQUENCE DES SITUATIONS DE CRISE*

Elle requiert une grande disponibilité des soignants dans ces moments où enfant et parents, particulièrement exposés à des risques divers, réclament encore plus de soins.

Elle ne doit cependant pas désorganiser le projet thérapeutique à moyen et à long terme. La discontinuité du fonctionnement parental, que traduit la fréquence des crises, expose les professionnels à penser dans l'instant, sans pouvoir anticiper. Le risque qu'ils n'assurent plus la continuité et la fiabilité du cadre thérapeutique est d'autant plus grand que les alternances de mouvements fusionnels et de mise à distance de l'enfant par sa mère se retrouvent souvent dans l'alternance des mouvements d'investissement massif et de désinvestissement brutal des familles par les intervenants.

◆ *ROMPRE LE CERCLE VICIEUX DES SÉPARATIONS*

Le recours fréquent à des hospitalisations (hospitalisations de l'enfant en pédiatrie ; hospitalisation de la mère en psychiatrie ou en médecine) avec séparation parents-nourrisson aggrave les carences relationnelles.

La compréhension et l'abord précoce des dysfonctionnements interactifs permettent préventivement un meilleur ajustement de la distance relationnelle, luttant ainsi contre les mouvements d'intolérance mutuelle et rompant le cercle vicieux des séparations. Par exemple, il est intéressant de s'appuyer sur des espaces d'accueil de jour pour l'enfant, et ce d'autant plus que les relations enfant-référente ou enfant-assistante maternelle bénéficient de l'étayage d'une équipe spécialisée [26].

Une illustration du traitement de la séparation et de l'individuation *

Reprenons l'histoire de Véronique.

---

26. Voir p. 153 («L'observation thérapeutique»).

* Avec la collaboration de Marie-Françoise Pain, infirmière. Dans notre équipe, les infirmières ont une formation en psychiatrie soit de l'adulte, soit de l'enfant.

LA THÉRAPIE MÈRE-ENFANT À DOMICILE DU 4e AU 16e MOIS DE VÉRONIQUE

► Lors des premières rencontres, la dépression de Mme R. est au premier plan. Sidérée, cette mère a une mimique très pauvre et des gestes stéréotypés pour s'occuper de sa fille, à laquelle elle n'adresse jamais directement la parole. Véronique, dans les bras de sa mère, paraît détendue ; elle la regarde souvent, tout en restant en relation avec l'environnement. Elle ne semble pas avoir trop souffert de la pauvreté des interactions avec sa mère déprimée : son développement psychomoteur est harmonieux, bien que présentant une certaine pauvreté.

Cependant, au fil des visites, les grandes variations de l'état de Véronique nous [27] alertent : tantôt petite fille épanouie «pleine de vie et de charme», tantôt enfant apathique, au teint gris, au regard légèrement vitreux, sans éclat, comme si aucun élan vital ne l'animait. Quelle que soit la situation, elle paraît toujours s'adapter, passive en apparence : elle passe de bras en bras sans jamais protester.

Lorsque nous avons mieux connu la famille, ses membres nous ont montré combien Véronique leur était précieuse, combien ils en étaient fiers. Les trois façons de nommer cet enfant illustrait bien cet investissement familial : Véronique, choisie par la sœur aînée, Fatima choisie par le père, et un surnom affectueux donné par la mère.

De fait, dans les deux premiers mois, le père, la grand-mère et surtout la grande sœur s'étaient occupés d'elle tant dans les soins que dans les jeux. L'investissement habituellement porté de façon unifiée par la mère qui assure les soins primaires se distribuait entre les différents membres de la famille et nous a fait parler de «mère mosaïque»... Une mosaïque certes, mais sans le ciment qui relie les carreaux.

Durant l'année suivante, nous avons poursuivi l'approche mère-enfant au domicile à deux thérapeutes (l'infirmière et la psychiatre) avec le projet d'accompagner cette mère au niveau de l'investissement de son bébé.

Au début, Madame nous a téléphoné deux fois, nous demandant de ne pas venir parce que sa fille était malade. Parfois,

---

27. «Nous» désigne ici l'infirmière, M.-F. Pain, et la psychiatre, M. Lamour, qui ont assuré la prise en charge de Véronique et de ses parents avec continuité dans les différents espaces.

quand nous arrivions, Madame nous disait : « Elle dort », de telle manière qu'elle semblait nous signifier : « Vous vous êtes dérangées pour rien, vous ne la verrez pas. » Le jour où nous lui avons répondu : « Mais nous venons aussi pour vous », Madame est allée chercher son album de photos et, page après page, a commencé à nous raconter sa propre histoire, empreinte de la souffrance des séparations : ses sœurs décédées dans l'enfance, son propre placement à l'adolescence dans un contexte d'alcoolisme et de violence familiale. C'est elle, enfant, qu'elle faisait revivre sous nos yeux.

Un mois plus tard, elle évoque avec plaisir l'assistante sociale qui avait pris soin d'elle au moment d'un déménagement alors qu'elle était enceinte de sa seconde fille. Puis resurgit toute sa souffrance de mère séparée de son premier enfant, né prématurément et porteur d'une malformation, devenu une adolescente handicapée séjournant en IMP. Le fantôme de cette première fille a souvent hanté nos visites. Il s'installait en lieu et place de Véronique, qui n'avait plus d'existence propre. Ce fut le début d'un long et douloureux travail de différenciation.

Peu à peu Madame sort de sa dépression, et parallèlement les interactions avec sa fille s'enrichissent. Mais l'équilibre reste fragile.

L'approche à domicile nous a permis d'appréhender aussi la massivité de la pathologie familiale dans le registre de la carence. La négligence tant du corps de l'enfant que de la mère nous a rappelé sans cesse les carences narcissiques massives dont Madame avait souffert enfant et auxquelles elle exposait sa fille. ◄

LE GROUPE MÈRES-ENFANTS

Le développement de Véronique, en particulier sur le plan moteur avec l'apparition des possibilités de déplacements, met au premier plan la problématique de séparation-individuation. Mère et enfant sont très « collées » l'une à l'autre, excluant le tiers, comme enfermées dans une bulle. C'est pourquoi nous avons posé l'indication d'un petit groupe mères-enfants, d'une part, pour soutenir le mouvement d'individuation de Véronique, lui offrir un espace de jeux diversifiés et, d'autre part, pour aider la mère dans son travail de séparation que nous percevions très douloureux pour elle.

◆ *LE FONCTIONNEMENT DES PETITS GROUPES THÉRAPEUTIQUES MÈRES-ENFANTS À L'UNITÉ*

Ces groupes constitués de quatre ou cinq enfants et de leurs mères fonctionnent avec deux espaces différenciés désignés d'emblée : la salle de jeux des enfants, la pièce des parents, qui sont séparées par un espace «neutre» de transition. Dans chacune d'elles, des soignants, les uns plus près des enfants (éducatrice de jeunes enfants, infirmière ou psychologue), d'autres auprès des parents (infirmier(ère) ou psychologue), et un observateur qui note les différents «mouvements» des protagonistes.

Ces groupes ont pour but d'accompagner et de traiter la «séparation-individuation», sans occulter la souffrance qu'elle génère, mais au contraire aider à ce qu'elle s'exprime, se joue et se traite : exprimer les affects parfois violents, mais dans un espace contenant, sans détruire ni être détruit ; pouvoir reconnaître l'existence de l'autre ailleurs ; faire l'expérience de pouvoir exister sans l'autre et de le retrouver. C'est un long cheminement sur plusieurs années dans le cas de relations fusionnelles.

Dans le groupe, la première grande étape est celle où les enfants vont, pour se distancier, quitter la pièce «des mères» pour des temps plus ou moins longs, avec de nombreux allers et retours. La deuxième est celle où ils prennent l'initiative de fermer la porte de «leur» pièce, et enfin, de façon péremptoire, de fermer celle des mères !

Du côté des mères, se retrouver les «bras vides, les genoux vides», selon leurs propres expressions, fait surgir un discours où la séparation, la mort prennent une grande place, par la réactualisation de vécus antérieurs, avec une tonalité dépressive marquée. Des risques de rupture, voire de maltraitance, existent à ce moment (alcoolisation pour la mère de Véronique).

La colère aussi est exprimée plus ou moins directement vis-à-vis du soignant de l'enfant qui «entraîne l'enfant loin d'elles» ou vis-à-vis des soignants auprès d'elles et de l'institution. Les mères ont du mal à reconnaître l'existence même du soignant de l'enfant, à le voir : elles l'ignorent, oublient son nom. Le soignant près de la mère doit alors faire des liens entre elle, l'enfant et le «soignant enfant», à condition qu'il ne soit pas, lui non plus, envahi par le vécu de la mère qui l'amène à penser que sa collègue force l'enfant à s'éloigner : «Si ce dernier n'est pas prêt à quitter la pièce des mères, ne peut-on lui laisser le temps ?» Ou à l'inverse : «Qu'il emmène les enfants mais nous fiche la paix !» Il faut une grande confiance en ses collègues et une bonne capacité d'échange dans l'équipe pour surmonter ces sentiments très contrastés.

L'expérience nous a appris combien il était important d'accompagner ces mères dans ces vécus séparatifs, si douloureux qu'ils évoquent une «coupure à vif», un arrachement parfois, et qui s'associent souvent à un mouvement dépressif, à un sentiment de vide. Tout aussi essentiel est de soutenir l'enfant dans cette distanciation, étape indispensable sur son chemin vers l'individuation, qu'il doit conquérir de haute lutte.

◆ *LE TRAVAIL D'ACCOMPAGNEMENT**

◈ *ACCOMPAGNEMENT DE VÉRONIQUE ET DE SA MÈRE AU GROUPE*

► **P**our faciliter la venue régulière de Véronique et de sa mère à ce groupe, nous avons proposé et organisé l'accompagnement. Je suis allée une fois, puis deux fois par semaine, pendant quatre ans, chercher et ramener mère et enfant au domicile, en voiture, toujours la même, conduite par la même personne, toujours le même jour, à la même heure.

Les difficultés de Mme R. à venir au centre se sont exprimées par une attitude déroutante pour moi, voire désagréable. Au début, je me ressentais comme gênante : j'arrivais en plein lavage des parquets, au milieu de la toilette de Véronique, etc. Petit à petit, Mme R. a pu anticiper ma venue : elle et sa fille semblaient prêtes. Mais c'était compter sans l'état d'agitation de Madame, qui allait et venait d'une pièce à l'autre, sans but précis, me laissant plantée là dans l'entrée, sans un mot à mon endroit ou à celui de sa fille. Véronique, au début, participait à ce «brouillage» en fouillant dans les tiroirs, cherchant un vêtement supplémentaire pour sortir... Puis, au bout de quel-

* Reprise d'un exposé de Marie-Françoise Pain, non publié : «Journée des 20 ans de l'Unité», février 1996.

ques mois, elle m'a rejointe dans l'entrée avec son Momo [28] ; elle s'asseyait dessus et attendait avec moi, résignée, mais compréhensive. Il faut dire que cette attente pouvait durer plus de vingt minutes au début ! Elle s'est considérablement raccourcie quand nous avons pu mettre des mots sur les angoisses que générait, chez sa mère, la démarche d'aller au groupe. ◄

◆ *VÉRONIQUE ET SA MÈRE DANS LE GROUPE*

► Véronique à ses débuts dans le petit groupe

Véronique entre dans le groupe à 16 mois. Elle a acquis la marche mais pas le langage. Dans les interactions, son mode d'échange privilégié est encore corporel. Quand une nouvelle personne tente de s'approcher d'elle pour faire connaissance, elle a d'abord une réaction d'inquiétude et de retrait. Bien que nous lui soyons familières, elle reste très distante à notre égard. Durant le temps du groupe, Véronique reste plusieurs mois dans la pièce des adultes, sur les genoux de sa mère, collée, poitrine contre poitrine. elle se dérobe au regard des adultes. Les sollicitations verbales de son éducatrice et d'une autre fillette l'amènent furtivement à s'intéresser du regard aux jeux, et petit à petit à se tourner vers l'extérieur. Mais elle reste «perchée» sur les genoux de sa mère ; elle n'en descendra qu'après plusieurs groupes, comme par inadvertance, pour s'approprier un jouet, déjà très investi par le garçon du groupe. Si elle quitte les genoux de sa mère, elle reste néanmoins tout près ; elle les inonde de jouets dont elle ne fait pas grand-chose. Petit à petit, elle élargit son activité à des jeux de ballon et fait partir et revenir son Momo qui, installé dans un chariot à roulettes, s'aventure jusqu'à la porte de la salle, jamais plus loin. En franchir le pas est bien trop dangereux. À la moindre perception du désir de son éducatrice ou du sien propre de rejoindre les autres enfants, Véronique se recolle à sa mère. Lorsque enfin elle parvient à s'éloigner de sa mère, elle se déplace avec une telle maladresse motrice, trébuchant comme si elle ne voyait pas les obstacles, que son éducatrice s'inquiète pour son développement moteur.

► Madame dans le groupe

Madame, dans ce temps, est très silencieuse, raide sur sa chaise, le regard un peu traqué. Sa tenue est négligée.

---

28. C'est une peluche que Véronique utilisait partiellement comme objet transitionnel.

Elle m'oblige à beaucoup d'efforts pour faire des liens dans ma tête, et entre elle et le groupe, pour penser qu'elle a des choses à dire, pour ne pas l'oublier. Son mutisme ou ses rares réponses lapidaires me désarment, me font me vivre comme étant moi-même lâchée, rejetée.

Lorsque Véronique, par la suite, vient montrer à sa mère ses prouesses ou partager le plaisir de ses découvertes, leur interaction est assez difficile à regarder : Véronique s'arrête brusquement sur le pas de la porte, son regard part au loin, n'attendant plus rien, même pas déçue, rien. De même, la mère n'a aucun geste, aucun mot pour sa fille. Un énorme effort est nécessaire pour se représenter que l'une et l'autre ont désiré cette rencontre et le leur traduire.

Petit à petit Mme R. s'anime. Elle devient attentive au discours des autres mères, y participe par des mimiques, des petits rires d'abord, puis elle prend de temps en temps l'initiative de la parole, mais comme si elle ne croyait pas vraiment à la valeur de celle-ci. Je la vois pour la première fois manifester ses émotions : alors qu'une autre maman évoque la séparation d'avec sa fille aînée dès l'accouchement et exprime sa souffrance, Mme R. se montre émue. Quand je fais le lien avec sa propre histoire, elle est envahie par une grande émotion, les larmes aux yeux.

Elle est plus coquette. Elle peut aller vers les autres et elle se sent exister pour les autres.

Les retrouvailles mère-fille deviennent agréables à voir. ◄

Le petit groupe hebdomadaire mères-enfants, associé à l'accompagnement par l'infirmière qui était aussi présente dans l'approche à domicile, s'est révélé être un espace essentiel pour soutenir le développement de l'enfant et traiter les perturbations du processus de séparation-individuation. Véronique a pu très progressivement se détacher de sa mère, et ce n'est qu'après un an et demi de groupe qu'elle a pu vraiment investir la pièce des enfants dans une relation différenciée avec l'éducatrice du groupe. Elle se montre alors une petite fille vive et intéressée par des jeux de «faire semblant». Par contre, elle a encore peu de continuité dans ses investissements et présente un retard de langage qui contraste avec son désir et son plaisir à communiquer et à produire à certains moments des sons évoquant une mélodie langagière.

La continuité a été beaucoup plus difficile à maintenir pour la fréquentation du groupe que pour les visites à domicile, malgré l'accompagnement d'emblée mis en place.

Pour cette famille, nous avons particulièrement travaillé en lien avec les différents travailleurs sociaux impliqués (service de sauvegarde de l'enfance, secteur psychiatrique adultes, PMI, médecin de famille et jardin d'enfants).

1.3. Les familles où la mère est psychotique[29]

Nous avons aussi approché des mères psychotiques et leur bébé précocement, parfois dès les premiers jours de vie du bébé. Ce sont des mères présentant une psychose chronique (schizophrénie, psychose délirante chronique essentiellement), diagnostiquée avant la grossesse et ayant nécessité une ou plusieurs hospitalisations. Elles ne forment pas, le plus souvent, de couple stable avec le père de l'enfant, qui, même présent, assume rarement son rôle de tiers. Elles paraissent isolées, familialement et socialement. Si elles ont eu d'autres enfants, ceux-ci ont été fréquemment retirés ou placés.

Lorsque les nourrissons et leur famille nous sont adressés, ils font, le plus souvent déjà, l'objet d'une prise en charge multiple par les travailleurs sociaux, les services de protection maternelle et infantile, les services de psychiatrie adulte, les équipes des centres maternels, voire le juge des enfants et les services d'action éducative en milieu ouvert (AEMO).

Dans ces situations, l'enfant peut être l'objet de négligences, de mauvais traitements, réels ou potentiels. Les intervenants médico-sociaux oscillent alors entre deux positions :

- soit, touchés par l'attachement qu'expriment les parents à l'égard de leur enfant, ils dénient les perturbations de la relation parents-enfant et ses conséquences graves pour l'enfant

29. Ce chapitre reprend de larges extraits de deux articles : « Les nourrissons de parents psychotiques », M. Lamour (1989), et « Le nourrisson de mère psychotique, une singulière exposition », M. Lamour, M. Barraco (1988), parus respectivement dans *Traité de psychopathologie du bébé* et dans *Nouvelle Revue d'ethnopsychiatrie*.

comme pour les parents ; l'enfant est vécu comme réparateur ;

- soit, face à des parents qu'ils perçoivent déficients et dangereux, ils réclament le retrait et le placement de l'enfant « en urgence » dans une famille d'accueil ou en pouponnière pour le soustraire aux conditions d'élevage néfastes.

Après avoir décrit brièvement les interactions mère psychotique-nourrisson, nous développerons les aspects de la relation qui nous paraissent les plus représentatifs des risques qu'encourent ces mères et ces bébés à s'engager dans l'échange et la nature de leur lien.

1.3.1. Les interactions comportementales mère psychotique-nourrisson

Données de l'observation directe.

Évoquons les premières relations (de la naissance à 1 mois et demi) de Sophie et sa mère :

► **M**me B., une jeune femme schizophrène âgée de 26 ans, vit dans un centre maternel avec sa petite fille qui a été conçue lors d'une liaison passagère avec un homme psychopathe.

Au centre maternel, la mère de Sophie paraît très isolée, comme absente, elle passe ses journées dans son lit, enfermée dans sa chambre, plongée dans l'obscurité, dans un corps à corps avec Sophie qui, appendue à son sein, paraît téter en permanence. L'enfant est amorphe, comme moulée à sa mère, qu'elle ne regarde pas. Le comportement de Mme B. inquiète l'équipe du centre : il est de plus en plus incohérent, Mme B. alterne moment de fusion et moment d'abandon de sa fille ; elle part quelquefois toute une journée sans prévenir, sans se soucier de l'enfant, de façon imprévisible. Elle finira par disparaître pendant plusieurs jours en laissant sa fille, imposant de fait le placement de Sophie (âgée de 1 mois et demi) chez une assistance maternelle du quartier à temps complet, en urgence, par l'équipe du centre maternel.

Après sa disparition, où elle agit son désir d'abandon, Mme B. est hospitalisée en psychiatrie en raison de la gravité de son état. ◄

De l'ensemble des observations précoces de ces dyades, en particulier dans la première année, nous pouvons dégager un certain nombre de petits signes cliniques qui alertent et qui concernent les différentes modalités d'interaction :

Les interactions visuelles : évitement du regard chez la mère pouvant s'associer à une hypervigilance visuelle chez l'enfant, ou au contraire produire secondairement l'évitement. Presque toujours, l'enfant s'accroche, voire s'agrippe par le regard, à l'étranger comme s'il cherchait désespérément à se réorganiser dans le regard de l'autre. Il y a retard d'apparition et rareté du regard mutuel.

Les interactions corporelles : holding chaotique avec alternance de rapprochés et de mises à distance de l'enfant ; le bébé répond soit sur le mode de l'hypertonie, soit en se faisant mou, en se «vidant». La tolérance de la mère à la motricité du bébé apparaît faible ; le bébé réagit par une répression de ses mouvements volontaires.

Les interactions vocales : elles sont pauvres : la mère suscite et répond rarement aux vocalises du bébé.

La dimension ludique : est quasi absente des interactions.

Notons enfin, chez le bébé, l'utilisation très particulière, à des fins défensives, des états de vigilance : hypervigilance initiale, puis, quand le malaise s'accroît dans un contact prolongé avec la mère, chute immédiate, brutale et très impressionnante dans le sommeil.

Ces signes peuvent s'agencer très différemment suivant les dyades, et chacun d'eux n'est pas pathognomonique. L'essentiel est de pouvoir, par une observation attentive, les repérer car ils permettent de mieux appréhender la souffrance de l'enfant comme de la mère.

L'impression dominante qui envahit l'observateur quand il s'identifie au bébé est le chaos : des rapprochés intenses et «dévorants» alternent avec de longs moments de mise à distance, voire d'abandon : «Les soins peuvent paraître incohérents, inadéquats, parfois dangereux, correspondant aux impulsions de la mère» (M. DAVID, 1987). L'environnement quotidien est imprévisible ; le bébé ne peut pas anticiper. Les rythmes des repas et du sommeil sont difficiles et lents à s'instaurer.

1.3.2. LES CARACTÉRISTIQUES DE LA RELATION MÈRE PSYCHOTIQUE-NOURRISSON

Lorsque nous tentons de caractériser la relation du nourrisson à sa mère, nous sommes confrontés à un fonctionnement interactif en rupture avec les schémas habituels, ce qui nous amène à poser des questions fondamentales :

- Qui est la mère, qui est l'enfant ?
- Qui met en danger l'autre ?
- Quel lien peut se construire entre la mère et l'enfant ?
- Quelle est la potentialité incestueuse de cette relation ?

Qui est la mère, qui est l'enfant ?

Face à ces mères délirantes, chaotiques, «absentes», figées, qui ne peuvent donner et qui manifestent des besoins très régressifs, les nourrissons sont d'une extraordinaire vigilance ; le regard inquiet et grave, ils se retiennent dans leurs mouvements, voire dans leur développement, se consolant seuls, manifestant peu de détresse. Aussi n'inquiètent-ils pas, dans un premier temps, les intervenants médico-sociaux, la pathologie parentale occupant le devant de la scène.

C'est la mère qui paraît être le nourrisson d'un enfant précocement maternant : ce n'est pas la mère qui s'adapte à l'enfant, mais l'enfant qui s'adapte à la mère. Les interactions s'organisent en fonction des besoins maternels et non des besoins du bébé.

Lorsqu'on analyse l'interaction du point de vue de l'ajustement des deux partenaires, on voit le bébé se mouler aux attentes de sa mère.

► « **L**aura [30], dès son retour de la maternité, fait ses nuits. L'organisation de la journée est rythmée par la mère, mais l'enfant s'y ajuste parfaitement ; elle n'exprime pas de malaise, ne pleure presque pas. Elle se laisse bercer avec force par sa mère et s'endort à la demande de celle-ci. » ◄

Cette passivité de l'enfant n'est qu'apparente. Une observation centrée sur l'enfant fait percevoir les mouvements pulsionnels de l'enfant, même s'ils s'expriment à bas bruit. Nous avons alors le sentiment que l'enfant est très actif, mais que son activité est centrée sur le contrôle et la répression de l'expression de ses besoins, de ses affects, de sa vie pulsionnelle. C'est comme s'il n'exprimait que ce que la mère peut tolérer.

Cette hyperadaptation trop précoce se traduit dans les premiers mois par l'hypervigilance du bébé ; à long terme, elle pourrait être à l'origine de l'hypermaturation que l'on observe chez certains de ces enfants.

Qui met en danger l'autre ?

Cette relation est à haut risque pour les deux partenaires. Si les intervenants médico-sociaux perçoivent l'enfant « exposé » par la défaillance maternelle, que la mère soit mise en danger par l'enfant est moins souvent reconnu.

LA MÈRE EST EN DANGER

La relation d'objet psychotique apparaît comme une relation purement narcissique où le sujet tend à disposer de l'objet en fonction de ses propres besoins, sans égard pour ceux de l'objet.

D'emblée, la rencontre du fonctionnement archaïque du bébé et du fonctionnement psychotique de la mère donne à la relation un caractère intolérable, inaménageable ; c'est de là que naît le danger. Ces mères, dans les moments de moins grande désorganisation, ou au terme de périodes de recrudescence du délire, nous verbalisent les angoisses vécues dans le rapproché intense suscité par le nourrisson :

30. Son histoire est développée au § 1.4. p. 80.

► **L**a mère de Didier évoquant son fils nouveau-né : « Je le prenais dans les bras, il hurlait encore plus, on déambulait, j'étais prise de malaise, je ne savais plus qui j'étais. » ◄

Cette angoisse, les mères peuvent s'en défendre en frappant du sceau du délire les manifestations de l'enfant :

► **A**u début de la vie de Laura, sa mère disait : « Le bébé pleure, mais je n'y vais pas, je sais que c'est le diable qui crie... » ◄

ou par une mise à distance du bébé, qui peut faire parler de négligence, mais qui doit plutôt être comprise comme une défense contre la désorganisation qu'induit le rapproché avec le bébé.

On comprend alors mieux combien l'individuation de l'enfant peut être vécue par la mère comme dangereuse, car nécessitant une évolution du narcissisme vers l'objectalité.

L'ENFANT EST EN DANGER

Nous nous centrerons ici sur les mécanismes en jeu dans les interactions (tant comportementales que fantasmatiques) du nourrisson avec sa mère psychotique qui éclairent notre compréhension du danger auquel est exposé l'enfant.

Les grandes étapes du processus de séparation-individuation : sevrage, premier décollement, marche, opposition, etc., sont des périodes à haut risque de décompensation maternelle.

► « **L**aura, à 1 mois et demi : elle est dans les bras de sa mère, bien tenue, détendue : elle tète le sein maternel, yeux mi-clos ; elle regarde par instants sa mère ; elle est dans un état de vigilance très particulier qui laisse à penser que d'une seconde à l'autre elle va tomber dans un profond sommeil, ce qu'elle ne fait pourtant pas.

Que fait sa mère ? Silencieuse, elle ne peut pas regarder Laura : quand l'enfant s'arrête de téter, elle commence à parler de vampire qui lui tire son sang, puis elle interrompt tout contact avec l'environnement pour regarder, fascinée, le rideau en face d'elle : le diable est là, il rit, il se moque d'elle, elle ricane à son tour. Laura, elle, yeux mi-clos, regarde par intermittence sa mère, puis elle sombre dans un profond sommeil. » ◄

Qu'a vu Laura sur le visage de sa mère ? D'abord elle ne se voit pas..., mais elle ne voit pas «rien». Mais alors que ou qui voit-elle ? Ce que nous ressentons, c'est l'extraordinaire discordance, en particulier sur le plan des interactions affectives, entre ce que semble vivre Laura et ce que sa mère lui renvoie de la massivité des affects qui l'envahissent. Laura s'en défend en plongeant dans un sommeil profond, comme sa mère s'est défendue de la désorganisation qu'entraînait l'avidité orale de Laura en replongeant dans son délire hallucinatoire.

Le nourrisson, qui est dans une relation symbiotique avec sa mère est, de ce fait, exposé à être inclus dans le délire maternel. Le statut de l'enfant dans les fantasmes maternels est un des éléments déterminants de l'interaction : il est ou devient bon ou mauvais objet pour la mère qui le protège ou l'englobe plus ou moins partiellement dans sa pathologie. Pour une même dyade, ce statut peut être extrêmement variable dans le temps, sur le plan tant macroscopique que microscopique :

- sur le plan macroscopique du développement de l'enfant, certaines étapes suscitent ou renforcent le dysfonctionnement interactif (exemple : les premiers «décollements», les premières rêveries) ;
- sur le plan microscopique du déroulement d'une séquence interactive, des comportements de l'enfant (exemple : les cris de Laura) suscitent des interactions fantasmatiques avec la mère, où le bébé devient objet persécuteur, avec rupture d'attention à l'enfant «réel». C'est alors que l'enfant est le plus en danger. Il l'est doublement :
  - il risque d'être négligé, maltraité par sa mère ;
  - il risque de ne se sentir que mauvais, d'être envahi par le sentiment d'une toute-puissance destructrice dans une relation persécuteur-persécuté.

Plus généralement se pose la question de l'impact sur le fonctionnement de l'enfant de ces perturbations interactives majeures. Les besoins de l'enfant reçoivent des réponses imprévisibles et chaotiques, ses angoisses archaïques rencontrent l'angoisse maternelle. Le bébé ne trouve pas de système de pare-excitation externe. Le psychisme maternel n'assure pas la fonction d'un contenant organisateur de sa vie mentale (W.R. BION, 1962, 1963).

Les professionnels ont longtemps pensé que le père, lorsqu'il est présent et a un fonctionnement mental exempt de perturbations sévères, pouvait jouer le rôle essentiel pour aider le mouvement de différenciation objectale chez l'enfant. Les thérapeutes familiaux ont mis en évidence une tout autre dynamique ; les perturbations relationnelles touchent aussi la relation du père avec son bébé. Dans les familles que nous connaissons, ces hommes sont simultanément dans le déni de la pathologie mentale de leur compagne et dans une totale fascination pour ce type de fonctionnement. Ils restent spectateurs de la fusion prolongée mère-nourrisson.

Cette relation passionnelle, parfois violente, où alternent fusion et rejet, crée un lien entre la mère psychotique et son bébé, lien difficile à appréhender.

Le lien du nourrisson avec sa mère psychotique

Nous l'aborderons du point de vue de la mère puis de celui de l'enfant.

DU POINT DE VUE DE LA MÈRE

Fait essentiel, contrairement aux enfants de mères gravement carencées, les nourrissons de mères psychotiques ne souffrent pas d'un manque d'investissement narcissique. Ils sont «follement investis». Le problème majeur est que cet investissement ne leur est pas directement destiné : il s'adresse à l'enfant imaginaire de la mère, l'enfant de la fusion.

D'où l'extrême difficulté, voire l'impossibilité pour la mère, de voir l'enfant réel : le bébé idéal, fantasmé, n'est pas incarné par ce bébé de besoins dont la mère nie la réalité. Elle frappe du sceau du délire toute manifestation d'appel de détresse du bébé. Quand elle ressent les besoins, ce sont des siens dont il s'agit le plus souvent et elle y répond en quelque sorte à travers le bébé, dont elle ne se distingue pas.

C'est pourquoi il est essentiel de distinguer l'attachement de ces mères à l'égard de leur enfant, de leur parentalité.

DU POINT DE VUE DE L'ENFANT

Que va intégrer l'enfant des toutes premières relations avec sa mère ? Va-t-il pouvoir construire un attachement et sur quel mode ?

Quelques éléments de réponse nous sont fournis par le suivi des nourrissons placés et pour lesquels le lien avec la mère a été maintenu. Qu'observons-nous chez ces enfants ? Trois ordres de phénomènes essentiellement :

- Après un temps de séjour assez long dans leur famille d'accueil où ils ont apparemment retrouvé un fonctionnement assez satisfaisant, ces mêmes enfants mis en présence de leur mère retrouvent instantanément les comportements antérieurs. Une séparation précoce n'a donc pas agi sur ces patterns. Cette réaction des enfants témoigne-t-elle d'une tentative désespérée de rétablir une continuité ?
- Après un bref séjour chez la mère, on a pu voir disparaître certains des troubles que présentaient les enfants chez leur nourrice (troubles du sommeil, troubles psychosomatiques).
- Très précocement, dès les trois premiers mois, les enfants vont solliciter l'assistante maternelle (ou l'auxiliaire référente) à reproduire des attitudes antérieures de leur mère, même si celles-ci les mettent en situation de danger.

D'où notre hypothèse que le nourrisson intègre extrêmement tôt des schèmes interactifs et entraîne ensuite l'assistante maternelle à les reproduire, l'engageant avec lui dans une spirale transactionnelle néfaste, comme le montre l'observation de Clara.

► **C**lara, âgée de 4 mois, est accueillie à temps complet chez une assistante maternelle dans le cadre d'un placement familial spécialisé. La passivité de l'enfant et le besoin de maîtrise de l'adulte qui caractérisait la relation mère-enfant réapparaissent dans le lien que noue Clara avec son assistante maternelle. À 7 mois et demi, Clara donne l'impression d'être un objet que l'adulte manipule à son gré. Pendant le nourrissage,

Clara accepte la contention physique que lui impose l'assistante maternelle et avale mécaniquement la nourriture, cuillerée après cuillerée, sans faire de pause. ◄

Entre la mère psychotique et son nourrisson, une relation potentiellement incestueuse ?

Dans cette fusion, il n'existe pas de contrepoint à la séduction mère-bébé qui vise à l'attraction : les forces de séparation ne sont pas opérantes. Dans ces familles qui dysfonctionnent, l'homme n'a pas la place de tiers. Le grand-père, souvent falot, est «écrasé» par sa femme qui a installé une relation intense et violente avec sa fille et qui apparaît comme une grand-mère omnipotente, captatrice et potentiellement voleuse du bébé. Le père du nourrisson est peu protecteur du bébé.

La mère trouve en miroir chez le bébé un fonctionnement psychique qui la sollicite dans des angoisses primaires qui, chez elle, se sont peu calmées, et la crudité des expressions corporelles du bébé ne trouve pas de transformations en elle. Le vécu archaïque est particulièrement réactivé chez cette femme dans les soins du bébé, qui la plongent dans le malaise et la désorganisation psychique. La proximité physique avec le nourrisson prend vite l'allure d'une érotisation où le bébé ne peut avoir qu'un statut d'objet partiel. Il est livré, exposé à une relation prégénitale façonnée de menaces d'engloutissement réciproque, de danger et de violence. Cette relation comporte des potentialités incestueuses.

Les problèmes majeurs de ces mères tiennent au déploiement d'angoisses archaïques : angoisse de perte de limites ou angoisse d'indifférenciation entre l'intérieur et l'extérieur. Ces angoisses se réveillent en elles au contact de la vie pulsionnelle du bébé. Par exemple, quand elles parviennent à toucher le bébé sans être prises de phobies impulsives (comme de lui faire engloutir le biberon), ces mères peuvent être happées dans la fascination des orifices du corps du bébé et entraînées à une stimulation intensive qui amène l'enfant à en demander toujours un peu plus au fur et à mesure de la montée de l'excitation. Certaines décharges masturbatoires répétitives chez le tout jeune enfant sont l'indice de ces fonctionnements.

DIDIER ET SA MÈRE

L'histoire de Didier illustre cette problématique [31].

► **D**idier est un petit bébé désiré, attendu. Sa mère, âgée de 38 ans, souffre depuis une vingtaine d'années de troubles psychotiques graves (désorganisation, hallucinations périodiques, état de prostration) qui l'ont conduite à plusieurs hospitalisations. Un traitement chimiothérapique et psychothérapique l'a stabilisée au cours des années précédant cette grossesse. Elle travaille. Sa liaison avec le père de Didier dure depuis environ cinq ans. Elle a renoncé à deux enfants précédents sur les conseils médicaux, en pratiquant deux interruptions volontaires de grossesse.

Ce bébé qu'elle mène à terme est donc attendu, espéré depuis longtemps. Mais sa naissance la précipite dans de grands troubles. L'inorganisation du bébé la relance dans ses propres problèmes : elle ne sait pas le calmer, elle appelle plusieurs fois SOS-Médecins pour s'entendre dire que le bébé a simplement faim. Elle a peur de le baigner, craint qu'il ne se noie ou ne «se répande». Elle revit des moments hallucinatoires où elle se voit au milieu de squelettes. Elle déambule dans l'appartement en perdant toute notion du temps, son bébé dans les bras. C'est dans cet état qu'elle est hospitalisée dans un service psychiatrique mère-enfant.

Quand mère et enfant quittent l'hôpital, Didier a 7 mois. Il est placé à temps complet chez une assistante maternelle de l'aide sociale à l'enfance, et Mme V. demande à consulter avec son enfant à l'Unité, pour que nous l'aidions dans sa maternalité.

D'emblée, nous observons que se retrouver, pour eux deux, c'est se confondre : ils s'étreignent en bisous immenses, en bercements interminables. Pendant ces rencontres, l'éducatrice de jeunes enfants et moi-même, nous travaillons à aider Mme V. à voir son enfant comme un être différent d'elle, ayant certains besoins, certaines fragilités, certains goûts.

Quand Didier a environ 5 ans, nous nous trouvons témoins d'une scène particulièrement difficile à supporter. Didier grimpe sur les genoux de sa mère, ses jambes écartées entourant ses

31. Récit de Marthe Barraco.

hanches, et ils se mettent à se bercer, d'abord avec quelques mots, puis silencieusement, les yeux fermés, partis tous les deux dans une relation érotique que nous avons de la peine à reconnaître comme telle, le changement s'étant produit insidieusement sous nos yeux sans que nous l'ayons anticipé.

L'éducatrice et moi-même reparlons de leurs ébats, mal à l'aise. Avions-nous bien vu une scène masturbatoire ? La répétition de tels moments ne nous laissa pas de doute. Mère et enfant prolongeaient les moments d'indifférence au monde extérieur qu'ils avaient vécus dans le premier âge de Didier par des bercements devenus érotiques. Nous sommes donc amenées à verbaliser ce que nous comprenons de leur tentative de refusionner tout en mettant des interdits : «Tu as 5 ans»; «Non, Didier, tu n'as pas à consoler ta maman comme ça. C'est ton papa qui peut la toucher. Toi, tu pouvais, bébé, t'enfouir dans sa poitrine, mais tu ne peux plus lui caresser les seins maintenant, c'est interdit. Comme il est interdit de toucher les fesses de ton éducatrice.»

En fait, ce moment est devenu plus facilement traitable quand Didier a effectivement voulu entraîner dans ses jeux son éducatrice avec laquelle il avait noué une relation significative. C'est à l'occasion de bisous trop appuyés glissant dans le cou de celle-ci et de mots de l'enfant lui disant qu'il lui ferait l'amour que nous avons pu lui dire qu'une femme ne fait pas l'amour avec un petit garçon, que c'est interdit, comme il est interdit de faire l'amour avec sa maman, pour tout le monde : l'éducatrice faisait l'amour avec son mari. Après cette intervention, Didier s'est mis à dessiner deux lits, un lit pour les parents, un lit pour le bébé, sur des feuilles séparées en disant : «Ils couchent chacun dans leur lit.»

Chez son assistante maternelle, nous avons également constaté que Didier induisait avec elle un certain rapproché physique qu'elle n'avait pas connu avec ses propres fils. Par exemple, il pouvait encore, à 5 ans, l'entraîner à l'embrasser très langoureusement sur la bouche. Tout un travail a dû être fait avec elle pour qu'elle freine ses élans.

Didier (qui a 8 ans actuellement) nous a montré sa grande difficulté à se dégager de l'intrusion maternelle, tant psychique que physique, qu'il a connue tout bébé. ◄

UN CLIMAT DE POSSESSION MUTUELLE IRRESPECTUEUSE DES CORPS

Pris dans les rets fusionnels de la psychose maternelle, ces bébés ont vécu d'emblée une intense érotisation dans leur première relation. Nous faisons l'hypothèse que les rapprochés excessifs avec leur mère ont créé un climat de possession mutuelle irrespectueuse du corps.

Ce problème prolonge une pathologie de la symbiose, une impossibilité pour la mère d'accéder à l'individuation : à la sienne en tant que sujet et à celle de son bébé.

Le problème de la différenciation des corps se double aussi d'une difficulté à différencier les générations.

Dans cette confusion initiale s'est installé un maternage abusif, porteur d'un fonctionnement familial incestuel. Le devenir psychique de ces enfants en porte la trace, malgré la séparation précoce d'avec la mère (Didier à 7 mois) et les soins psychologiques. Nous le repérons dans les comportements sexuellement sollicitants qu'ils ont eus avec des adultes jusqu'à l'âge de 8 ans [32], à la difficulté d'installer une latence, avec peu d'intérêt pour la pudeur. Un des risques encourus est l'entraînement d'un adulte vers la séduction pédophile à leur égard.

1.3.3. Repères pour le traitement des nourrissons de mères psychotiques

Le traitement doit prendre en compte les trois catégories de risques qui menacent l'enfant (M. David, 1987) :

- être isolé et entrer avec sa mère dans une relation pathologique et pathogène ;
- être exposé à des violences et à des abandons successifs ;
- faire l'objet de placements multiples, source de discontinuité et de carences.

Aussi le projet thérapeutique s'organisera-t-il autour de deux impératifs :

- l'aménagement de la distance mère-enfant par une approche directe de l'enfant ainsi que des interactions parents-nourrisson ;
- la mise en place d'un environnement stable et fiable pour le nourrisson.

---

32. Âge auquel se termine notre prise en charge.

Nous ne donnerons ici que quelques repères, les divers modes d'abord sont développés dans la quatrième partie de l'ouvrage.

Nécessité d'une évaluation initiale rigoureuse, tout en protégeant l'enfant

Dans les premiers mois de vie de l'enfant, il peut être intéressant d'utiliser l'hospitalisation mère-enfant dans une double optique :

- se donner le temps d'évaluer la qualité de la relation mère-enfant et d'observer le bébé afin de posséder suffisamment de données pour prendre des décisions ultérieures quant à la possibilité de maintien de l'enfant dans le milieu familial ;
- commencer le traitement au niveau du nourrisson, de la mère et du couple parental lorsque, le père est là.

Si elle évite une séparation brutale, préjudiciable à l'enfant, l'hospitalisation conjointe ne signifie pas pour autant présence permanente du bébé auprès de sa mère, mais plutôt un ajustement souple de la distance mère-nourrisson. Le recours à l'hospitalisation est judicieux aussi pour préparer le placement de l'enfant dans les meilleures conditions lorsque la mère et l'enfant paraissent en situation de danger au domicile.

Pour prévenir les discontinuités, il serait utile de pouvoir identifier très précocement des critères permettant de connaître les chances qu'a l'enfant d'être ou non élevé par sa mère et son père. Nous en dégageons quelques-uns dans le tableau 7 [33].

La nécessité d'un espace médiatisé [34]

L'intensité des mouvements émotionnels (à la mesure des projections de la mère, du bébé et de leur détresse) chez ceux qui sont en contact avec les parents et les nourrissons montre la nécessité de créer un espace médiatisé spécifique qui permette une prise de distance et une élaboration de réflexion.

Un bon exemple de situation à haut risque de conflits entre les différents intervenants est celle que créent les processus de

---

33. Voir p. 264.

34. Voir § 3.2. p. 196 sur le travail en réseau.

clivage si fréquents chez les psychotiques. Ainsi la mère « dépose » ses désirs contradictoires chez différents intervenants :

- à l'assistante sociale, elle demande un placement de l'enfant, en urgence ;
- à la puéricultrice, elle dit son attachement à son enfant, son désir de le garder.

Une autre situation à la source de conflits est l'écart entre le discours maternel, qui magnifie le bébé et qui fait croire que ces femmes sont de « bonnes mères », et leur impossibilité à percevoir ou à répondre aux besoins du bébé dans l'interaction directe.

L'intensité des perturbations des interactions précoces parents-nourrisson que nous avons décrites dans ce chapitre témoigne d'un dysfonctionnement majeur de la parentalité chez un certain nombre de mères présentant une psychose chronique. Cependant nous devons souligner qu'il n'existe pas de corrélation directe entre psychopathologie parentale et parentalité ; d'autres facteurs que la psychopathologie parentale déterminent la qualité des soins parentaux. La dimension singulière à chaque dyade mère-nourrisson demeure essentielle, tout comme la place unique de l'enfant imaginaire pour la mère psychotique.

Quand nous tentons de regarder le nourrisson « de chair », nous sommes très vite envahis par la problématique maternelle : ne pas voir, ne pas faire exister dans notre regard cet enfant, dont la réalité peut constituer une menace permanente pour sa mère. C'est pourquoi la création d'un espace médiatisé est une condition essentielle du traitement. C'est à ce prix que peuvent se mettre en place des aménagements tenant compte des besoins de la mère comme de l'enfant.

1.4. L'impact des perturbations des relations parents-nourrisson sur le fonctionnement de l'enfant

L'intérêt grandissant porté au fonctionnement du bébé a relancé la question de la naissance de la vie psychique, en attirant l'attention sur le rôle possible des expériences des premiers mois de vie, telles la sensorialité et la motricité. Ainsi des éléments appartenant à des niveaux archaïques fondent les niveaux les plus élaborés (D.N. STERN, 1985, p. 65).

De multiples travaux issus de courants théoriques et cliniques variés (psychiatrie, psychanalyse, psychologie développementale, sciences cognitives) s'intéressent à la genèse de la pensée, à l'«avant» de la pensée, comme en témoigne le terme de «proto-pensées» (D. MARCELLI, 1985). Ils amènent tout naturellement à s'interroger sur les nourrissons à risques.

Nous avons déjà évoqué chez les nourrissons hospitalisés l'impact sur l'émergence de leur vie psychique et leurs modes d'organisation précoces qu'ont la défaillance somatique et les caractéristiques de l'environnement hospitalier. Que se passe-t-il pour les bébés exposés à des parents présentant des troubles graves de la parentalité et qui grandissent au sein de relations très perturbées ?

Reprenons l'histoire de Laura, dont des éléments ont jalonné les précédents chapitres, afin de formuler quelques hypothèses sur la construction de la vie psychique de ces enfants, et sur le devenir de leurs modes d'organisation précoces à moyen terme.

L'histoire de Laura illustre particulièrement les effets de l'exposition précoce à la psychose maternelle car :

- la mère de Laura présente une psychose délirante chronique, évoluant depuis plusieurs années, diagnostiquée et traitée avant la conception de Laura ;
- Laura a été élevée, pendant les sept premières années de sa vie, par ses deux parents, dont elle n'a été séparée que brièvement à deux reprises : dans sa quatrième année, peu après la naissance de sa sœur cadette Sonia, puis à l'âge de 5 ans et demi [35] ;

35. À la naissance de Sonia, elle séjourne quatre jours chez une assistante maternelle. Elle y retournera trois mois plus tard en raison de l'hospitalisation de sa mère en psychiatrie durant trois semaines. Laura a toujours été accueillie par la même assistante maternelle, Mme A. C'est toujours cette même famille qui accueillera à temps complet Laura à l'âge de 7 ans avec sa jeune sœur.

– son père, bien inséré professionnellement, ne présente pas de psychopathologie notable et vit au foyer ;
– le couple parental est stable ;
– Laura a bénéficié d'un accompagnement thérapeutique de la naissance à l'âge de 8 ans : visites à domicile dans le premier âge, puis groupe mères-enfants et consultations familiales.

1.4.1. L'HISTOIRE DE LAURA

Laura et son environnement quotidien

Nous avons fait connaissance de la mère de Laura à la fin de sa grossesse, à la demande des équipes du secteur psychiatrique adulte et du placement familial spécialisé qui venait d'accueillir le frère et la sœur aînés de Laura.

C'est une jeune femme intelligente et sensible. L'envahissement qu'elle subit par des idées délirantes et des hallucinations est alternativement pesant ou discret. Des décompensations sévères, où les enfants ont été pris dans son système persécutoire, ont amené une hospitalisation pour elle et un placement nourricier pour ses deux aînés. Mme F. et son mari souffrent beaucoup de cette situation.

M. F. est un homme d'humeur égale, chaleureux, attentif à ses enfants, mais il ne peut s'engager dans une responsabilité complète et directe à leur égard , la tâche de s'occuper des enfants est dévolue à sa femme, quelle que soit sa désorganisation psychique.

Laura, nourrisson, semble incluse dans le délire maternel pendant ses deux premiers mois de vie. Le désir de Mme F. de l'allaiter a fait cesser la prise de psychotropes. Dans cette période de très grande proximité mère-enfant, les angoisses que suscitent, chez la mère, les besoins du bébé, son activité, s'expriment dans des thèmes délirants, tels celui du «vampire qui suce le sang» face à l'avidité orale de Laura [36] ou celui du «diable qui crie» face aux pleurs du bébé. L'évaluation du danger tant physique que

36. Voir vignette clinique p. 71.

psychique encouru par le bébé est alors délicate, malgré la densité du suivi psychiatrique, assuré conjointement par l'équipe du secteur de psychiatrie adulte et l'Unité des petits. L'adéquation des soins maternels, la sensibilité de Mme F. à nos verbalisations, qui portent sur les liens entre son ressenti face à Laura et sa thématique délirante, la perspective d'un sevrage proche nous font espérer pouvoir « dégager » Laura et sa mère du danger. Effectivement, avec le sevrage à 8 semaines, la reprise d'une médication et l'instauration d'une relation avec la psychologue de l'Unité, qui connaît Madame depuis que Laura a 10 jours, Mme F. s'apaise, devient plus confiante. Laura n'est plus ouvertement menacée par le délire maternel, et ce jusqu'à ses 3 ans, à la naissance de Sonia. Nourrie, bercée, soignée avec habileté et plaisir, elle reçoit un maternage de bonne qualité. Sa mère exprime que ce bébé est le premier qui la rend mère : elle ne veut pas « l'éloigner » d'elle comme elle a éloigné les deux aînés, qui, eux, étaient les enfants « du diable ».

Cependant, le délire, construit et établi depuis de nombreuses années, et les hallucinations sensorielles et cénesthésiques perdurent. Mme F. est « habitée » de présences maléfiques, êtres monstrueux qui s'imposent à sa vue et la harcèlent, pénétrant et peuplant son corps de sensations intenses et variées. Cette activité quasi permanente « infiltre » le tissu de toute relation pour Mme F. La discordance marque, de ce fait, son lien avec sa fille. Laura a toujours vu sa mère réagir à l'invisible.

Le processus de séparation-individuation s'élabore douloureusement. À chaque étape, Mme F. « retient » sa fille de grandir, physiquement et psychiquement. Puis lorsqu'elle peut, dans la thérapie, exprimer et donner sens aux angoisses que fait surgir l'autonomisation motrice de sa fille, nous assistons alors à une reprise spectaculaire du développement moteur de Laura. Mme F. exprime alors combien elle est soulagée et heureuse de voir sa fille se développer comme les autres enfants. Les difficultés culminent après la naissance de Sonia. Sa mère considère brutalement Laura, qui n'a que 3 ans, comme une « grande » et n'accepte plus aucun comportement régressif de sa part. Laura vit une perte brutale de sa mère, perte qu'elle signifie clairement : pendant un an, elle ne l'appelle plus que « Maman-Sonia ». Elle s'adapte à cette transformation radicale de sa mère. Son hostilité vis-à-vis du bébé ne peut s'exprimer qu'au centre de soins.

La famille a toujours vécu dans un profond isolement social. Pour Laura, depuis sa naissance jusqu'à son placement à l'âge de 7 ans, ses seules sorties ont consisté à se rendre à l'Unité, puis à l'école, deux lieux très investis.

Laura et sa jeune sœur ont été placées, avec l'accord de leurs parents, chez Mme et M. A. dans leur quartier, afin d'éviter trop de changements de leur environnement familier ; ainsi elles continuent à fréquenter la même école et rencontrent leurs parents chaque semaine.

Les grandes étapes du développement de Laura

Sur le plan somatique, Laura naît à terme ; c'est un beau bébé de 3,500 kg dont l'examen pédiatrique est normal. Sa croissance staturo-pondérale est harmonieuse. Laura n'a jamais de problème de santé : ni les banales infections ORL du jeune enfant ni les maladies infantiles ne l'atteignent. La seule fois où elle présenta un effondrement psychosomatique (fièvre élevée, asthénie intense) fut pendant l'hospitalisation en psychiatrie de sa mère, alors qu'elle avait 3 ans et 3 mois (trois semaines après la naissance de Sonia).

Elle franchit les grandes étapes du développement psychomoteur avec quelques particularités, tout en restant dans la norme. Ainsi elle marche à quatre pattes à 9 mois, puis debout à 13 mois. À l'âge de 15 mois, le langage apparaît avec des mots-syllabes.

Laura a un physique agréable. Enfant longiligne, souple et élégante, elle a toujours paru beaucoup plus âgée. Son aisance corporelle et sa silhouette lui donnent, à 8 ans, l'allure d'une sportive.

1.4.2. QUELQUES HYPOTHÈSES CONCERNANT LA NAISSANCE DE LA VIE PSYCHIQUE ET SON DÉPLOIEMENT DANS LE CADRE DE GRAVES PERTURBATIONS RELATIONNELLES

En nous référant aux travaux portant sur les compétences du bébé et les interactions précoces parents-nourrisson, nous proposons ici quelques modes de conceptualisation de l'émergence de la vie psychique du bébé en l'état actuel de nos connaissances. Ces tentatives sont à considérer comme des hypothèses de travail, datées historiquement, pour nous aider à appréhender la mise en place du fonctionnement mental du bébé.

Nous tenterons d'établir des liens entre certaines perturbations des interactions précoces, et les modes d'organisation de l'enfant à court et à moyen terme. À chaque étape, après avoir rappelé les processus en jeu chez un bébé en bonne santé, dans un environnement adéquat, nous nous interrogerons sur leur devenir chez un bébé exposé à une mère défaillante.

Nous aborderons successivement les interactions comportementales, affectives et fantasmatiques, dans une démarche qui va du réel, de l'observable, au fonctionnement préconscient et inconscient, en passant par le registre de l'affect.

Interactions comportementales

DISCONTINUITÉ DES INTERACTIONS PRÉCOCES MÈRE-NOURRISSON

La variabilité et l'imprévisibilité du fonctionnement maternel caractérisent les interactions précoces de cette dyade, sur le plan tant macroscopique que microscopique : la mère de Laura peut s'occuper d'elle de façon adéquate, avec tendresse pendant quelque temps, puis, brusquement, être envahie par des hallucinations, des éléments délirants qui l'éloignent de Laura, et rompre le contact avec son bébé. Ces discontinuités du fonctionnement maternel impriment certaines caractéristiques au contrôle de la vigilance, au fonctionnement mnésique et aux processus de pensée chez cet enfant :

- *RÉGULATION DE LA VIGILANCE*

► Au cours des premiers mois, toute l'attention de Laura se focalise sur sa mère. Nourrisson sur le qui-vive, elle en suit les moindres mouvements : rien ne lui échappe. Aussi n'assistons-nous pas à l'alternance, habituelle dans les premières semaines, des mouvements d'attention et de retrait du bébé, mouvements respectés et encadrés par une mère sensible aux besoins homéostatiques de son enfant. Les temps anormalement longs d'attention et leur grande intensité nous font parler, chez ce bébé, d'hypervigilance. ◄

Nous faisons l'hypothèse que l'imprévisibilité et la variabilité du fonctionnement maternel pourraient être un des mécanismes à l'origine de cette hypervigilance, l'attention et l'intérêt d'un bébé augmentant quand le degré de divergence du stimulus avec un schème établi s'accentue (D.N. STERN, 1989). Plus globalement, le contrôle des états de vigilance, qui fait fonction de pare-excitation interne chez tout bébé, est utilisé ici à des fins défensives pour tenter de réguler l'interaction : hypervigilance initiale, puis, quand le malaise s'accroît dans un contact trop prolongé avec la mère, chute immédiate dans le sommeil pour se protéger de trop de tension dans l'interaction, comme nous l'avons décrit dans le chapitre précédent.

Ces modes défensifs utilisant l'autocontrôle des états de vigilance face aux tensions relationnelles mère-enfant perdureront chez Laura :

► **D**e 4 à 6 ans, Laura, après l'école, s'endort à peine arrivée à la maison pour ne s'éveiller qu'au retour de son père du travail, deux heures plus tard. ◄

FONCTIONNEMENT MNÉSIQUE/CONSTRUCTION D'INVARIANTS/ CONSTITUTION DU SELF

Chez le nourrisson, le fonctionnement mnésique est lié au contexte, à ses multiples paramètres (organisation temporelle, lieux et aménagements de l'espace, objets, personnes, etc.). Leurs changements l'entravent. Ainsi les protoreprésentations [37] ne sont accessibles que si la situation est contextualisée, «c'est-à-dire qu'un élément de l'environnement (indice d'évocation) quel qu'il soit (sensoriel, moteur, perceptif) doit être présent

37. Les protoreprésentations sont des sortes de «concrétions», tout à la fois sensitives, sensorielles, perceptives, motrices, qui sont définies comme «des schémas prototypiques, qui correspondent à des invariants empiriques et provisoires. Ces schémas apparaissent comme la persistance et la réactualisation de l'état «subjectif» ou «intersubjectif» (M. Pinol-Douriez, 1984, p. 63).

pour ouvrir la voie aux traces mnésiques d'un événement semblable antérieur : le nourrisson peut alors se remémorer l'événement. Mais il en est incapable dans un environnement décontextualisé» (D. MARCELLI, 1985, p. 415). Peu à peu, en grandissant, l'enfant va construire des invariants ; le contexte perdra de sa prégnance (C. ROVEE-COLLIER, J.W. FAGEN, 1984 ; D.N. STERN, 1989).

Chez le nourrisson de mère psychotique, la fréquence et l'importance des changements de l'environnement auxquels il est exposé, tout particulièrement les transformations brutales, sur le plan tant physique qu'affectif, de sa propre mère, font obstacle à la mise en jeu de la mémoire et à la construction d'invariants. La perception de sa propre invariance (auto-invariants ; D.N. STERN, 1985), c'est-à-dire de la permanence de soi, si importante pour la constitution du sentiment continu d'existence, le «self», semble limitée. L'enfant en est fragilisé ; il reste très dépendant du contexte ; il «s'y agrippe». Ainsi l'intensité des réactions de Laura à tout changement du cadre thérapeutique traduit bien ce besoin d'«hyperstabilité» de l'environnement :

► **L**orsque Laura a un 1 et demi, nous posons l'indication d'un petit groupe mères-enfants. Jusqu'alors, Laura connaissait la psychologue de l'Unité qui venait à domicile avec l'infirmière du secteur psychiatrique adulte. Elle la retrouvait aussi chaque semaine dans les locaux de l'Unité. Ce changement de cadre thérapeutique, bien que très progressif (cette même thérapeute accompagne la rencontre avec les nouvelles personnes), entraîne pourtant la perte des capacités de jeux de Laura et la réapparition d'angoisses intenses qui la désorganisent. Laura ne s'intéresse plus aux jouets qu'elle aimait ; elle ne fait plus «semblant» comme dans ses premiers jeux symboliques de dînette et de maternage des poupées. Elle reste figée, apeurée. Elle mettra plusieurs mois pour retrouver, avec de nouveaux soignants, ses capacités de jeux antérieures et leur octroyer sa confiance.

L'immuabilité de l'environnement se révèle une nécessité impérieuse pour la sécurité de Laura : durant les premières années de groupe, elle réagit au moindre changement d'apparence des membres de l'équipe, que ce soit la coupe de cheveux, le bronzage, la tenue vestimentaire. Elle se montre inquiète, soucieuse, comme si l'étranger, ou l'étrange, ravivait ses angoisses. Ces comportements sont toujours associés à une hypervigilance : Laura scrute, évalue les choses dans leurs moindres détails. ◄

Cette défaillance dans la construction des invariants imprime au fonctionnement mnésique des caractéristiques particulières :

► **À** 5 ans, Laura montre une «hypermnésie» des personnes et des objets dans le cadre de l'Unité : elle se souvient de tous les stagiaires qui sont passés dans le groupe et de sa composition exacte au cours des trois années précédentes, comme elle se souvient, dans le détail, des aménagements et des objets importants de l'espace thérapeutique.

À l'école, jusqu'à l'âge de 6 ans, elle veille obsessionnellement au respect des rituels quotidiens de sa classe (l'arrosage des plantes, le rangement du matériel, etc.). Elle connaît avec précision la place de chaque objet et seconde la maîtresse efficacement. À la moindre variation, elle proteste, voire s'angoisse.
Quand sa mère l'accompagne à l'école ou à l'Unité, elle demande à suivre toujours le même trajet. ◄

«Agrippée» au contexte, elle semble surinvestir la mémoire factuelle.

À 8 ans, Laura garde encore une grande dépendance à l'égard de l'invariance de son environnement.

DISCONTINUITÉ ET PREMIÈRES PENSÉES

Le caractère cyclique, rythmique des comportements de la mère et du bébé dans l'interaction, leur structuration temporelle ont un rôle essentiel dans l'émergence des premières pensées du bébé, de ses anticipations et dans sa perception d'un environnement stable et fiable.

Les macrorythmes portant sur des situations de soins (alimentation, change, bain, sommeil) qui organisent la vie quotidienne du bébé sont à différencier des microrythmes qui se réfèrent aux situations telles que les interactions ludiques, comme les jeux de chatouilles (D. MARCELLI, 1986). La stabilité et la répétition dans les macrorythmes apparaissent comme une condition nécessaire minimale au bon développement de l'enfant.

L'investissement du temps et surtout de l'attente est au centre du développement de la pensée : « Les protopensées seraient des pensées sur une succession, une pensée du type "après ça il y aura autre chose"... » (D. MARCELLI, 1985, p. 429). S'interrogeant sur les moyens dont dispose un nourrisson pour s'engager dans un travail de « mise en représentation », qui implique la tolérance à la frustration imposée par l'attente, Marcelli fait l'hypothèse que les deux contextes interactifs différents et contradictoires, que nous venons de définir, participent à cette émergence : d'un côté, les contextes macrorythmiques, dominés par la répétition, impliquant les partenaires interactifs dans leur globalité et assurant le développement des capacités de mémorisation ; d'un autre côté, les contextes microrythmiques dominés par la rupture des rythmes, les attentes trompées, impliquant les partenaires dans de courtes séquences et stimulant les facultés d'attention et de tolérance à la frustration. Pour chaque dyade se dégage un rythme interactif spécifique qui la définit. Ce rythme va conditionner la capacité d'investir le temps d'attente, et par conséquent la capacité de penser (D. MARCELLI, 1992).

L'attention du nourrisson, ses anticipations lui donnent progressivement le sentiment qu'il joue un rôle sur son environnement et lui permettent d'investir d'énergie libidinale son propre fonctionnement psychique.

L'impossibilité pour certaines de ces mères psychotiques de mettre en place des rythmes ajustés aux besoins du bébé, tant des macrorythmes que des microrythmes, va mettre en difficulté le bébé dans l'émergence des « protopensées ». Il n'y a pas de portée pour organiser ses premières expériences, les ancrer temporellement. Des nourrissons comme Laura, face à l'imprévisibilité des comportements maternels, ne peuvent développer leurs capacités d'anticipation et verront leurs processus de penser « attaqués ». Nous en reparlerons quand nous aborderons le développement cognitif de Laura.

HYPERADAPTATION DU NOURRISSON À SA MÈRE

◆ *L'ENFANT S'AJUSTE AUX BESOINS DE SA MÈRE*

Les fluctuations des rythmes des repas et du sommeil du bébé paraissent régies par les besoins de la mère et non par ceux de l'enfant, qui s'adapte sans protester :

► **D**ès le retour de la maternité, Laura accepte les nombreuses tétées que sa mère lui propose. Mme F. la sort du berceau pour la nourrir, au moment où elle le décide. De même, Laura n'est pas accompagnée dans ses besoins d'éveil et d'endormissement ; elle s'endort ou se réveille sur injonction de sa mère, qui la berce de manière rapide et saccadée, pour obtenir un sommeil brutal et immédiat.

Un moment crucial de la relation de Laura à sa mère se situe entre l'âge de 6 et 8 mois. Mme F. refuse que Laura s'éloigne d'elle : ainsi l'entoure-t-elle fermement de ses bras lorsque celle-ci veut faire un mouvement vers la psychologue assise à côté d'elle. Sur les genoux de sa mère, Laura est tonique et se dresse sur ses deux jambes, mais lorsque celle-ci la pose sur le sol, la différence est spectaculaire : l'hémicorps inférieur est sans vie, évoquant une paraplégique. Laura aurait-elle fait sien, dans son corps, l'interdit maternel : «ne pas bouger» lorsqu'elle est à distance de sa mère ?

À 5 ans, son comportement avec sa mère à domicile n'est pas sans évoquer son «hyper-ajustement» de bébé ; il se traduit par une inhibition plus globale. Laura paraît extrêmement calme, sage, voire figée, en contraste avec la Laura de l'Unité ou de l'école : à l'école, Laura joue, se montre attentive aux enfants en difficulté, repère très vite les règles de fonctionnement du groupe et s'y «raccroche» ; elle ne pose pas de problème et semble heureuse.

À l'Unité, dans le groupe d'enfants, deux niveaux de fonctionnement alternent chez Laura. L'un, plus progrédient, n'est pas sans rappeler celui de l'école. L'autre témoigne de sa fragilité et se traduit par un état de grande agitation qui inquiète beaucoup ses soignants. ◄

♦ *CONTINGENCE DU BÉBÉ, «NON-CONTINGENCE» OU ANTICONTINGENCE DE LA MÈRE* (M. LAMOUR, N. KUKUCKA, 1989)

La contingence [38] se définit comme l'adaptabilité réciproque dans les successions interactives. «La connaissance de la contingence prend bientôt une importance centrale pour l'enfant ;

---

38. La contingence (de l'anglais *contingency*) est un concept, apparu plus tardivement que la notion de réciprocité, qui porte sur la qualité des ajustements interactifs mère-nourrisson. Il est synthétique, concernant à la fois la perception des signaux, leur déchiffrage et l'adéquation des réponses. Il évalue donc l'ajustement des partenaires. En outre, il s'applique tant aux comportements de la mère qu'à ceux du nourrisson. Quand les comportements contingents prédominent, l'interaction est dite harmonieuse.

de fait, la prise de conscience de la contingence par l'enfant peut être vue comme un des aspects les plus précoces du «self préreprésentatif», un aspect dans lequel il y a une différenciation soi-environnement, fondée sur ce que l'enfant cause, versus ce qu'il ne cause pas» [39] (R.N. EMDE, 1983, p. 177-178). C'est l'enfant qui a à construire la notion de causalité pour pouvoir ensuite profiter des apprentissages (R.N. EMDE, 1983).

En raison du phénomène de «réflexion en miroir» [40], «la plupart des contingences que l'enfant peut contrôler sont sociales, alors que la plupart de celles qu'il ne contrôle pas ne sont pas sociales ; c'est un aspect important du développement du self». (R.N. EMDE, 1983, p. 178).

Une analyse systématisée des interactions comportementales des nourrissons avec leurs mères psychotiques met en évidence l'association de comportements «contingents» (les réponses du nourrisson aux signaux de sa mère sont adéquates) chez l'enfant à des comportements maternels non ou anticontingents (les réponses de la mère aux signaux de l'enfant sont inadéquates, voire à l'opposé de l'attente de l'enfant). Les nourrissons comme Laura apparaissent alors à l'observateur trop complaisants à se mouler au fonctionnement maternel. La dynamique interactive est caractérisée par «l'inversion des ajustements».

Si nous appliquons le modèle de «régulation mutuelle» [41] de E.Z. Tronick et A.F. Gianino à la pathologie interactive, ces perturbations ont la valeur de mécanismes adaptatifs régulateurs de l'interaction, mis en place par le nourrisson face à une mère qui ne remplit pas son rôle normal de régulation. Au début l'enfant tentera de réparer l'interaction, mais devant les échecs répétés

---

39. Traduction personnelle.

40. Le phénomène de «réflexion en miroir» (*parental mirroring*) par le parent du comportement de l'enfant montre bien le lien entre la conscience de la contingence et le développement précoce du self. Pour H. et M. Papousek (1987) qui l'ont étudié en détail, c'est un exemple de «parentage intuitif» puisqu'on le retrouve dans différentes cultures et qu'il apparaît automatiquement en présence du bébé. Dès le début de la vie, le *parental mirroring* semble offrir des contingences naturelles qui donnent au nourrisson des chances de contrôler le comportement parental.

41. Le modèle de régulation mutuelle de Tronick et Gianino est décrit p. 119 («Le bébé dans notre clinique»).

il se tournera de plus en plus vers son système interne d'autorégulation.

Nous faisons donc l'hypothèse que la contingence du bébé témoigne d'une hyperadaptation de l'enfant non seulement aux comportements, mais aussi aux désirs, aux fantasmes maternels.

Le succès de ses comportements «autodirigés» pour réduire l'intensité de ses affects négatifs peut avoir des effets structuraux : d'une part, ces comportements vont dominer son style d'interaction avec sa mère, mais aussi avec ses autres partenaires ; d'autre part, le nourrisson va développer une représentation de lui-même comme inactif sur l'environnement, ses comportements n'ayant pas le pouvoir de réguler l'interaction, et de la mère comme une personne sur laquelle il ne peut pas compter. Il n'acquiert pas le sentiment d'être compétent (*sense of competence ;* T.B. BRAZELTON, 1981).

Cette hyperadaptation se révèle être une arme à double tranchant :

- c'est un système régulateur de l'équilibre dyadique : il a valeur protectrice pour les deux partenaires : le nourrisson, en respectant le seuil de tolérance de sa mère à ses manifestations, la désorganise moins, et donc «s'exposerait» moins ;
- c'est une organisation défensive qui risque d'aller à l'encontre des processus de maturation de l'enfant. Une grande partie de son énergie psychique est investie dans la surveillance de cet environnement qu'il ne peut pas contrôler, comme si le nourrisson était en permanence en état d'alerte.

Interactions affectives

L'accordage affectif [42] est rare dans ces dyades : l'enfant ne fait pas l'expérience de cette communication intersubjective qui donne aux deux partenaires le sentiment d'une intimité profonde et fait que le bébé se sent compris et accompagné dans ses émotions (D.N. STERN, 1985) :

42. L'accordage affectif, ou harmonisation des affects, a été décrit dans le chapitre «Repères théoriques sur les interactions parents-nourrisson».

► **D**ans la séquence du biberon décrite précédemment, grande apparaît la discordance entre le vécu de Laura et ce que sa mère lui renvoie de la violence des émotions qui l'envahissent. Laura s'en défend en plongeant dans un profond sommeil, comme sa mère s'est défendue de la désorganisation qu'entraînait l'avidité orale de Laura, en replongeant dans son délire hallucinatoire.

Quand Laura grandit, nous remarquons souvent une certaine froideur chez cette enfant, qui impose une distance relationnelle à l'adulte, dans une position de maîtrise. Elle montre peu d'élans spontanés vers les adultes familiers (sa maîtresse par exemple).

La même distanciation active se retrouve longtemps dans la relation de Laura à ses thérapeutes ; sensible à la continuité de la présence de l'adulte, Laura n'a pas l'élan de confiance d'un jeune enfant. Quand elle se laisse réellement approcher, c'est dans une relation peu affective dans laquelle, rapidement, elle s'excite et peut se montrer violente, à la mesure des interactions qu'elle a connues bébé. Laura exprime ainsi à la psychologue, qui est le garant de sa relation à sa mère, ses difficultés en liaison directe avec les fluctuations de l'état maternel. ◄

Ce n'est qu'au fil des années que Laura a montré peu à peu l'importance des liens noués avec les adultes de l'équipe. Elle est devenue une enfant confiante qui peut exprimer et reconnaître son désarroi, sa douleur physique, ses peurs, en leur présence. Mais plusieurs événements dans le quotidien nous ont montré combien ces émotions sont peu reconnues, ni même acceptées par sa mère :

► **U**n jour, un des soignants référents a dû s'absenter inopinément, à l'heure du groupe. Lorsque Laura l'apprend à son arrivée à l'Unité, elle s'attriste aussitôt ; des larmes lui montent aux yeux... Sa mère, jusque-là impassible, lui donne soudainement une gifle !

Un matin, Laura se réveille avec une violente douleur au genou ; elle peut à peine poser son pied à terre. Dès qu'elle émet une plainte, sa mère la semonce et la brusque pour qu'elle se lève. Elle amène Laura à l'Unité. Là, après avoir exprimé sa colère à l'égard de sa fille, elle se montre inquiète ; elle craint de ne pas comprendre ce qu'a Laura. Elle accepte alors qu'un médecin de l'équipe examine le genou de Laura. Sur ses conseils, elle va à la consultation hospitalière. La psychologue la retrouve là ; c'est une tout autre femme, au comportement adapté : mère attentive, elle aide Laura à patienter par quelques mots gentils. ◄

Dans ces deux exemples, à une souffrance psychique ou physique de Laura, la mère répond par un premier mouvement agressif. Non seulement elle ne peut contenir et traiter les angoisses de l'enfant face à ces « attaques » internes, mais elle les amplifie.

► **L**orsque Laura a 7 ans, dans les consultations avec ses parents ou avec sa nourrice, alors qu'on s'attendrait à voir surgir en elle une émotion intense (par exemple à l'évocation de la séparation d'avec sa mère), elle s'agite de tous côtés, parle haut et fort, vite, sans pause, semant la confusion (en contraste avec sa petite sœur qui, elle, pleure). ◄

Quel est, dans ces moments-là, le destin de l'affect ? Laura le ressent-elle ? A-t-il un impact désorganisateur sur son fonctionnement ?

Retrouvons-nous là les effets conjugués de l'interdiction maternelle d'exprimer la douleur physique ou psychique ?

Interactions fantasmatiques

L'introduction des interactions fantasmatiques charge de sens les interactions comportementales qui en sont, en partie, l'expression dans un rapport évoquant celui du contenu manifeste et du contenu latent dans le rêve. À l'inverse, les interactions comportementales vont aussi susciter un certain type de fantasmes et d'affects : si les caractéristiques individuelles de l'enfant, ses comportements, la moindre de ses manifestations ont tant d'impact sur le maternage qu'il reçoit, c'est bien parce qu'ils sollicitent la mère au niveau de sa vie fantasmatique, par le canal des interactions comportementales.

► **A**vec sa mère psychotique, le bébé non seulement n'est pas contenu dans ses angoisses, mais à l'inverse il reçoit d'elle des affects d'une grande violence, des fantasmes, dans un registre très archaïque, qui sont « traduits » comportementalement. La mère de Laura ne l'aide pas dans l'intégration de ses expériences émotionnelles, mais plus encore, en lui renvoyant en boomerang et démultipliées ses angoisses destructrices, elle renforce les mécanismes défensifs de l'enfant, mécanismes qui ont pour but de la protéger de ses excitations non intégrables. ◄

Si nous nous identifions avec empathie à l'enfant, nous subissons, dans l'interaction proche avec la mère, un véritable «bombardement» par les fantasmes maternels. Ces fantasmes viennent en retour opacifier la perception de l'enfant réel, les représentations maternelles apparaissant toujours très loin de ce que vit le bébé.

Ainsi, l'enfant est maintenu à un haut niveau d'excitation psychique qui envahit et attaque ses processus de penser.

À plus long terme, l'enfant aura de grandes difficultés à entrer dans la période de latence.

1.4.3. Deux questions sur le fonctionnement de Laura

À ce point de notre exposé, il nous paraît important de tenter de comprendre, d'une part, quelle réalité psychique s'est construite Laura dans un tel contexte relationnel, d'autre part, certaines particularités du développement cognitivo-intellectuel de Laura.

Quelle réalité psychique Laura s'est-elle construite ?

En quoi «sa» réalité psychique se différencie-t-elle de la réalité perçue par sa mère malade ? Quelle réalité a-t-elle pu construire ?

LAURA ET LE DÉLIRE MATERNEL : TENTATIVES DE DISTANCIATION DE LA MALADIE DE SA MÈRE

Par rapport aux problèmes que pose le fonctionnement de Laura dans ce registre, il est important de s'interroger : comment Laura perçoit-elle la pathologie mentale de sa mère ? Craint-elle d'être contaminée ? Se sent-elle responsable ? Lui a-t-on assez permis de s'en dégager ?

Ce fut un axe que nous abordâmes très précocement dans le traitement avec Laura dans le cadre des groupes et dans le cadre des consultations familiales (menées par la psychiatre et la psychologue), en présence de ses deux parents.

◆ *DANS LES GROUPES, QUAND «LAURA INCARNE SA MÈRE» :*

► **À** 4 ans et demi, à une période où sa mère est de nouveau très délirante, Laura est perçue, par ses soignants proches, comme «folle». Le regard de l'observatrice du groupe[43] devient une source d'anxiété pour Laura : elle se roule par terre en hurlant. Quand elle sent ce regard posé sur elle, Laura en capte la teneur angoissée, désapprobatrice ; elle colle à cette perception en se montrant insupportable et mauvaise. Nous notons alors combien elle sollicite très activement l'observateur à porter sur elle le même regard que celui de sa mère, dans cette période où le délire de celle-ci fait de Laura, petit enfant autrefois aimé, un être malfaisant. ◄

Ce comportement n'est pas sans évoquer le mécanisme d'identification à l'agresseur tel que Ferenczi l'a décrit :

«En suivant la ligne férenczienne, on peut remarquer que, plus les parents sont fous, plus l'identification à l'agresseur (forme d'identification universelle) est particulièrement forte chez les enfants et entravante pour leur développement psychique. Il faut entendre là l'identification à l'agresseur non pas comme défense, mais comme réaction primaire de survie et introjection d'un surmoi archaïque, hyper-répressif, introjection forcée de la haine et de la culpabilité de l'adulte» (M. ENRIQUEZ, 1993, p. 134).

◆ *DANS LES CONSULTATIONS FAMILIALES :*

À travers ses jeux et quelques questions que Laura nous a directement posées, nous avons eu accès à ses inquiétudes concernant la maladie de sa mère :

► « **E**st-ce que ça va durer ? Est-ce que ça s'attrape ? C'est vrai le diable ? Nous, on ne le voit pas ? Qu'est-ce qu'elle a Maman dans sa tête ?» ◄

---

43. L'observatrice est assise dans la salle du groupe, toujours à la même place. Elle ne joue pas avec les enfants. Elle note les mouvements tant individuels que collectifs. Son observation écrite est reprise dans le post-groupe, temps hebdomadaire d'échanges et d'élaboration des soignants du groupe, avec l'aide d'un superviseur.

Le problème de sa responsabilité et de sa culpabilité vis-à-vis de l'état de sa mère s'est régulièrement posé.

► **Â**gée de 6 ans, Laura s'adresse à sa petite sœur ; elle lui explique leur vie. Nous l'entendons lui dire : «Maman est malade, c'est pour ça qu'elle rit toute seule… Nous, on va dessiner le diable de sa tête et on va le tuer.» Ensemble, Laura et Sonia organisent des jeux où elles tuent les monstres. ◄

Mme F. est très sensible à cette dimension et aux efforts de ses filles pour lutter contre ces présences maléfiques.

Durant toutes ces années, nous avons pu régulièrement verbaliser, devant elle, à ses filles les problèmes psychologiques qui l'assaillent et la mettent en difficulté dans sa maternalité.

Nous avons tenté, tout au long de la petite enfance de Laura, de lui rendre compréhensible ce qui dans les troubles de sa mère ne l'est précisément pas. Il nous a fallu constamment travailler sur le paradoxe suivant : Laura n'est pas directement responsable des troubles maternels, mais la contraignante proximité qu'imposent ses soins à la mère ainsi que certaines étapes de son développement (particulièrement l'individuation) aggravent la psychose maternelle. Cette mère qui peut lui témoigner affection et tendresse ne supporte qu'une relation à distance ; lui exprimer son attachement dans un élan spontané peut la transformer en mère agressive et rejetante.

CONSTRUCTION DE SA RÉALITÉ PSYCHIQUE INTÉRIEURE

► **L**aura a toujours eu des difficultés à différencier ce qui appartient à l'image (qui ne peut être sortie du support et reste inanimée) de la réalité «extérieure» à trois dimensions : ainsi, à trois ans, elle cherche à s'emparer des images, elle fait mine de vouloir entrer dans le téléviseur. ◄

Ses ajustements de la compréhension de la profondeur et de la représentation de l'objet comme différent de sa configuration spatiale se rapprochent des tentatives faites par des enfants plus jeunes (15 mois environ). Leur persistance au-delà de cet âge nous rappelle les problèmes de la mère de Laura qui, deux ans auparavant, lorsqu'elle délirait, s'absorbait complètement dans le déroulement de scènes à la télévision comme si les personnages étaient sortis de l'écran, ou... comme si elle-même était entrée dans le téléviseur.

Son sens fragile de la réalité s'exprime encore à 5 ans :

► **Q**uand on lui lit une histoire, particulièrement celle de *Max et les maximonstres* (M. SENDAK, 1963), qu'elle préfère à toute autre, Laura est successivement fascinée, excitée, puis elle panique et se désorganise : elle est dans l'histoire, elle est l'histoire. La fragile frontière entre sa réalité propre et cette fantaisie s'est évanouie.

De même lorsqu'elle met en scène des batailles avec de petits animaux de plastique, le jeu bascule quand la possible férocité des animaux sauvages devient réalité et la terrorise. Laura cesse alors brusquement le jeu, pleure et va se coller à un adulte, à la recherche d'un réconfort.
Ses jeux sont une bonne figuration d'une des problématiques de Laura : se protéger de l'extérieur, vécu comme menaçant : dans le petit groupe, Laura construit répétitivement une maison en Lego, doublement blindée : deux murs épais et des fenêtres doubles.
Avec l'inconnu, la menace grandit : une promenade en bateau sur la Seine est une épreuve : contre quels monstres marins faudra-t-il se protéger ? ◄

À travers ces différents exemples, on note, d'une part, combien la vie psychique de Laura est peuplée de représentations très angoissantes liées à des fantasmes archaïques très violents, d'autre part, combien son monde interne envahit le monde externe avec un passage trop facile de l'un à l'autre, dans les deux sens. On pourrait aussi le formuler comme la mise en échec des processus secondaires avec envahissement par les processus primaires.

Pour B. Gibello, le fait que le moi du nouveau-né est capable de tenir compte de la réalité pour organiser ses actions l'amène à «proposer l'idée que l'appareil psychique peut fonctionner dès la naissance suivant les deux modalités, primaire et secondaire. Le processus primaire serait normalement en œuvre dans le domaine où le bébé est effectivement impuissant à agir sur la réalité. Le processus secondaire serait au contraire en œuvre dans les secteurs où il est susceptible d'avoir une emprise réelle sur le monde extérieur» (B. GIBELLO, 1984, p. 183).

Aussi faisons-nous l'hypothèse que la mise en échec des processus secondaires avec envahissement par les processus primaires chez Laura s'origine dans la non-contingence et dans l'anticontingence qui caractérisaient les interactions précoces mère-nourrisson et faisaient que le nourrisson avait peu d'emprise sur son environnement.

Construction de l'identité de Laura

La construction identitaire de Laura montre une certaine fragilité. Laura présente de grandes difficultés à se percevoir comme une personne, dont les contours, les frontières, tant physiques que psychiques, sont stables :

► À 4 ans, ses limites corporelles sont mal définies : lorsqu'elle joue à se maquiller et qu'elle voit son visage barbouillé, elle s'excite, se recouvre les bras de fard compulsivement ; puis elle s'agite et gémit, effrayée. Quand son éducatrice l'aide à se nettoyer, Laura panique à la vue de l'eau colorée qui s'écoule de ses bras, comme si c'était son propre corps qui se délitait. ◄

Son identité sexuée est longue à s'installer :

► Jusqu'à l'âge de 5 ans, Laura se désigne aussi bien au masculin qu'au féminin. Dans la cour de récréation, elle joue à des jeux de garçons : foot, courses-poursuites violentes, etc. Avec ses cheveux très courts, son survêtement de sport, elle est souvent prise pour un garçon… et ne le dément pas. ◄

Le développement cognitivo-intellectuel de Laura

Il est marqué par une certaine lenteur, des moments d'inhibition dans sa curiosité et des difficultés de compréhension.

Nous avons vu apparaître les premiers mots-syllabes à l'âge de 15 mois. Le langage évolue lentement : en maternelle, entre 3 et 5 ans, son vocabulaire reste pauvre. Les mots génériques qui, sous une même rubrique, désignent des objets apparentés sont trop souvent utilisés, à défaut de la dénomination précise de l'objet. Quelques confusions et des incorrections dans l'utilisation du masculin et du féminin émaillent le discours. Les approximations dans le vocabulaire, la fluctuance dans la structure des phrases font parfois douter de la compréhension globale.

C'est d'autant plus préoccupant que les repérages spatio-temporels tardent à se mettre en place et sont constamment menacés. Laura, dont nous avons déjà évoqué la dépendance à l'égard de l'invariance de son environnement, déploie des efforts permanents pour tenter de se réorganiser face au chaos psychique que risque d'entraîner tout changement dans son environnement. Pour accepter, intégrer les transformations de son contexte de vie, elle doit d'abord s'assurer de l'immuabilité de certains éléments, sinon elle est perdue. Son « hypermnésie en secteur » prend alors tout son sens.

L'isolement de la famille de Laura, le silence de ses parents sur leur enfance, sur leurs familles respectives, sur leur passé, ont installé les enfants dans un présent qui dure et que seuls viennent scander le rythme du traitement, puis celui de l'école. Le quotidien ne s'ancre pas dans des repères temporels, à de multiples niveaux (chronologique, générationnel, etc.).

À 6 ans, Laura entre au cours préparatoire. C'est l'année où sa mère est hospitalisée et où elle et sa sœur sont placées dans une famille d'accueil.

Le démarrage de la lecture s'effectue rapidement, avec beaucoup d'appétence de la part de Laura. Mais, si le mécanisme est acquis facilement, la compréhension est plus longue à s'installer.

L'année suivante, Laura achoppe sur l'arithmétique : ajouter, soustraire sont pour elle des opérations « hermétiques ». Ce n'est que peu à peu que Laura engrange les processus, mais elle n'en perçoit pas les usages évidents. Ces difficultés amènent un redoublement du CE1. En CE2, elle suit mieux mais reste gênée par la compréhension des problèmes d'arithmétique. Elle mène ses apprentissages « en secteur ».

Le « dégagement » de l'espace psychique nécessaire à l'apprentissage scolaire et qui marque l'entrée dans la période de latence tarde à se mettre en place.

► **D**e 5 ans à 7 ans, Laura est souvent débordée par une excitation d'ordre sexuel. Ses jeux montrent une certaine crudité. Ainsi à 5 ans, dans le groupe à l'Unité, elle touche brutalement les parties génitales d'un soignant masculin, veut voir ce qu'il a sous sa chemise ; agressive et provocante, elle suscite la verbalisation par les adultes des interdictions essentielles de l'inceste. ◄

Deux ans plus tard, Laura est amoureuse de son maître d'école ; elle lui apporte des dessins, des petits cadeaux, vante ses qualités, passant alors à un registre plus intégré. L'investissement de l'école, tant du lieu que des adultes qui y travaillent, est très important ; son contact avec le groupe d'enfants est bon, bien qu'elle n'ait pas d'ami(e) privilégié(e).

À 8 ans, les difficultés de Laura portent sur l'abstraction, la généralisation, la possibilité d'établir certains liens qui mènent à la compréhension. Chez elle, l'évidence, l'intuition, qui cimentent les possibilités de «fluidité psychique», sont comme ralenties. Elle a des questionnements inattendus, de ceux qu'on observe chez les enfants de 3 ans en proie aux infinis «pourquoi ?» et qui laissent les parents sans réponse ou les amènent à répondre «parce que !». Mais Laura profite de toute explication et s'exclame vite : «Ah j'ai compris !» et là elle se montre capable de consolider sa compréhension, voire de déplacer l'explication donnée à un autre domaine. Les questions portent sur les liens et sur la permanence des explications reçues par rapport à des changements de contexte.

Le fonctionnement cognitivo-intellectuel de Laura n'est pas sans évoquer ce que B. Gibello nomme les «dysharmonies cognitives pathologiques» et définit comme «un défaut d'achèvement des contenants psychiques normalement dévolus à la connaissance. De ce fait, ce domaine est envahi par les contenants fantasmatiques qui ne sont pas limités comme ils le sont normalement par la mise en jeu du principe de réalité et les fonctions de jugement» (B. GIBELLO, 1984, p. 91).

En suivant Laura dans les premières années de sa vie, nous avons tenté de relier certains aspects de son fonctionnement actuel et la construction, le déploiement de sa vie psychique dans le cadre des interactions précoces avec sa mère.

L'évolution vers un fonctionnement dysharmonique, chez une enfant qui a pu bénéficier très tôt d'un accompagnement thérapeutique, ne manque pas de reposer avec acuité la question de l'impact du traitement quand un enfant reste en permanence exposé à une pathologie maternelle grave, dans les premières années de sa vie.

L'histoire de Laura et de sa fratrie nous apporte quelques éléments de réponse intéressants à ce niveau. Nous voyons différentes évolutions chez ces enfants, en fonction certes des possibilités ou non de mise en place de traitements précoces, mais aussi de la place qu'a prise chaque enfant dans le psychisme maternel et de l'évolution de la parentalité. La naissance de Laura est un moment charnière pour Mme F. : c'est par elle que le soin à la famille devient possible. C'est elle aussi (Mme F. nous le dira) qui l'a rendue mère. Auparavant, son premier bébé était décédé à 18 mois ; il avait été maltraité. Les deux enfants suivants ont été vécus comme «persécuteurs» et ont dû être placés à l'âge de 5 ans et 2 ans, en urgence, lors d'une tentative de défenestration de Mme F.

La mise en place d'un traitement au niveau de la parentalité et des liens mère-nourrisson avec Laura a assuré une ouverture dans les capacités maternantes de Mme F., qui s'est montrée plus accessible avec Sonia, le bébé suivant (mais dans une évolution limitée à un certain degré d'autonomisation de cet enfant, enfant qui a un fonctionnement névrotique).

Bébé nourri, porté, investi, Laura, malgré les lâchages, en particulier au moment de la naissance de Sonia, a pu construire un attachement différencié à sa mère et bénéficier d'une inscription dans sa famille.

Nous avons bien conscience que le maintien de cet enfant auprès de ses parents (ainsi que celui de sa jeune sœur) jusqu'à l'âge de 7 ans n'a pu se faire que grâce à un déploiement thérapeutique important, que l'évaluation des risques psychiques et physiques pesant sur cet enfant fut délicate et difficile, que l'intelligence, la finesse de la mère, la coopération et la confiance des parents ont rendu possibles nos interventions auprès de ces enfants jusqu'à l'éloignement quand celui-ci a paru nécessaire.

Après avoir participé à la construction d'un attachement réciproque parents-enfants, nous avons dû aménager aussi le placement, en étroite collaboration avec une équipe de l'aide sociale à l'enfance, quand la défaillance maternelle s'est avérée incompatible avec le maintien des enfants à domicile. Cependant l'évolution de Laura reste en question [44].

C'est pourquoi il nous paraît important de développer des recherches cliniques longitudinales afin d'affiner notre compréhension des liens entre les perturbations des interactions précoces parents-nourrisson et le fonctionnement psychique de l'enfant. C'est à cette condition que nous pourrons mieux traiter ces enfants, mais aussi, si nécessaire, poser des indications de distanciation au moment le plus favorable.

2. Souffrance de l'enfant, souffrance des parents, souffrance des intervenants

Nous avons vu combien la pathologie relationnelle précoce mettait en difficulté parents et enfants. Mais, la clinique nous l'a appris, elle ne se limite pas à la famille ; elle touche aussi les relations entre la famille et les professionnels et les relations entre professionnels. Se pose alors la question de l'articulation de ces différents niveaux de perturbations relationnelles. Pour tenter d'y répondre, nous reprendrons une description synthétique de ces derniers avant d'émettre quelques hypothèses.

2.1. De la souffrance des familles à celle des intervenants

2.1.1. Les perturbations des relations parents-bébé

La dynamique interactive

Reprenons l'exemple des mères psychotiques et de leur bébé.

---

44. Depuis l'arrêt de la prise en charge par l'Unité, Laura bénéficie, après l'école et pendant une partie des vacances, de l'approche thérapeutique d'une autre équipe de soins de l'intersecteur de pédopsychiatrie du XIIIe arrondissement (l'Unité du soir).

Le contraste est grand entre la captation exercée par la «folie» de la mère et la discrétion des manifestations de l'enfant : celles-ci passent inaperçues, ou risquent d'être banalisées. De fait, c'est l'observation par un tiers du fonctionnement du bébé et de ses interactions avec sa mère qui met en évidence cette sémiologie interactive.

Les mères, dans l'incapacité de percevoir leur enfant comme une autre personne, le confondent avec elles-mêmes. Le contact avec leur bébé réactive des émotions archaïques intolérables. Pour s'en défendre, elles peuvent frapper du sceau du délire les manifestations du bébé ou mettre, dans la réalité, le bébé à distance, en s'absentant, en l'oubliant. Ces attitudes interprétées le plus souvent comme de la négligence sont en réalité des tentatives de protection de leur enfant contre leur propre violence et d'elles-mêmes contre la désorganisation psychique qui les menace. Il n'en reste pas moins qu'elles font courir des risques graves au bébé.

Les nourrissons s'adaptent à la pathologie maternelle. Bébés calmes, peu exigeants, ils semblent dormir ou téter au rythme de leur mère. Ils ne crient pas, ne pleurent pas, comme s'ils ne voulaient pas déranger leur mère, ne pas se mettre en situation d'être rejetés ou maltraités. Cet ajustement au fonctionnement maternel, ils le font en hypertrophiant leurs capacités d'autorégulation et en instaurant un mode relationnel où l'apparente passivité s'associe à une hypersensibilité, à une hypervigilance aux moindres manifestations de leur mère. C'est ainsi que se construit cette hypermaturité qui donne l'impression d'une relation inversée, où le nourrisson «prend soin» de sa mère.

L'enfant a intégré un mode relationnel où l'adulte s'avère tout-puissant ; il a appris à s'ajuster aux besoins de celui-ci. Enfant et adulte peuvent alors «être enfermés» dans un système relationnel serré qui s'auto-entretient et dont naîtront les modalités d'attachement.

Les troubles de l'attachement

Cette pathologie interactive va «imprégner» les modes relationnels de l'enfant à son environnement et être à la source de troubles de l'attachement chez les bébés « exposés ». De ce fait, ils peuvent inciter les adultes avec lesquels ils instaurent une relation privilégiée, comme ceux de la famille d'accueil, à interagir sur le même mode que leur mère.

L'histoire de Clara illustre cette pathologie du lien :

► Clara a vécu avec sa mère psychotique pendant les trois premiers mois de sa vie. Les interactions mère-nourrisson étaient chaotiques. La mère ne pouvait pas répondre aux besoins de l'enfant. Au risque de désorganisation qu'induisait le moindre mouvement pulsionnel de l'enfant, elle répondait par un besoin intense de maîtrise.

Arrêtons un instant le temps :

Clara a 1 mois, et il n'y a encore aucune organisation dans le rythme des tétées. Devant la difficulté à repérer les signaux de faim de Clara, la mère a tenté de mettre en place des horaires. C'est l'heure. Elle prend Clara dans ses bras. Lorsque Clara a la tétine bien en bouche, elle la presse de sa langue, de ses lèvres, elle sent le liquide chaud couler en elle. Mais brusquement tout bascule ; l'ensemble bouche-tétine-liquide tiède se désintègre… La mère, dès la deuxième minute, a retiré le biberon de la bouche du bébé. Elle parle de l'avidité de Clara : « Elle boit trop vite ; elle risque de s'étouffer ! » Clara gémit. Après une pause, la tétine revient en bouche. Encore tendue, Clara tète de nouveau mais avec tant de force qu'elle paraît agrippée à la tétine. L'angoisse de la mère en est ravivée et entraîne une nouvelle interruption de la tétée. L'ébauche d'ajustement tonico-postural entre Clara et sa mère est rompue. La tension de Clara entre en résonance avec celle de sa mère et en est amplifiée. Son corps se raidit ; sa bouche reste ouverte, en quête de l'objet qui se dérobe sans cesse à elle. Identifiée à Clara, cette situation nous paraît intolérable. Pourtant l'évolution nous montrera que Clara va s'adapter à ce biberon « haché », de même qu'au holding contrasté, constamment imprévisible, que lui offre sa mère.

À 4 mois, Clara, confiée à temps complet, engage son assistante maternelle dans le même type de relation qu'avec sa mère, marquée par la « passivité » de l'enfant et le besoin de maîtrise de l'adulte.

À 7 mois et demi, la passivité de Clara est évidente : elle se laisse faire, elle se laisse « manipuler » par son assistante maternelle.

Elle ne proteste qu'en geignant de façon à peine perceptible ; elle finit toujours par s'adapter. C'est particulièrement spectaculaire au cours des repas : Clara accepte la contention physique que lui impose l'assistante maternelle et avale cuillerée après cuillerée sans s'arrêter. Identifiées à Clara, nous avons le sentiment que l'enfant subit mais ne s'engage pas activement dans la relation ; Clara ne s'autorise pas à manifester ses affects, elle reste vigilante et soumise. Les signaux de «plaintes sourdes» qu'émet Clara sont à peine perceptibles et c'est sans doute pour cela que l'adulte a des difficultés à les entendre, à les considérer et à leur donner sens. ◄

Cette observation est riche d'enseignements tant du point de vue de l'adulte que de celui de l'enfant :

- L'adulte a de grandes difficultés à comprendre l'enfant, à le suivre, à mettre des mots sur ce qu'il ressent ; l'enfant «abandonnant» vite, l'adulte s'impose à lui beaucoup plus facilement. Il impose son rythme, ses principes éducatifs, etc. Ainsi l'assistante maternelle retira à Clara sa tétine dès son arrivée chez elle, alors que Clara, avec sa mère, l'avait beaucoup en bouche… et Clara n'a pas protesté ! Face à cet enfant en apparence soumis, l'adulte se repère difficilement ; il doit faire un effort quasi permanent pour obtenir des réponses de l'enfant.
- L'enfant, quand ce mode interactif s'installe (enfant peu expressif, passif ; adulte actif, voire intrusif), perd peu à peu son sentiment de compétence et ses capacités d'initiative, puisque ses signaux ne sont pas relevés. Il n'attend plus grand-chose de l'autre ; il s'habitue.

Dans cet exemple apparaissent bien la précocité des perturbations relationnelles, la force du nourrisson à réinstaurer les patterns interactifs déjà connus et la difficulté de l'adulte à introduire un nouveau mode de relation. C'est pourquoi changer l'enfant d'environnement ne suffit pas, de même qu'un simple accompagnement éducatif et social du placement. L'accueil de ces enfants dans une famille nécessite un traitement spécifique de la relation qui s'instaure afin de protéger l'enfant et de prévenir les ruptures de placement (l'assistante maternelle de Clara était une bonne professionnelle !).

2.1.2. Les perturbations des relations famille-intervenants et entre intervenants

Le contexte

Nous avons pu appréhender les perturbations des relations famille-intervenants et entre intervenants dans le cadre tant des prises en charge directes d'enfants que du «travail indirect» à l'Unité.

Dès la formulation de la demande de prise en charge d'un nourrisson par un ou plusieurs professionnels de la communauté, nous nous rencontrons à l'Unité avec l'ensemble des intervenants concernés par la famille. Tout au long du suivi de l'enfant se poursuivra ce travail conjoint dans le cadre de réunions.

Dans le contexte du travail indirect, que nous définissons comme le soutien apporté aux professionnels sans suivi direct de l'enfant et de la famille, ce sont des professionnels de la communauté, ayant en charge de jeunes enfants, qui nous consultent afin d'avoir un éclairage spécifique sur une situation préoccupante. Les réunions avec les intervenants peuvent être uniques ou multiples[45].

Le climat émotionnel

Qu'expriment les différents intervenants quand ils se rencontrent autour des situations à hauts risques ?

Les discussions sont très animées, dans un climat n'échappant pas à la dramatisation. L'urgence qu'il y aurait à agir fait parfois vivre comme «déplacé» le temps de la réflexion. Les positions, les émotions, les angoisses, la souffrance exprimées sont différentes suivant le mandat professionnel, mais aussi suivant la plus ou moins grande proximité de l'intervenant dans sa relation à la famille, selon qu'il se situe du côté de l'enfant ou du côté des parents.

– Si nous, intervenants, nous situons du côté des parents, nous sommes touchés par ces adultes fragiles, qui ont une image

---

45. Voir § 3.2. sur le travail en réseau p. 196.

d'eux-mêmes très dévalorisée, qui peuvent se vivre humiliés socialement, au sortir d'une enfance qui les a meurtris.

Nous avons alors peur d'identifier leur difficulté, voire leur impossibilité à exercer leur fonction parentale car cela équivaudrait à les «achever» en profitant de leur faiblesse. Quand ils expriment leur crainte du placement et leur attachement à leur enfant, on est alors enclin à les rassurer (à se rassurer !). Pour ce faire, nous minorons inconsciemment les dangers qui pèsent sur l'enfant ; nous banalisons ses signes de souffrance ; cela est d'autant plus facile chez les nourrissons qu'ils sont discrets et mal connus. Même si les signes de maltraitance sont évidents, le doute s'installe, voire le déni. Le maintien dans la famille est alors l'objectif prioritaire des intervenants qui ne peuvent pas reconnaître l'existence de troubles de la parentalité.

- À l'inverse, si nous nous situons du côté de l'enfant, l'absence de satisfaction de ses besoins, la discontinuité des soins, les négligences, source de carences, les mauvais traitements auxquels il est soumis nous sont intolérables et nous font souhaiter un placement imminent pour le soustraire aux parents défaillants, sans tenir compte des liens existants.

Ces deux positions, bien qu'extrêmes, sont exprimées fréquemment et simultanément dans les rencontres ; en raison de leur caractère contradictoire, elles suscitent des conflits.

Si nous évoquons ce climat émotionnel chargé, c'est qu'il donne lieu à des agis intempestifs ou, à l'inverse, à une paralysie d'intervention tout aussi préjudiciable, en fragilisant les intervenants dans leur identité et dans leur compétence. Le travail en réseau ne joue plus sa fonction de protection, et des mesures contraires aux intérêts de l'enfant et qui s'inscriront dans la répétition risquent d'être prises.

2.2. À la recherche d'un sens

Comment comprendre ce qui se joue dans le travail avec ces familles tant dans le présent que dans la dimension historique ?

2.2.1. Le présent

Notre travail d'équipe associé au travail conjoint nous a permis de comprendre, dans des espaces médiatisés d'élaboration, que nos attitudes et contre-attitudes étaient le plus souvent induites par les mécanismes psychopathologiques des familles et les caractéristiques mêmes de la relation mère-nourrisson. Les perturbations des interactions intrafamiliales envahissent les relations famille-intervenants et les relations des intervenants entre eux.

C'est le premier niveau de répétition repérable dans l'actuel, si nous nous référons à une compréhension psychodynamique prenant en compte la singularité du fonctionnement psychique.

Cliniquement, les formes variées que revêt la pathologie relationnelle parents-nourrisson vont se retrouver dans les relations famille-intervenants et dans les relations entre intervenants.

- Dans les familles carencées, les alternances de mouvements fusionnels et de mise à distance de l'enfant par sa mère se retrouvent dans l'alternance des mouvements d'investissement massif et de désinvestissement brutal des familles par les intervenants. La discontinuité du fonctionnement parental fait échec à la conception d'un projet thérapeutique à moyen et à long terme ; on se met à penser dans l'instant, sans pouvoir anticiper.
- Avec les mères psychotiques, un des problèmes les plus délicats à traiter est celui du clivage : la mère exprime à chacun des professionnels un aspect différent de son lien à l'enfant. Tous ces aspects réunis apparaissent contradictoires. Les professionnels risquent alors de s'affronter. Cela est souvent renforcé par le discours de la mère qui magnifie le bébé. Quand on écoute ces femmes parler de leur enfant, on peut se dire que ce sont des mères admirables… Oui… mais d'un enfant imaginaire qu'elles portent dans leur tête. Leurs capacités limitées, leurs difficultés à répondre à l'enfant réel envahissent la vie quotidienne.

Dans ces «pathologies du lien», toute relation qui s'instaure, qu'elle soit entre la famille et les intervenants ou entre intervenants, est fragile. Les liens sont constamment menacés. Le risque est particulièrement élevé avec les familles carencées. Qualifiées de «cas lourds», elles incitent au rejet, rejet d'autant plus préjudiciable qu'elles sont très isolées, en raison même de la pathologie parentale [46].

C'est par le jeu de notre identification tantôt à la mère, tantôt à l'enfant que ces phénomènes nous sollicitent très directement et nous plongent dans des émois intenses, faisant resurgir le nourrisson qui est en nous, mais nous confrontant aussi à nos imagos parentaux. Ces mouvements identificatoires reflètent en miroir, nous semble-t-il, les difficultés de la relation mère-nourrisson et nous permettent d'appréhender de l'intérieur ce que vivent parents et enfants. C'est là toute leur richesse (F. JARDIN, M. LAMOUR, 1984).

Soulignons que nous avons largement tendance à sous-estimer l'impact désorganisateur de la psychopathologie familiale sur notre fonctionnement, non seulement au niveau individuel pouvant aller jusqu'à la transgression de la loi, comme au sein de la famille (par exemple le partage du secret dans les abus sexuels), mais aussi au niveau du réseau d'intervenants : nous nous querellons, nous nous négligeons, nous nous maltraitons ; cela quelle que soit notre formation et d'autant plus que nous sommes dans une relation proche avec les parents et l'enfant.

C'est particulièrement spectaculaire quand la famille traverse une situation de crise. On voit alors la crise intrafamiliale devenir crise famille-institution, puis crise à l'intérieur de l'institution, puis crise entre les différentes institutions [47].

2.2.2. INTERGÉNÉRATIONNEL ET RÉPÉTITION

Nous avons identifié un autre mécanisme à l'origine des difficultés des intervenants dans ces situations dites «cas lourds» en

46. «C'est en grande partie le manque de capacités de ces parents à entrer en contact et à entretenir des relations sociales mutuelles et réciproques qui semble responsable de leur isolement social, et non pas uniquement la pauvreté de leur écologie sociale» (E. Palacio-Quentin et collab. ; sous presse).

47. Se reporter au film *Liens d'amour, liens de haine* (M. Lamour, M. Barraco, M. Gabel, C. Froger, S. Lebovici, 1992).

reprenant l'histoire des relations des familles avec les intervenants médico-sociaux sur plusieurs générations : la répétition des modes de relations famille-professionnels. Cette forme de répétition est moins bien connue que la répétition intrafamiliale [48] ; l'identifier nous a permis de mieux comprendre ce que vivent et comment agissent les intervenants.

C'est ainsi que nous allons représenter, pour les parents, et représenter un intervenant, une institution ou une décision de leur passé, de l'histoire familiale qui peuvent ne pas correspondre à ce que nous sommes et faisons dans la réalité :

► **U**ne mère nous reprochait répétitivement avec une grande violence, témoignant d'une angoisse massive sous-jacente, de n'être jamais là à temps quand elle avait besoin de nous. C'est lorsqu'elle a pu évoquer sa colère à l'égard des travailleurs sociaux et de la police, qui, arrivés trop tard, n'avaient pas pu empêcher son beau-père de tuer sa mère, que nous avons mieux compris le sens de ses reproches et l'intensité des angoisses qu'ils suscitaient en nous. ◄

Si nous ne déchiffrons pas nos mouvements en référence à une compréhension psychodynamique qui resitue les sujets dans une histoire sur plusieurs générations, le risque est d'être pris dans la confusion et dans la répétition des modes relationnels – émaillés des mêmes mesures – entre les intervenants médico-sociaux et la famille.

► **F**rançois, le fils de Mme E., jeune adolescent, est suivi par M. V., travailleur social ; l'équipe est préoccupée par la relation de trop grande proximité qui s'installe entre eux. Peu de temps après, on apprend que M. V. s'est installé au domicile de François et de Mme E. En reconstruisant l'histoire familiale sur deux générations, nous mettons en évidence que l'oncle de François (frère de Mme E.) avait vécu une relation analogue avec un travailleur social qui l'avait installé chez lui et « adopté clandestinement ». ◄

---

48. Nous n'abordons pas ici la répétition intrafamiliale, bien connue et développée dans de nombreux ouvrages.

C'est dire l'importance de faire un travail de réflexion interdisciplinaire afin de repérer notre place dans cette histoire, donner sens aux paroles et aux comportements de la famille à notre égard et à ce qu'elle nous fait vivre, voire agir.

C'est pourquoi un espace de rencontre et de réflexion est indispensable pour identifier les mécanismes en jeu, actuels et passés, et les traiter. La médiation par un ou des professionnels non impliqués directement dans le suivi de la famille et formés à la pathologie interactive parents-nourrisson et aux troubles de la parentalité offre une possibilité de distanciation et d'élaboration, qui va rompre le cercle vicieux dans lequel ces familles nous entraînent. Cet espace permet aussi, dans un second temps, de planifier les interventions (T. FURNISS, 1990, p. 565) [49].

2.3. Les représentations du bébé en souffrance [50]

Les représentations [51] du bébé en souffrance chez les professionnels offrent une bonne illustration clinique des interactions qui s'installent entre les familles en souffrance et les intervenants.

L'approche des bébés dans les familles carencées et des bébés dont la mère présente une psychose chronique grave nous a confrontées non seulement à une multiplicité d'intervenants, mais aussi à une multiplicité de représentations du bébé.

2.3.1. À BÉBÉS EN SOUFFRANCE, SOIGNANTS EN SOUFFRANCE

Chaque intervenant, de par sa personne, son statut professionnel et de par sa relation différenciée à l'enfant, aux parents, à la famille, devient le dépositaire de connaissances et de représentations différentes, voire contradictoires. Il se trouve pris

49. Les grandes caractéristiques de la dynamique relationnelle de ces situations à hauts risques sont synthétisées dans le tableau 4, p. 210.

50. Sont repris ici, ainsi que dans la conclusion p. 128, de larges extraits de notre article « Les représentations du bébé en souffrance chez les soignants : penser l'impensable », paru dans *Devenir* (M. Lamour, M. Barraco, 1997).

51. *Représentations* est pris ici dans le sens d'images mentales, multimodales, d'expériences subjectives.

dans un réseau complexe d'identifications et de projections et, de ce fait, risque de ne voir qu'une partie du problème.

L'approche au quotidien de ces relations très perturbées nous a montré que ce kaléidoscope de représentations du bébé se construisait dans un climat émotionnel extrêmement chargé.

À la souffrance de l'enfant fait écho la souffrance des soignants. Cette souffrance est d'autant plus aiguë que nous percevons l'enfant en grand danger : danger physique en raison de l'inadéquation des soins, des négligences, des mouvements de maltraitance à l'égard des enfants, voire des suspicions d'abus sexuels ; danger psychologique en raison de l'exposition de l'enfant à la pathologie parentale. Se pose alors la question d'un lieu d'accueil pour cet enfant et de l'intervention du juge des enfants. Il est parlé de séparation et la douleur s'avive. Parfois l'enfant est déjà placé, la décision ayant été prise dans l'urgence, en pleine crise familiale.

2.3.2. Illustrations cliniques

Nous aborderons successivement les représentations du bébé en souffrance dans les familles carencées, et celles du bébé exposé à la maladie psychotique maternelle.

Le bébé en souffrance dans des familles carencées

CLAIRE ET SA MAMAN

Dans le cadre d'une recherche, menée avec Myriam David, sur «les mécanismes psychopathologiques à la source de la maltraitance et de la négligence grave» dans les familles traitées par l'Unité, nous nous sommes intéressées aux représentations de l'enfant et des parents chez les soignants de l'Unité (M. Lamour, M. David, F. Jardin, N. Kukucka, 1986). En voici une vignette clinique :

► Claire est la quatrième enfant de Mme E. Les deux aînés ont été placés. Madame se présente comme une femme carencée, avec une histoire de placement institutionnel ; elle vit seule avec ses deux enfants issus de pères différents.

Trois soignantes interviennent dans cette famille : une psychiatre responsable de l'ensemble du suivi familial ; une éducatrice, en contact direct avec l'enfant, qui maintient une continuité dans ses différents lieux de vie ; une infirmière psychiatrique, qui, dans le cadre d'un accompagnement familial, porte la préoccupation du lien mère-enfant de manière plus spécifique. ◄

LES REPRÉSENTATIONS DE CLAIRE CHEZ LES SOIGNANTS

► • **L**a soignante auprès de l'enfant considère Claire, âgée de 6 mois, comme un bébé très passif, quand elle exprime a minima ses besoins et n'utilise pas la motricité de son hémicorps inférieur. Pour elle, Claire a subi de graves carences. À 1 an, son inquiétude est au maximum. Elle ne parle plus de passivité, mais de débilité chez Claire, débilité qui se traduit par une sidération de sa propre pensée quand elle est en relation avec cette enfant. Ce danger d'une évolution vers la débilité a été long et difficile à dire, en raison de l'intensité de ses mouvements émotionnels : malaise et détresse dans sa relation duelle avec Claire, sentiment de sa propre incompétence, colère contenue à l'égard de la mère qu'elle perçoit incompétente, avec des mouvements agressifs à l'égard de l'enfant. L'ensemble engendre un sentiment de culpabilité chez la soignante auprès de l'enfant, à l'égard tant de la mère que des autres intervenants.

• La psychiatre, qui voit Claire en présence de sa mère et qui est dans une relation de plus grande proximité avec la mère, valorise, elle, les aspects positifs du fonctionnement de Claire ; elle ne partage pas l'inquiétude d'une évolution vers une pathologie déficitaire.

• Entre les deux, l'infirmière a du mal à prendre sa place ; elle a le sentiment d'être mal utilisée, tel un objet. Le plus souvent, elle se sent non reconnue par tous les protagonistes, les membres de la famille comme les soignants.

Relations entre soignants :

Des tensions importantes sont apparues entre les soignants dès le début de la prise en charge de cette enfant et ont persisté avec des fluctuations jusqu'aux 18 mois de Claire. Au cours des échanges entre soignants, les représentations si contrastées de Claire donnaient lieu à des discussions vives où chacun ne se sentait ni entendu ni compris par l'autre.

- La soignante de l'enfant avait le sentiment que la psychiatre, d'une part, banalisait les troubles de l'enfant, d'autre part, idéalisait la mère. Elle lui reprochait plus ou moins consciemment d'être trop identifiée à la mère, trop proche d'elle au point de ne pas voir l'enfant et sa détresse.
- La psychiatre, dans un mouvement inverse, trouvait que la soignante de Claire dramatisait l'état de l'enfant, ne mettant l'accent que sur les aspects pathologiques de son fonctionnement. Elle pensait aussi que la soignante de l'enfant restituait une image trop négative de la mère, dominée par l'incompétence et la violence.

Pour mieux comprendre ces différentes perceptions de chacun des soignants, il importe de repréciser que la psychiatre était toujours en contact avec Claire en présence de sa mère, le plus souvent à l'Unité, dans un cadre bien défini, alors que sa soignante pouvait également rencontrer Claire seule, à l'Unité ou au domicile. Les différences de situations avaient bien évidemment une incidence sur la qualité des interactions et du fonctionnement de l'enfant et de sa mère : ainsi en présence de la psychiatre la mère se montrait au mieux de ses capacités maternelles avec l'enfant, qui en retour s'animait et se montrait plus éveillée et compétente. Cependant, même dans cette situation à quatre, la soignante de Claire avait souvent le sentiment, du fait de l'intensité des liens transférentiels entre la mère et la psychiatre, que l'enfant était lâché par sa mère et ne manifestait sa détresse que par de petits signes qu'elle seule percevait en raison de l'attention continue qu'elle portait à l'enfant.

Des interactions entre soignants aux interactions mère-nourrisson :

La nature des interactions émotionnelles et la dynamique conflictuelle dans lesquelles sont projetées ces professionnelles nous confrontent à des aspects très archaïques de la relation entre Claire et sa mère. En schématisant beaucoup, on peut dire que la soignante de Claire «est» le bébé Claire, et la psychiatre, la mère.

- La soignante de Claire, identifiée au bébé, vit la frustration qu'engendre l'absence de satisfaction de ses besoins ; elle est à la recherche d'une compréhension, d'un sens à donner à ce qu'elle ressent et perçoit.
- La mère de Claire est elle-même envahie par des émotions très archaïques, réactivées quand elle prodigue des soins à sa fille et dans la relation transférentielle avec les soignants. Ses émotions de tout-petit n'ont pas pu être contenues par une mère suffisamment bonne (passé d'abandon et de

placements en institution ; multitude des relations ; absence de fiabilité de l'environnement). Elle se trouve aussi, à son tour, dans l'incapacité de contenir son bébé et de l'aider à s'organiser, à éprouver une cohérence interne.

- La soignante de Claire ressent l'attitude de la mère à l'égard de sa fille à certains moments comme un abandon, à d'autres comme une violence. La projection de Claire sur sa soignante est si intense que celle-ci se sent elle-même un bébé démuni, perdu, profondément angoissé. D'où les reproches faits à la psychiatre qui est vécue comme la mère autoritaire et abusive qui ne fait rien pour répondre aux besoins de son enfant ni pour le soutenir dans son développement.
- La psychiatre est elle aussi prise dans la projection de la mère. Identifiée à celle-ci, elle se sent démunie face à un bébé en souffrance, bébé réel, mais aussi le bébé que la mère a été et qui resurgit du passé. Ce «bébé-mère» en grande détresse est représenté aussi par la soignante de Claire, qui devient objet de doute, voire de rejet. ◄

La nature du matériel ainsi recueilli se situe dans le registre le plus archaïque du fonctionnement mental mère-nourrisson, qui n'avait pas pu être abordé par d'autres outils méthodologiques, avant la recherche.

LES REPRÉSENTATIONS DU BÉBÉ EN SITUATION DE CARENCES INTRAFAMILIALES [52]

Le soignant, lorsqu'il entre en relation avec un nourrisson comme Claire, passe par différentes phases dans ses éprouvés affectifs : l'ennui, la sidération de son fonctionnement mental, la culpabilité, enfin un vécu dépressif. Il faut y voir l'impact de la sous-alimentation narcissique dans laquelle s'est construit l'enfant dans la relation avec sa mère, sous-alimentation narcissique qui nous envahit nous aussi. Ces enfants si peu regardés suscitent si peu d'attention, d'intérêt de l'entourage que leur souffrance psychique, leur difficulté à s'organiser risquent de ne pas être perçues.

---

52. Voir § 1.2. consacré aux carences intrafamiliales, p. 46.

Représentations du bébé en souffrance exposé à la maladie psychotique maternelle

La mère parle de son enfant en le magnifiant. Il a été désiré et il est chargé de réaliser pour elle une véritable complétude. Nous avons vu qu'il est investi, mais en tant qu'être imaginaire, dans une relation fusionnelle toute narcissique. L'extraordinaire intensité de cet investissement impulse à l'enfant une force de vie, mais le menace constamment car il est voué à briser l'illusion maternelle qui l'idéalisait, et à se retrouver maléfique, objet persécuteur inclus dans le délire maternel.

L'ENFANT DES INTERVENANTS MÉDICO-SOCIAUX

Les intervenants médico-sociaux qui demandent la prise en charge, par notre équipe, du nourrisson et de sa mère psychotique identifient clairement la «folie maternelle» et posent la question de son incidence sur le développement du nourrisson. Selon leur formation et leur pratique, ils nous parlent différemment du nourrisson et de la dyade.

- Les équipes de psychiatrie adulte qui prennent soin de la mère sont porteuses de «l'enfant imaginaire» tel qu'il ressort du discours maternel et qui s'inscrit dans la problématique psychotique. Il a alors la dimension d'un bébé réparateur potentiellement capable de guérir sa mère. S'identifiant à la mère en difficulté, les équipes banalisent les perturbations relationnelles subies par l'enfant.
- Les équipes pédiatriques et les travailleurs sociaux replacent l'enfant dans la réalité de son environnement et maintiennent l'intérêt coutumier que nos pratiques sociales et de prévention portent à tout bébé. L'examen pédiatrique, en permettant une relation très directe avec le bébé où la dimension de la rencontre physique entre en jeu, colore différemment la relation.

Quand le système de soins maternels n'est pas trop défaillant, l'équipe pédiatrique décrit des enfants particulièrement en bonne santé, au développement staturo-pondéral correct, mais avec parfois une certaine atypicité dans leur organisation tonico-motrice (dans l'ordre d'apparition des acquisitions, par exemple) et un vécu relationnel proche de celui de notre équipe.

Quand des troubles graves de la parentalité exposent l'enfant au quotidien, les soignants s'identifient au bébé souffrant, qui «appelle» une protection. Ils envisagent alors de le séparer de sa mère pour «mettre l'enfant à l'abri».

LE BÉBÉ DE NOTRE ÉQUIPE

Dans les premières rencontres, nous subissons une certaine captation par la pathologie de la mère, qui s'exprime de manière riche dans le délire ou dans les bizarreries du contact, de l'expression, et ce d'autant plus que l'enfant reste discret dans ses manifestations.

Ces bébés, si peu souriants vis-à-vis de nous, demeurent si longtemps distants que nous les pensons méfiants à notre égard et très indépendants. Nous nous vivons à des moments comme repérés, connus, voire utilisés, mais pas reconnus dans une dimension émotionnelle humaine.

Pour autant que les petits soins du quotidien paraissent efficaces, nous serions facilement amenés à ne pas différencier ce bébé extrêmement docile, moulé aux souhaits de la mère, du bébé idéal de son discours, et de fait nous risquerions d'être dans le même mouvement qu'elle, c'est-à-dire de nous désintéresser d'un bébé qui, selon nous, «n'aurait pas besoin de nous».

Dans un deuxième temps, quand nous regardons cet enfant plus attentivement et avec continuité, nous commençons à percevoir certains petits signes déjà décrits : hypervigilance de son regard, endormissement soudain, capacité à s'auto-apaiser et à s'adapter au rythme variable de la mère, absence de signaux de détresse clairs.

C'est bien ce bébé facile dont la mère parle, mais si facile qu'il perd, pour nous, son statut de bébé !

Mais que perçoit le nourrisson dans l'interaction avec sa mère ?

Face à ces mères psychotiques, nous avons été très sensibles aux changements qu'elles offrent au bébé avec une extrême variation de leur humeur, de l'expression de leur visage, ce qui les rend à nos yeux méconnaissables, d'une semaine à l'autre, mais aussi dans l'instantanéité de l'échange, et nous plonge dans le malaise. Notre malaise, notre effroi sont-ils en rapport avec le ressenti du bébé ?

Quand nous nous identifions au bébé dans l'interaction avec sa mère et que nous sommes témoins d'une non-réponse ou d'une discordance dans la réponse, au niveau tant comportemental qu'émotionnel, nous vivons que ce bébé obtient des *feed-back* de sa mère que nous trouvons peu empathiques, incohérents, voire insensés. Ils installent le bébé dans un langage dyadique particulier, comme nous le verrons plus loin.

Ces illustrations cliniques montrent la nécessité de confronter le bébé de l'interaction avec ses différents partenaires au bébé de l'interaction avec sa mère. Cette analyse éclaire nos perceptions, notre ressenti et nos représentations. Nous prenons conscience que nous rejouons, en partie entre soignants intervenant auprès d'une même famille, la dynamique relationnelle familiale dans toute sa violence émotionnelle. La difficulté d'élaborer ces vécus vient de ce que les émotions en jeu sont profondes et qu'elles font écho à nos propres émotions infantiles. Quels que soient notre formation et notre mandat professionnel, chacun de nous est, à un moment, traversé par cette problématique.

Les professionnels qui vont à domicile sont les plus exposés. Les puéricultrices de secteur le savent bien qui apportent souvent des éléments d'évaluation plus inquiétants que les autres intervenants plus à distance, intervenants qui diront alors qu'elles sont alarmistes et banaliseront. Nous-mêmes, nous les avons mieux écoutées et comprises quand nous sommes allées très régulièrement rencontrer les familles à domicile.

2.3.3. Le bébé dans notre clinique

Cette expérience clinique a progressivement façonné en nous une nouvelle représentation du bébé.

Un bébé sans défense ?

Si nous tentons de retracer les principaux mouvements de l'évolution de nos représentations du bébé telles qu'elles émergent de notre clinique, nous pouvons repérer, avec le recul d'une quinzaine d'années, plusieurs étapes successives de notre expérience subjective : d'abord la difficulté de voir, de regarder, puis un malaise vécu essentiellement en termes de tensions corporelles, puis la surprise, quand nous avons appris à observer le bébé en interaction et que nous avons pu maintenir notre regard sur ces relations où les partenaires exprimaient une grande souffrance. Ce n'était pas un bébé sans défense, mais au contraire un enfant qui déployait des stratégies variées pour s'adapter à un contexte si adverse. Nous les avons décrites dans la première partie de cet ouvrage : «Les signes de souffrance du bébé».

Comment comprendre ce qui se met ainsi en place chez l'enfant ?

Le bébé de l'interaction

Nous avons vu que l'interaction est un axe essentiel pour comprendre les stratégies que met en place le bébé, face aux conditions adverses que nous venons de décrire.

Parents et nourrisson s'engagent dans une spirale transactionnelle néfaste où prédominent les modes interactifs inadéquats. Ces perturbations ont la signification de mécanismes adaptatifs développés par chacun des partenaires.

Pour développer ces stratégies adaptatives précoces, le nourrisson dispose de deux systèmes de régulation (E.Z. TRONICK, A.F. GIANINO, 1986) :

- Un système d'autorégulation tourné sur lui-même, où le nourrisson fait appel à ses propres ressources : par exemple l'utilisation de la régulation des états de vigilance comme pare-excitation interne ;
- Un système faisant appel à l'environnement externe, en raison de l'immaturité du bébé, que le nourrisson sollicite essentiellement par des manifestations affectives. Si la mère fournit une réponse adéquate, l'enfant pourra avoir un vécu positif et avoir confiance en sa mère et en lui-même. À l'inverse, si la mère n'ajuste pas des réponses ou ne répond pas à ses besoins, l'enfant aura un vécu négatif ; mais après avoir vécu de grandes détresses, il apprendra vite que l'apaisement ne vient pas du dehors. Il n'émettra plus de signaux

de détresse. Il perdra peu à peu le sentiment d'être compétent. Ses initiatives diminueront puisque ses signaux ne sont pas relevés. Il va ainsi s'installer et se renforcer un mode relationnel où l'enfant apparaît passif, peu expressif, soumis en apparence à l'adulte. De fait, il va tenter de se débrouiller seul en utilisant ses propres ressources internes.

Mais cette stratégie est à double tranchant, car si le bébé s'apaise il se coupe encore plus de l'environnement : les échanges s'appauvrissent.

À la lumière des travaux de Myriam David, notre expérience clinique nous a montré la précocité de l'installation des perturbations relationnelles parents-nourrisson, la force du bébé à réinstaurer, quand il est séparé de sa mère, des patterns interactifs déjà connus et la difficulté pour l'adulte d'introduire un nouveau mode de relation.

Nous sommes confrontés donc à une pathologie du lien, qui ne s'exprime que dans le lien, une fois qu'il est installé.

Cette modélisation peut s'appliquer aussi bien aux bébés qui vont bien dans un environnement suffisamment bon qu'aux bébés en souffrance. Elle a été enrichie par les apports récents sur l'attachement.

Représentations et attachement : les modèles relationnels internes

Nous l'avons vu [53], l'enfant dans le cadre des interactions avec la figure d'attachement construit des représentations mentales de lui-même et des autres en relation (le « modèle interne dynamique d'attachement »). Ses attachements peuvent être multiples.

« Une manière de construire un nourrisson cliniquement pertinent » (D. Stern, 1994)

Pour « construire un nourrisson cliniquement pertinent » (pour reprendre le titre d'un article de D.N. Stern), il faut bien connaître les modalités particulières d'expression et de communication avec l'environnement dont dispose le bébé en fonction de

53. Se reporter au § 2.3. p. 31.

son niveau de maturation. Il faut «penser bébé», c'est-à-dire, comme nous l'avons déjà évoqué, «prendre comme point de départ l'expérience subjective du nourrisson» (D.N. STERN, 1989, p. 42). Nous nous référons aux travaux de D.N. Stern qui propose une modélisation de la façon dont le nourrisson forme et utilise ses premiers modes d'être avec un autre et qui inclut à la fois les affects, les actions, les pensées, les motivations...

Explorant l'articulation représentation-affect, D.N. Stern montre comment les composantes affectives de l'expérience non seulement colorent, mais structurent, dans la temporalité, les représentations qui naissent de la rencontre intersubjective.

2.3.4. REPRÉSENTATIONS ET DIALOGUE DES ÉMOTIONS [54]

C'est donc bien la voie que nous devons suivre pour tenter de comprendre comment se forment les représentations que nous avons des bébés en souffrance.

La préoccupation thérapeutique primaire

Entrer en contact avec le bébé, c'est se laisser envahir par l'empathie. Retrouver un état voisin de la préoccupation maternelle primaire, c'est-à-dire un fonctionnement proche de celui du bébé. Le «sommeil des nourrices» raconte comment seuls ceux qui sont préoccupés du bébé entendent ses gémissements la nuit. C'est cet aiguisement de la sensorialité, cette empathie coenesthésique, qui permet d'approcher le vécu des bébés qui ne peut pas s'exprimer en termes de fonctionnement d'adultes.

Dialoguer avec un bébé, c'est se laisser envahir par ses ressentis. Le bébé ne s'exprime pas avec des mots : c'est tout son être qui parle. Toute une chorégraphie interactive se déploie sous nos yeux. Notre œil doit être à «l'écoute» du dialogue tonico-postural qui s'installe entre lui et son partenaire, du jeu de regards, etc.

---

54. *Émotions* est employé dans une «acception étendue à tous les événements ou états du champ affectif qui se caractérisent par un ensemble d'*éprouvés* psychiques spécifiques accompagnés, de façon variable en intensité et en qualité, de manifestations physiologiques et comportementales» (J. Cosnier, p. 14) ; cela inclut donc aussi bien l'agressivité, l'anxiété, la haine, l'amour, l'attirance érotique, en plus des émotions basales : la peur, la surprise, la colère, la joie, la tristesse, etc.

Ces ressentis qui surgissent en nous dans une communication empathique avec le bébé permettent d'approcher ce qu'il vit dans la relation. Au-delà de cette empathie qui nous permet d'accueillir et de contenir ces émotions qu'on dit archaïques parce que très hétérogènes à nos fonctionnements d'adultes, viennent des images, des représentations, des métaphores qui vont jeter un pont entre le fonctionnement du bébé et notre fonctionnement d'adulte [55].

À la base de la connaissance d'autrui, l'empathie

Quand nous nous demandons : «Que ressent l'autre ?» nous nous intéressons aux processus qui permettent la connaissance d'autrui. Le concept d'empathie est alors fort utile :

«L'empathie désigne le partage synchronique d'états psycho-corporels, c'est-à-dire le fait qu'à un même instant les partenaires de l'interaction vivent et éprouvent un état semblable. Ainsi il peut y avoir empathie de pensée, empathie d'action, empathie d'affects. Les trois aspects peuvent être à un moment confondus, mais c'est essentiellement l'empathie d'affects qui nous préoccupe, c'est-à-dire le partage des éprouvés subjectifs avec autrui» (J. COSNIER, 1994, p. 86-87).

C'est la base des processus d'identification.

«Les phénomènes empathiques sont nombreux, quasi permanents dans toute interaction, et prennent parfois des formes évidentes dans les phénomènes de contagion du fou rire ou des pleurs par exemple, mais aussi plus discrètement dans tous les petits mouvements "en miroir"» (J. COSNIER, 1994, p. 86-87).

L'activité en miroir qui se développe chez les partenaires d'une interaction est à la base de l'empathie. Mettre son corps en résonance avec celui d'autrui induit les affects qui constituent un déterminant majeur de l'interprétation d'autrui ou de la situation. Notre corps est instrument de la connaissance des affects d'autrui ; d'où le terme d'«analyseur corporel» pour désigner cet instrument privilégié de l'empathie.

---

55. Notion d'«empathie métaphorisante», de Serge Lebovici.

Ce mode de connaissance de l'autre s'enracine dans les modes relationnels précoces de la petite enfance. Les affects y jouent un rôle essentiel.

L'adulte ne se contente pas de percevoir les affects du bébé, il les anticipe et les interprète. Il «sémantise» le comportement expressif du nourrisson, tout en restant au plus près de ses capacités et de ses besoins, de son âge et du moment (J. COSNIER, 1994, p. 119).

L'impact des pathologies précoces sur l'empathie des soignants

«La perception des affects d'autrui est bien sûr d'autant plus facile que ces derniers sont agréables ou du moins recueillent l'approbation de l'autre, mais quand survient l'affect désagréable (dépressif, anxieux, douloureux) ou un affect qui heurte des problématiques inconscientes habituellement refoulées, on assiste soit à l'éclosion d'un conflit, soit à une incompréhension manifeste et irréductible, soit à la mise en jeu de mécanismes de défense adaptés capables de rétablir une relation consensuelle» (J. COSNIER, 1994, p. 90).

D'où l'indifférence apparente du personnel soignant dans les services hospitaliers, qui donne l'impression d'un évitement de toute relation personnalisée. Ce comportement est à interpréter comme une «mise à distance, atténuatrice d'une empathie d'affects trop pénible à assurer» (J. COSNIER, 1994, p. 91).

Si les soignants ne peuvent pas exprimer leurs affects dans des groupes de soutien et «libérer l'empathie trop souvent réprimée par nécessité», ils adoptent alors une pensée opératoire de type alexithymie, qui caractérise les patients prédisposés à des atteintes psychosomatiques : ils ont des difficultés à exprimer verbalement leurs affects, leur vie imaginaire s'appauvrit, ils ont tendance à recourir à l'action et à s'attacher à l'aspect matériel et objectif des événements, des relations et des situations.

Il en est de même des soignants face à des bébés en souffrance psychologique.

Comme l'a illustré la clinique, la confrontation du bébé de l'interaction avec ses différents partenaires au bébé de l'interaction avec sa mère nous permet de donner sens à nos perceptions, à notre ressenti et à nos représentations.

Prenons l'exemple de l'interaction du bébé avec sa mère psychotique. À un premier niveau phénoménologique, les modes relationnels du bébé avec ses différents partenaires apparaissent comme la répétition des patterns de l'interaction du bébé avec sa mère psychotique. Mais, de fait, ce dont le nourrisson dispose, ce qu'il a inscrit dans son fonctionnement, ce sont des modes relationnels issus d'un langage dyadique bien particulier ; nous dirons même, pour reprendre une métaphore de Myriam David, qu'il a appris avec sa mère une langue étrangère.

Pourquoi une langue étrangère ? Reprenons cette hypothèse sous l'angle du concept de l'harmonisation des affects et de la communication. Ici, le processus d'accordage affectif n'opère pas. Ce n'est pas l'absence d'affects qui caractérise l'interaction, mais leur discordance et leur apparente incohérence. Si des codes régissent la relation, ils sont issus de la rencontre du fonctionnement archaïque du bébé et du fonctionnement psychotique de la mère. D'où peut-être ce sentiment que nous percevons de méfiance à notre égard venant de ces bébés, et celui de n'être pas reconnus en partie (en partie seulement) dans notre dimension humaine.

Si le soin du nourrisson nous impose un travail d'élaboration à la recherche d'une continuité et d'une cohérence du fonctionnement du bébé, il doit étroitement s'articuler à un travail de traduction et d'interprétation des différents systèmes relationnels du nourrisson.

Ces bébés en souffrance qui se construisent dans des interactions profondément perturbées nous font d'abord vivre un «désaccordage», une mise en échec de nos processus empathiques. D'où la pauvreté de nos ressentis, la pauvreté de nos représentations, voire la sidération de notre fonctionnement psychique. S'installe un malaise diffus, vécu dans notre «corporalité», mais impossible à mettre en mots.

Quand des liens s'instaurent dans le soin, que nous entrons dans le dialogue avec ces bébés, c'est-à-dire que nous avons appris à comprendre leur langage et à le traduire, notre empathie se réanime, mais simultanément des vécus intenses, désorganisateurs nous envahissent. Nous risquons alors de désapprendre notre langue maternelle, et ce d'autant plus que se réanime une empathie primaire, une empathie de l'«être comme», dans le contact proche. Ainsi se pose toujours la question des limites, du dosage de l'implication, de la capacité à s'identifier au bébé et de dialoguer sur le plan émotionnel.

À ne pas être parent de ces petits bébés, peut-on se mettre dans un état de disponibilité émotionnelle qui permette la rencontre, sans s'engouffrer dans les mêmes sentiments d'appartenance qui scellent la relation parents-enfant ? Ce problème touche tout particulièrement les personnes qui accueillent un bébé à temps complet. À trop s'attacher à un enfant à la crèche ou à la pouponnière, les auxiliaires, les assistantes maternelles s'épuisent et ne peuvent plus continuer leur métier. À se protéger de l'attachement, elles risquent la mécanisation, la dévitalisation du lien et de s'enfermer, nous l'avons vu, dans des gestes opératoires.

Et pourtant, nous le savons bien, pour qu'un bébé grandisse, développe sa vie psychique et émotionnelle, il est essentiel qu'il construise des liens d'attachement.

Prenons en compte ces phénomènes, c'est-à-dire, par exemple, reconnaissons quand s'établissent des relations de qualité, que l'enfant risque de mettre en difficulté ses auxiliaires (ou son assistante maternelle). Plus les auxiliaires ont une relation proche avec l'enfant et plus elles sont exposées à recevoir les angoisses du bébé et à devoir les contenir, en raison de la force des mécanismes d'identification projective en jeu.

Les problèmes que rencontrent alors les soignants ne sont pas dus à leur incompétence, mais reflètent en grande partie l'expression de la souffrance de l'enfant. Quand des liens privilégiés s'instaurent avec l'auxiliaire référente, le nourrisson la sollicite dans une relation qui risque d'être marquée par les mêmes perturbations que dans sa relation avec sa mère. Elle tente de s'en protéger par une non-individualisation de l'enfant, le retrait de ses investissements, le «fractionnement relationnel», etc. La reconnaissance du rôle actif de l'enfant évite de rendre responsable le soignant de l'enfant de tous les problèmes et, associée à un traitement de l'interaction, permet le maintien d'un lien ajusté au plus près des besoins de l'enfant réel.

2.3.5. Du ressenti aux représentations, des émotions à l'évaluation

Le ressenti du soignant : un outil sémiologique ?

L'observation comme outil thérapeutique pour l'approche de ces bébés en souffrance nous a montré l'intérêt d'utiliser le ressenti du soignant qui est dans une relation proche avec l'enfant, mais aussi de celui qui est dans une relation plus à distance, l'observateur, comme un véritable outil sémiologique (voir § 3.1.1. p. 153).

L'observation montre comment un bébé, par exemple en détournant son regard, en se raidissant sur la table de change, en ne se moulant pas dans les bras, met en difficulté son auxiliaire, lui disant par toutes sortes de façons « qu'il ne veut pas d'elle ». Se retirant de la relation, il induit un moindre contact et moins de sollicitations de la part de l'adulte. L'auxiliaire accélérera le change, ne parlera pas au bébé ; elle mettra à distance ce bébé qui suscite en elle un mal-être. Elle se vivra rejetée par un bébé hostile.

Grâce à l'observation de ces bébés et de leurs interactions, nous avons pu progressivement appréhender les modes d'expression qu'ils utilisent et leur donner sens [56]. Ces phénomènes de résonance corporelle jouent un grand rôle dans le dialogue avec les bébés.

Du dialogue des émotions au dialogue des attentions

Dans ce travail auprès des bébés en souffrance, nous passons constamment du dialogue des émotions au dialogue des attentions : attention du bébé, attention du soignant. Pour cette dernière, nous nous référerons au concept d'« attention à double valence », c'est-à-dire s'exerçant autant dans un sens centrifuge

---

56. Voir première partie de l'ouvrage : « La souffrance des bébés ».

– se porter sur autrui – que dans un sens centripède – porter de manière réflexive sur ses propres processus psychiques (B. GOLSE, 1995) :

«Seule en effet, cette attention psychique à double valence permet de ne pas céder au déni des troubles, voire au déni de la souffrance psychique du bébé et permet alors d'accorder un véritable droit de cité à sa vie psychique en tant que telle, ce qui en soi comporte déjà une valeur thérapeutique certaine» (B. GOLSE, 1995, p. 9).

«En matière de dépistage précoce, les personnels concernés se doivent évidemment d'être suffisamment instruits sur un plan clinique. Mais savoir par cœur des listes de signes ne suffit pas : encore faut-il être prêt à les reconnaître, et seule une capacité d'attention aiguisée peut permettre de vaincre la tentation du déni, de percevoir les distorsions interactives et de réfléchir à l'économie et à la signification des faits symptomatiques recueillis [...]. C'est l'attention psychique de l'observateur qui est seule à même de construire des hypothèses sur le monde représentationnel de l'enfant en nous conduisant au-delà des symptômes de surface et de la seule interaction comportementale» (B. GOLSE, 1995, p. 19-20).

Développer cette sémiologie interactive de l'attention dans sa double dimension, convergente et divergente, apparaît indispensable pour progresser dans notre évaluation du fonctionnement du bébé et des interactions précoces.

Conclusion : des émotions aux soins

Si la prise de conscience de la souffrance psychique et affective des bébés n'est pas nouvelle, nous constatons trop souvent, dans notre pratique, qu'elle est banalisée, voire activement niée. Peut-être est-ce parce qu'elle nous confronte à éprouver l'inéprouvable, à penser l'impensable ?

Les soignants auprès des bébés sont les plus à même de recevoir leur souffrance, mais sont aussi les plus exposés :

- plus la défaillance parentale est importante, plus les troubles relationnels parents-nourrisson sont graves et plus le soignant auprès du bébé risque de se sentir disqualifié en tant qu'adulte pouvant aider l'enfant ;
- plus un soignant s'approche du bébé, plus il peut se vivre comme incompétent et impuissant, risquer de perdre ses repères et être envahi par la confusion.

Ces vécus pénibles peuvent le fragiliser, et ce d'autant plus qu'ils entrent en résonance avec son histoire personnelle et qu'il est isolé.

Les modalités défensives que nous mettons en place, en tant que professionnels, face à ces bébés sont à l'origine de notre difficulté de «penser bébé» avec continuité, c'est-à-dire d'être au plus près du fonctionnement de ces bébés pour comprendre ce qu'ils nous disent et pouvoir y donner sens, pour passer du dialogue des émotions au dialogue des attentions. Il est crucial de comprendre que c'est par ce mouvement dialectique d'approche empathique et de prise de distance que nous avons accès au fonctionnement psychique et affectif de ces bébés, et que nous pouvons leur offrir un accompagnement thérapeutique.

Alors qu'ils ont besoin d'être soutenus dans leur tâche difficile, les soignants auprès des bébés en souffrance sont aussi les plus exposés à ne pas être entendus des autres professionnels, à être disqualifiés, en raison de la violence des mouvements préconscients mais le plus souvent inconscients en jeu dans ces situations chez les différents protagonistes : le bébé, la famille et les intervenants médico-sociaux. C'est pourquoi une reprise régulière de ce que vivent les soignants auprès des bébés et de leur famille est indispensable pour préserver la dimension thérapeutique [57].

La représentation que nous avons du bébé devient une construction dans le cadre du travail d'élaboration qui intègre les

57. Les soignants de notre équipe ont suivi ou suivent une analyse ; certains ont une pratique psychanalytique.

différents aspects de l'enfant que nous avons décrits, tels qu'ils s'inscrivent dans un réseau relationnel complexe. La fluctuation des représentations du bébé chez les différents intervenants reflète la problématique particulière des modes d'organisation de l'enfant au sein d'une relation perturbée. Ces représentations vont constituer les pièces d'un puzzle qui, tout au long du suivi, va s'organiser et évoluer, donnant une représentation dynamique de l'enfant.

L'élaboration de ces représentations apparaît comme une condition nécessaire à notre action thérapeutique parce qu'elle permet de :

- cerner au plus près le fonctionnement mental du bébé, tel qu'il jaillit de l'interaction avec ses différents partenaires ;
- favoriser l'émergence et le développement de ses compétences ;
- maintenir stable son environnement.

Nous recréons ainsi une fonction «contenante» autour du bébé et une anticipation de vie.

MODALITÉS D'INTERVENTION

1. Généralités sur les soins aux bébés

1.1. Définition d'un soin au bébé

Avant de définir le soin au bébé, parlons des soignants confrontés aux bébés en souffrance que nous avons rencontrés.

1.1.1. Les soignants

Entre ceux qui, délégués par les parents, assurent un soin au bébé et sont engagés dans une relation qui implique l'accès au corps de l'enfant dans les gestes du parentage, ceux qui assurent un parentage de suppléance à temps plein, ceux qui soignent le corps du bébé malade ou encore ceux qui assurent uniquement un soin psychologique en observant et en accompagnant un bébé et ses parents, tel qu'on peut le faire dans une équipe psychiatrique, les engagements de chacun dans une dimension affective paraissent bien différents, ainsi que la place qu'il occupe ou occupera dans le psychisme du bébé et de ses parents, tout comme la responsabilité qui lui échoit.

Les bébés en souffrance, qui nous sont adressés en raison de la gravité de la défaillance parentale, et leur famille ont souvent affaire à une multiplicité d'intervenants :

– la puéricultrice de secteur ou les travailleuses familiales qui viennent au domicile ; le pédiatre de la PMI ; les auxiliaires de la crèche ;
– les travailleurs sociaux, mandatés ou non par le juge des enfants ;
– éventuellement les soignants de l'équipe psychiatrique adulte qui traitent les parents ;
– les soignants de l'équipe psychiatrique spécialisée dans l'approche du bébé et de la parentalité ;
– et, en cas de mesure de distanciation, la famille d'accueil ou les auxiliaires de la pouponnière.

Être soignant consiste donc aussi bien à s'occuper du bien-être et du contentement du bébé (le bichonner, le dorloter, le chouchouter, le choyer...) qu'à tenter de rétablir la santé et traiter, dans l'acception médicale du terme (P. ROBERT, 1980). C'est porter attention et veiller à l'état de quelqu'un.

1.1.2. LE SOIN AU BÉBÉ

L'expression *soigner un bébé* renvoie donc à deux types de soins :

– les *soins primaires* ou *soins nourriciers,* qui sont le quotidien du bébé, assurés la majorité du temps par les parents, par des professionnels à temps partiel quand l'enfant a un mode de garde, et à temps complet quand il est «placé» en cas de défaillance parentale grave ;
– le soulagement d'une souffrance chez le bébé [58] par des soignants et le soutien de son développement où nous avons notre place en tant qu'équipe psychiatrique et que nous désignerons sous le terme de «traitement» pour bien les différencier des précédents.

Nous les aborderons successivement.

---

58. Voir la première partie de cet ouvrage («La souffrance des bébés»).

1.2. Les soins primaires

◆ **LES SOINS PRIMAIRES** regroupent l'ensemble des soins précoces qui doivent être prodigués au nourrisson pour assurer sa survie et son développement. Ils impliquent, au-delà du corporel, qu'une relation personnalisée permette l'humanisation. Ils ne se limitent donc pas aux soins du corps.

Nous nous intéressons ici aux soins primaires en institutions telles les pouponnières.

Nous pouvons utiliser plusieurs angles d'approche pour tenter de les définir plus précisément :

1.2.1. DES SOINS MATERNELS ?

Les soins primaires sont souvent définis par rapport à la fonction maternelle. Cela viendrait tout naturellement : c'est la mère qui prend soin de l'enfant. A. Solnit a parlé de «mère psychologique» pour désigner la femme qui accueille à temps complet un enfant placé dans une famille. Les auxiliaires de pouponnières ont été aussi appelées *maternantes*. On parle de soins substitutifs, de maternage, etc.

Notons qu'il est bien peu parlé du paternel, ce qui nous paraît significatif de la difficulté de penser les soins précoces dans un système non seulement dyadique (mère-nourrisson), mais aussi triadique (père-mère-nourrisson), voire polyadique.

Cette terminologie, centrée sur le maternel, nous paraît problématique : si elle affirme avec force la place de la mère dans le soin au bébé (un bébé sans une mère, ça n'existe pas !), elle peut donner aussi l'illusion que la mère peut être remplacée, qu'on peut se substituer à elle. Ne met-on pas alors le soignant dans une situation difficile quant à son identité ? Il joue le rôle de la mère, mais il n'est pas la mère. N'est-il pas mis en situation de fonctionner en faux-self ? La mère le hante, l'habite..., mais quelle mère ? La mère idéale, écrasante, avec laquelle la dette n'en finit pas d'être réglée ; la mère folle qui a attaqué cet enfant, qui a peut-être mis en lui sa folie ? Violence des rivalités entre femmes s'arrachant un bébé ? Violence de la détresse des bébés coupés à vif de leur mère ?...

Pour tenter une différenciation entre les parents et les professionnels de l'accueil de l'enfant, des termes tels que *prolongement maternel*, *assistante maternelle*, *tatas* ou *taties* ont été introduits. Le terme de *tatie* est intéressant car il réintroduit une filiation imaginaire qui situe mère et soignante à la même génération ; il signifie que le soignant n'est pas la mère, mais laisse la possibilité que mère et soignante aient les mêmes géniteurs.

1.2.2. De la substitution à la suppléance

Dans ce même mouvement de différenciation, le terme *suppléance* a progressivement remplacé le terme *substitution* pour qualifier les soins des professionnels.

Le Grand Larousse définit le verbe *suppléer* comme : « compléter, en ajoutant ce qui manque ». Il faut le différencier de *substituer* : « mettre à la place de... »

◆ **Par suppléance familiale**, on entend « l'action auprès d'un mineur visant à assurer les tâches d'éducation et d'élevage habituellement effectuées par les familles, mises en œuvre partiellement ou totalement hors du milieu familial dans une organisation résidentielle » (P. Durning, 1986, p. 102).

Suppléance a remplacé dans les textes le terme *substitution*, parce qu'il évoque davantage la complémentarité, la différence et l'altérité, contrairement au terme *substitution*, qui est dans une logique de l'identité et du remplacement par le même : « L'expression a été forgée au cours d'une recherche effectuée au début des années 80 et qui se proposait d'étudier, dans une perspective psychosociologique, des processus en jeu lorsque les enfants sont élevés collectivement en dehors de leur famille, en l'occurrence dans des internats spécialisés... En utilisant le mot *substitution*, il y a l'idée d'un remplacement du même par le même, alors que lorsqu'on « supplée » c'est bien qu'il y a un manque, mais ce qui vient à la place de ce manque n'est pas exactement du même ordre que lui, et que ce qui vient remplacer ce qui manque se présente comme supplément. D'autre part, la substitution s'opère généralement pour pallier une absence, alors que la suppléance peut s'exercer sans qu'il y ait forcément absence. » (D. FABLET, M.B. MACKIEWICZ, 1996, p. 10-11.)

Le terme de *suppléance familiale* est aussi utilisé lorsque les enfants sont accueillis au sein d'une famille dans un contexte de placement familial.

Ne pas penser les soins primaires comme des soins substitutifs, c'est donc reconnaître :

- qu'il y a séparation de l'enfant de ses parents et donc vécu de perte de la mère, du père, mais aussi du bébé ;
- que ces parents sont défaillants dans leur parentalité mais peuvent être attachés à leur enfant ;
- que tout éloignement précoce de l'enfant de ses parents est une situation à risque pour la constitution d'un attachement ;
- qu'une demande est faite de « prendre soin » de cet enfant dans une inscription professionnelle et sociale.

1.2.3. QU'EST-CE QUI FAIT VIVRE UN BÉBÉ ?

Nous avons déjà insisté sur l'importance des liens humanisés et différenciés qui permettent au bébé de construire des attachements privilégiés : les soins purement fonctionnels conduisent à la mort psychique et corporelle. Le soin fonctionnel ne peut pas être différencié de la dimension relationnelle, affective : la création d'une relation d'attachement soignant-enfant est une condition nécessaire pour le soin.

1.2.4. QU'EST-CE QUI EST COMMUN ET QU'EST-CE QUI DIFFÉRENCIE LE SOIN DES PROFESSIONNELS DES SOINS PARENTAUX ?

Qu'est-ce qui est commun ?

- des réaménagements psychiques et affectifs qui permettent à des adultes de répondre aux besoins du nourrisson à trois niveaux : le corps (les soins nourriciers), la vie affective, la vie psychique [59] ;

59. Voir définition de la parentalité, p. 26.

– la constitution d'une relation d'attachement, riche d'affects.

Qu'est-ce qui différencie le soin des professionnels des soins parentaux ?

LE CONTEXTE

Le soin par des professionnels s'exerce dans un environnement différent de l'environnement familial, qui est régi par des rapports hiérarchiques et dans le cadre de relations professionnelles où le salaire reconnaît les compétences acquises par une formation.

Il se caractérise par :

– une absence de liens de filiation et d'alliance entre les professionnels et l'enfant, et entre professionnels ;
– la multiplicité des personnes exerçant ce soin (à la pouponnière en particulier) ;
– un personnel le plus souvent exclusivement féminin.

LE CLIMAT PSYCHIQUE

Nous l'aborderons sous l'angle des interactions fantasmatiques et affectives.

Une des premières questions qui se posent est : quel bébé imaginaire construisent les soignants ? Dans le traitement des interactions enfant-auxiliaire, nous avons été confrontés à l'enfant imaginaire non seulement dans sa dimension individuelle, «enfant imaginaire de l'auxiliaire», mais aussi dans sa dimension collective.

De même que chaque membre d'une famille est influencé par le transgénérationnel de l'histoire familiale, le professionnel est influencé par le transgénérationnel de l'institution, «le bébé imaginaire de l'institution» qui habite l'espace psychique des soignants auprès de l'enfant. Le «bébé imaginaire de l'institution» est, selon nous, un des produits du «transgénérationnel de l'institution». Il nous paraît fondamental de faire appel à ce concept afin de réintroduire la dimension de l'interaction fantasmatique dans les relations soignants-bébé en collectivité, dans une étroite articulation avec les interactions comportementales et affectives. Parler de transgénérationnel de l'institution, c'est aussi réintroduire la dimension historique et la question de la transmission non seulement de connaissances, mais aussi de représentations construites sur plusieurs générations de professionnels. C'est reconnaître une filiation imaginaire où s'originent les soins, c'est entrer dans le domaine des «loyautés invisibles» (pour reprendre l'expression de Boszormenyi-Nagy (I. Boszormenyi-Nagy, G.M. Spark, 1973). C'est aborder les représentations qu'ont les professionnels auprès des bébés, de leur capacité à offrir un soin à ces bébés en souffrance, représentations qui s'ancrent dans le passé institutionnel. Les héritages sont bien différents suivant les institutions, plus ou moins lourds à gérer. Travailler dans une pouponnière, qui fut stigmatisée pour la gravité des carences auxquelles les enfants étaient exposés sur plusieurs générations, n'organise pas les mêmes représentations que travailler dans une institution érigée en modèle par la qualité des soins en collectivité assurant un développement harmonieux des enfants.

Comment alors transformer des liens mortifères en liens d'émerveillement ? Cette question est d'autant plus cruciale que les bébés accueillis en pouponnière sont en grande souffrance :

- leurs premières expériences relationnelles ont été marquées par la non-satisfaction de leurs besoins tant corporels qu'affectifs et psychiques, en raison de la défaillance parentale ;
- ils vivent de surcroît la détresse engendrée par la séparation d'avec leur famille, imposée par la mesure de distanciation.

Cette souffrance a un grand impact sur le lien qui se crée entre auxiliaire et bébé et sur les attentes, les anticipations de l'auxiliaire quant au devenir de l'enfant.

1.3. Le traitement des bébés

On croyait, il n'y a pas encore si longtemps, que pour soigner les bébés il suffisait de soigner les parents. Parallèlement à l'évolution de la compréhension de la dynamique relationnelle et aussi grâce à l'apport de l'école de Loczy [60] et des psychiatres

60. Voir § 3.1.1. p. 153.

et psychanalystes s'intéressant aux bébés, la conceptualisation du traitement des bébés a beaucoup évolué : le bébé est maintenant vu comme un partenaire direct du traitement.

Les dimensions du traitement précoce sont multiples :

- le traitement direct de l'enfant ;
- le traitement des troubles de la parentalité (dysparentalité) ;
- le traitement de la pathologie interactive [61] au niveau des relations parents-enfant, la relation famille-intervenants et entre intervenants.

1.3.1. LE NOURRISSON « PARTENAIRE » DU TRAITEMENT

La spécificité de ce type d'approche est liée à la précocité d'intervention, dès la première année, période où la vulnérabilité des partenaires s'associe à un grand potentiel de changement chez le bébé.

L'enfant est en train de se construire [62] au sein d'interactions où s'articulent étroitement les dimensions comportementale, affective et fantasmatique.

L'existence de ces processus complexes nous invite à « penser bébé » et à intégrer dans le traitement du bébé différentes dimensions.

« Penser bébé »

Une application du « penser bébé » est l'utilisation de nos connaissances sur la mémoire et les protoreprésentations pour aborder, avec le bébé, les changements d'environnement.

Pour le bébé, les protoreprésentations ne sont accessibles que si la situation est contextualisée, « c'est-à-dire qu'un élément de l'environnement quel qu'il soit (sensoriel, moteur, perceptif) doit être présent pour ouvrir la voie aux traces mnésiques d'un événement semblable antérieur : le nourrisson peut alors se

61. Cette notion sera abordée ultérieurement.

62. Voir § 2.2, p. 29.

remémorer l'événement. Mais il en est incapable dans l'environnement décontextualisé» (D. MARCELLI, 1985, p. 415).

Ces bébés à risque ont terriblement besoin de la stabilité et de la fiabilité de l'environnement, du maintien d'une continuité dans ses moindres détails et à tous les niveaux. Dans la mesure du possible, toute introduction du «nouveau» devrait se faire par petites touches à partir de la situation la plus familière possible à l'enfant, c'est-à-dire d'une situation où il se sente en sécurité.

Des approches thérapeutiques «intégrées»

Concrètement, cela signifie que le traitement de l'enfant intégrera les dimensions suivantes :

- la préoccupation de l'environnement réel du nourrisson, et tout particulièrement de l'organisation et de la qualité des soins nourriciers ;
- l'abord de la vie psychique avec l'apparition de la mentalisation, le développement des représentations de la vie fantasmatique ;
- l'abord de la vie affective.

Assurer au bébé un environnement stable et fiable lui permettant de développer ses compétences :

POURQUOI ?

La rythmicité et la ritualisation des conduites maternelles au niveau des soins (alimentation, change, bain, sommeil) organisent la vie quotidienne du bébé. La stabilité et les répétitions dans les macrorythmes apparaissent comme une condition minimale nécessaire au bon développement de l'enfant. Dans ces conditions, l'enfant prend très tôt des initiatives : «Si l'on soigne le nourrisson toujours de la même manière, en étant attentif à ses signaux, en y répondant, il ne lui faut que quelques jours pour relâcher à l'avance, pendant le bain, le membre qui va être lavé (E. PIKLER, 1979). Soulignons que plus l'enfant est jeune, moins il se différencie de son environnement : changer l'environnement équivaut à changer, à transformer des parties du bébé. C'est pourquoi il est essentiel de se demander, dès qu'un changement est introduit dans la vie de l'enfant, quel sens il a pour lui, et s'il est bien nécessaire. Si l'on répond oui à la seconde question, une introduction très progressive du changement est nécessaire afin que l'univers familier de l'enfant ne bascule pas brutalement, et que l'enfant ne perde pas des parties de lui-même dans ce bouleversement. Les exigences de stabilité et de fiabilité de l'environnement portent en priorité sur la relation de l'enfant avec une personne de référence, que ce soit le parent de l'enfant ou le professionnel référent, dans le cadre des accueils à temps complet.

COMMENT ?

Comment assurer la stabilité et la fiabilité de l'environnement de l'enfant ?

Par un travail au niveau du lien mère-enfant qui implique d'abord la reconnaissance de la nature et des caractéristiques de ce lien, puis de trouver la bonne distance qui permette à la mère et à l'enfant le plus d'échanges positifs sans risque de désorganisation mutuelle, et en évitant toute rupture brutale des liens. L'abord du lien père-enfant et des liens triadiques père-mère-bébé est, lui, tout aussi essentiel.

Toujours afin d'éviter l'utilisation de solutions transitoires entraînant un changement brutal de l'environnement familial du nourrisson, on peut d'emblée prévoir des possibilités d'aménagement et de distanciation entre la mère et le bébé dans la vie quotidienne : par exemple, envisager un mode de garde de jour, et ce dès la naissance, mode de garde qui pourra être converti en accueil à temps plein en cas de nécessité.

DÉVELOPPER LES COMPÉTENCES DES BÉBÉS EXPOSÉS

Nous voudrions attirer l'attention sur le potentiel de ces bébés «exposés», sur le déploiement possible de leurs compétences, dans lequel soignants et parents jouent un rôle primordial. À ne voir que les effets adverses de l'environnement sur le fonctionnement du bébé, on oublie que ce bébé fragile peut avoir des ressources qui ne s'exprimeront que si on lui offre un environnement adéquat. En exerçant ses compétences, il acquiert une confiance grandissante dans ses capacités ; il se montre de plus en plus actif et fait preuve d'initiatives (E. PIKLER, 1979). De ce fait, il devient moins fragile, moins vulnérable à des risques variés.

Pour développer les compétences, nous nous appuyons sur notre capacité d'attention au bébé et donc sur la prise en compte de ses besoins spécifiques. Par ce «holding psychique» nous favorisons l'émergence et le déploiement de ses processus de penser.

Le nourrisson partenaire du traitement

La pathologie parentale occupant souvent la scène, le bébé risque d'être lâché, oublié dans le soin, et ce d'autant plus que nous sommes envahis par la problématique maternelle : ne pas voir, ne pas faire exister ce bébé dans l'impérieuse réalité de ses besoins, source d'angoisses inimaginables.

L'abord direct du nourrisson par un soignant ayant une formation spécifique, le «soignant-enfant», permet de protéger le traitement de l'enfant.

Lorsque les capacités d'attention à l'enfant et d'investissement de la mère ou des personnes qui prennent soin de l'enfant se trouvent perturbées, l'observation s'est révélée être un outil thérapeutique particulièrement précieux [63].

C'est donc un traitement très particulier qui, vis-à-vis du bébé :

- reconnaît et accueille sa souffrance ;
- offre un environnement physique, psychique et affectif adapté à ses besoins ;
- mobilise ses ressources ;
- lui laisse l'initiative.

1.3.2. TRAITER LA DYSPARENTALITÉ

Ces parents sont souvent en grande souffrance face à ce bébé qui portait leur espoir quand ils l'attendaient, mais qui maintenant les frustrent, les désorganisent. L'échec de leur parentalité vient réactiver les meurtrissures de leur propre enfance. Aussi

63. Voir § 3.1.1., p. 153.

faut-il aller vers eux si l'on veut les atteindre et leur donner accès à des soins spécialisés. C'est pourquoi le travail à domicile est un mode d'abord privilégié des défaillances parentales graves.

Ces adultes présentent des psychopathologies qui ne se mobilisent pas aisément dans le traitement. Travailler au niveau de la dysparentalité et non pas de la psychopathologie de l'adulte en général évite bien des déceptions, voire de la colère, de la rancœur à l'égard de « ces parents qui ne feraient aucun effort ! » C'est ainsi que la collaboration entre équipe de « psychiatrie adulte » et équipe de « psychiatrie du bébé », bien que parfois difficile au début, s'avère très fructueuse.

1.3.3. Quelques repères pour le traitement

On peut aider l'enfant sans « guérir » les parents de leur psychopathologie

Un enfant qui va mieux échangera différemment avec ses parents et les gratifiera plus sur le plan narcissique. En aidant le bébé, on aide les parents !

Différencier la « parentalité » des liens affectifs

Les parents peuvent aimer leur enfant mais ne pas être en mesure d'exercer complètement leur fonction parentale et malgré tout être aimé par lui. La reconnaissance, par les professionnels, d'un attachement réciproque parents-enfant apaise les parents.

Cette différenciation sort les soignants d'un mode de pensée en « tout ou rien » vis-à-vis des parents. Si nous reconnaissons préalablement les liens qu'ils ont tissés avec leur enfant, y compris dans leurs aspects paradoxaux (intolérance dans le contact prolongé, souffrance dans la séparation), nous pouvons alors aborder avec eux non seulement les secteurs de la parentalité où ils sont adéquats, mais aussi ceux où ils sont le plus défaillants. Nous pouvons plus aisément, face à ces parents, verbaliser les besoins de l'enfant, faire référence aux limites, à la loi dans sa valeur structurante, parler d'une éventuelle nécessité de distanciation, sans attendre ou se décharger sur d'autres intervenants – tel le juge – pensant qu'ils diront ce que l'on ne peut pas dire.

L'enfant se construit dans ce lien, aussi pathologique et pathogène soit-il

Soumis à des conditions de vie que nous percevons intolérables au regard de ses besoins, le nourrisson s'adapte, survit, et surtout se construit. Ainsi dans l'interaction avec sa mère, que ce soit dans la tension ou la détente, il va chercher à retrouver « du même », des invariants, pour se sentir exister en continu (self). Un lien fort se crée très vite entre l'enfant et sa mère : lien d'amour, lien de haine ? Coexistence des deux ?

Quand, en raison de la gravité de la défaillance parentale, le placement s'avère l'indispensable mesure de protection, l'existence et la force de ce lien vont être à la source des signes de souffrance chez l'enfant et, peut-être, d'un vécu d'arrachement, de mutilation au moment de la séparation et après.

Comprendre ce que représente ce lien pour l'enfant dans ses aspects tant positifs que négatifs est la condition préalable à toute intervention directe concernant l'enfant. C'est alors que pourra être aménagée la bonne distance parents-enfant, en se souvenant que séparation ne signifie pas rupture, mais peut-être, au contraire, la seule façon de maintenir les liens, et que ce maintien implique un accompagnement thérapeutique des rencontres.

1.4. L'évaluation : premier temps du traitement

Notre expérience nous a appris que le temps d'évaluation est souvent menacé en raison des inquiétudes majeures que suscite la gravité de ces situations chez les intervenants, d'autant plus que leur formation ne leur a pas toujours donné de repères précis pour mener à bien cette première étape du traitement. Risquent alors d'être prises des mesures qui vont à l'encontre du but poursuivi : aider et protéger parents et enfant.

Nous distinguerons schématiquement quatre axes d'évaluation des situations à haut risque psychosocial pour le bébé :
- le fonctionnement de l'enfant ;
- la parentalité ;
- les relations parents-nourrisson ;
- l'environnement de l'enfant et de ses parents.

1.4.1. Évaluation du fonctionnement des bébés

L'évaluation du fonctionnement du bébé s'appuie sur son observation [64] dans différentes situations avec ses multiples partenaires, tant dans la vie quotidienne (situations de soins : nourrissage, change, toilette) que dans la rencontre avec des professionnels (lors de l'examen pédiatrique, etc.).

L'observation a été aussi utilisée dans la consultation psychiatrique. D.W. Winnicott a été le précurseur de ce courant (1971). Dans le cadre de consultations thérapeutiques brèves, Serge Lebovici a bien montré comment les ressentis qui surgissent en nous dans une communication empathique avec le bébé permettent d'approcher ce qu'il vit dans la relation. Au-delà de cette empathie s'imposent des représentations, des métaphores qui vont jeter un pont entre le fonctionnement du bébé et notre fonctionnement d'adulte. «Il s'agit pour l'observateur de pouvoir s'identifier aux différents partenaires de l'observation sans perdre toutefois son identité, mais en participant émotionnellement au scénario qui se déroule sous ses yeux et qui entraîne chez lui une associativité productive. [...] L'empathie doit être générative et métaphorisante» (S. Lebovici, 1995, p. 549).

L'évaluation du bébé s'attache à mettre en évidence tant ses signes de souffrance que ses ressources, en tenant compte de son équipement initial.

64. Pour une description détaillée, se reporter au § 3.1.1. p. 153.

Repérer les signes de souffrance des bébés[65]

Grâce à l'observation de ces bébés et de leurs interactions avec l'environnement, nous avons pu progressivement appréhender les modes d'expression qu'ils utilisent pour exprimer leur souffrance et leur donner sens.

LE CORPS

Le corps est la voix d'expression privilégiée du bébé et de la pathologie précoce, que ce soit dans la désorganisation somatique ou dans le registre des comportements tonico-moteurs. Déchiffrer le langage du corps est un moyen d'appréhender ce que ressent l'enfant et son fonctionnement mental naissant.

LA COMPRÉHENSION DU LANGAGE CORPOREL DU BÉBÉ DOIT PRENDRE EN COMPTE SON ÉQUIPEMENT INITIAL

Prenons l'exemple d'une situation extrême : le prématuré en réanimation. Pour ce bébé, nous l'avons vu, il va être beaucoup plus difficile de franchir les étapes de l'agenda des régulations homéostatiques. Pour détecter un possible surmenage sensoriel, on observera donc les changements de couleur de sa peau, son type de respiration, son état de vigilance.

LES MODES D'EXPRESSION DE LA SOUFFRANCE VONT VARIER SUIVANT :

- *LE NIVEAU DE DÉVELOPPEMENT DE L'ENFANT*

Par exemple, dans le registre des émotions, plus le bébé est petit, plus il exprime sa détresse avec son corps, pouvant aller jusqu'aux atteintes des constantes physiologiques (température, rythme respiratoire, etc.). Aussi faut-il bien connaître les modalités particulières d'expression, de communication dont dispose un bébé en fonction de son niveau de maturation voir plus loin, les variations des états de vigilance comme proto-émotions.

- *LE CONTEXTE INTERACTIF ET ENVIRONNEMENTAL*

D'où la nécessité d'observer l'enfant dans des situations variées et de réinterroger constamment la dynamique interactive :

---

65. Voir tableau 5, p. 211.

- Quels sont les comportements qui aggravent les signes de détresse ? À l'inverse, quels sont ceux qui les soulagent ? Par exemple, le rapproché avec l'adulte entraîne-t-il des comportements d'évitement ? L'attention soutenue anime-t-elle le bébé ? (diagnostic différentiel entre la dépression et un comportement de retrait « pré-autistique »). En présence de sa mère et d'un étranger, l'enfant s'agrippe-t-il au regard de l'étranger ?
- Quelles sont les caractéristiques de l'environnement qui aggravent les signes de détresse ? À l'inverse, quelles sont celles qui les soulagent ?
- Y a-t-il des discontinuités de l'environnement ?
- Quelle est la tolérance de l'enfant aux changements ?

L'observation thérapeutique de Thomas illustre bien l'importance de prendre en compte ces éléments.

► **E**lle commence quand Thomas, âgé de 11 mois, est admis en urgence, pour une seconde fois, à la pouponnière, en raison d'une nouvelle décompensation aiguë de sa mère, qui présente une psychose délirante chronique.

Pour cet enfant il a été essentiel d'articuler ses comportements avec les fluctuations de la présence des personnes qui lui étaient proches, sa mère, ses auxiliaires privilégiées : tout ce qui allait dans le sens d'une augmentation de la continuité redonnait une sécurité interne à Thomas, qui retrouvait alors ses capacités d'élaboration psychique.

Les synthèses régulières avec l'équipe de la pouponnière nous ont permis de faire des liens entre les fluctuations des symptômes de Thomas et les visites de sa mère : aggravation de ses troubles du sommeil après les premières visites où sa mère était très perturbée ; régression quand l'état de celle-ci s'est amélioré et qu'elle est venue régulièrement le voir. ◄

- Partager entre équipes les représentations qu'on a construites de l'enfant et les données de l'observation directe permet une meilleure compréhension du fonctionnement de l'enfant :

► **D**ans le cas de Charlotte[66], nous avons perçu l'importance des confrontations entre l'équipe de l'Unité et l'équipe de la crèche et de la PMI. De simples consultations avec les parents ne nous avaient pas permis de prendre la mesure des difficultés de l'enfant : un bébé qui joue à quatre pattes ou sur le dos, sourit, échange, ne peut pas faire soupçonner qu'il ne s'assoit jamais, si les parents ne le remarquent pas... Le petit poids de naissance avait inquiété, mais il avait augmenté, rassurant passagèrement... ◄

L'ÉVALUATION DES SIGNES DE SOUFFRANCE N'EST PAS AISÉE

Ils sont ténus et labiles, donc difficiles à repérer.

D'autre part, ils apparaissent peu spécifiques, touchant aussi bien l'alimentation que le sommeil, la motricité et le tonus.

Les formes qu'ils prennent, leur intensité, ne préjugent en rien de leur gravité. Des signes importants de détresse ne signifient pas que l'enfant structure des troubles profonds de la personnalité ; à l'inverse, la discrétion des signes ne veut pas dire que les bébés ne ressentent rien, ni ne vivent pas des choses difficiles, comme l'illustrent ces bébés trop calmes qui ont appris à ne plus rien attendre d'un environnement défaillant. D'où l'intérêt de travailler sur des observations non seulement transversales, mais aussi longitudinales.

Nous sommes toujours entre deux écueils : banaliser ou dramatiser. Le risque est surtout de fixer le bébé dans une représentation ancrée dans une vision de la pathologie héritée d'une approche structurale de l'enfant plus âgé et de l'adulte, alors qu'il est en train de se construire, qu'il est un être en devenir.

◆ **LES SIGNES DE SOUFFRANCE DU BÉBÉ** sont d'abord un appel à l'aide ; ils témoignent d'un déséquilibre avec son environnement et de ses tentatives d'y faire face. C'est pourquoi nous préférons maintenant parler de «stratégies défensives précoces» du nourrisson. Par le choix de ces termes, nous mettons l'accent sur cette dynamique de l'interaction enfant-environnement.

66. Voir la première partie de l'ouvrage («La souffrance des bébés»).

Repérer les ressources du bébé

En lui proposant un environnement adapté à son niveau de développement, on met le bébé en situation d'exprimer ses compétences.

◆ **LA COMPÉTENCE** est un concept dynamique. L'expression des compétences du bébé est étroitement dépendante de l'interaction avec l'environnement, qu'il s'agisse d'une interaction avec des personnes ou avec des objets, dans le cadre d'une activité individuelle plus autonome. Seul un environnement adéquat au fonctionnement du bébé révélera ses capacités.

La richesse du concept de compétence est de lier étroitement le fonctionnement du bébé en tant que sujet actif ayant des aptitudes, à sa dépendance à l'environnement quant à l'expression de celles-ci. En favorisant le déploiement de ses compétences, on diminue la vulnérabilité du bébé.

Prendre en compte les risques auxquels l'enfant est exposé et sa vulnérabilité

◆ Le **RISQUE** évoque l'incertitude de la confrontation de l'enfant avec un stress environnemental ou intérieur (A. SOLNIT, 1982). C'est un facteur de révélation de la vulnérabilité.

◆ **LA VULNÉRABILITÉ** de l'enfant, définie comme la sensibilité individuelle aux facteurs de risque auxquels l'enfant est exposé, est propre à chaque enfant : dans des circonstances apparemment identiques, les facteurs de risque auront des effets différents chez chaque bébé (d'aucun effet à un effet dévastateur).

La vulnérabilité n'est donc pas une donnée immuable et globale du fonctionnement du bébé ; elle varie avec :

– le temps : en fonction du développement avec la notion de période critique [67] ;

---

67. Période du développement où la vulnérabilité est maximale, par rapport à un risque donné.

– les différents secteurs du fonctionnement somato-psychique ;
– le contexte.

Ainsi l'expression de la vulnérabilité est étroitement dépendante de l'interaction avec l'environnement ; comme la notion de compétence, la vulnérabilité est un concept dynamique.

L'évaluation du danger que courent les deux partenaires, le bébé mais aussi la mère, dans la relation est constamment présente dans notre travail ; elle indique la «distance de sécurité» à établir pour que mère et enfant puissent se rencontrer sans se désorganiser. Elle est variable d'une dyade à l'autre et, pour une même dyade, d'une période à l'autre, allant du maintien au domicile parental jusqu'au placement familial à distance. Nous parlons alors de distanciation thérapeutique.

Nous aurions peut-être intérêt, dans les pathologies graves comme la psychose, comme le souligne Myriam David, à inverser nos pratiques habituelles après l'accouchement, c'est-à-dire à «exposer» très progressivement la mère à son bébé, en augmentant les contacts que si cela est tolérable, au lieu de favoriser la proximité dès la naissance pour après les séparer.

1.4.2. ÉVALUER LA PARENTALITÉ

Pour évaluer l'exercice de la parentalité, on se reportera à l'évaluation de la parentalité, en annexe [68] (M. LAMOUR : «Séminaire de l'université Paris-Nord», 1995).

Le tableau 7 [69] donne aussi quelques repères pour évaluer la probabilité pour l'enfant d'être élevé par ses parents.

1.4.3. ÉVALUER LES RELATIONS PARENTS-NOURRISSON

L'évaluation des interactions parents-nourrisson repose sur :
– l'observation des interactions comportementales :
  • triade père-mère-nourrisson,
  • père-nourrisson si possible,
  • mère-nourrisson.

68. Voir § 2.3, p. 248.
69. Voir § 2.4, p. 264.

Quand on regarde une mère et son bébé, la tentation est grande de faire un diagnostic de la relation à partir d'un temps bref d'interaction, dans une situation donnée. Lorsqu'on observe à domicile mères et bébés, dans des situations variées, on met en évidence pour chaque dyade des « zones sensibles de l'interaction », c'est-à-dire des situations où mères et bébés sont plus vulnérables, et des « zones de ressources dans l'interaction » ; ces dernières constituent des points d'appui et d'ancrage de la relation thérapeutique qui est nouée avec la mère et l'enfant.

Dans le cadre d'une recherche action-formation portant sur l'introduction de nouvelles actions préventives chez les nourrissons à risque psychosocial et leurs familles, le département de psychopathologie de l'université à Bobigny, les équipes de PMI de la Seine-Saint-Denis et l'Unité 292 de l'INSERM ont travaillé ensemble à l'élaboration d'une grille d'évaluation synthétique des interactions mère-nourrisson. Cette grille [70] résulte d'un travail de groupe associant toutes les catégories professionnelles des équipes pédiatriques et psychiatriques. Elle a été conçue pour être utilisée dans une consultation pédiatrique d'une durée d'une vingtaine de minutes.

Elle a été adaptée pour différents âges (3 mois, 12 mois, 2 ans, 3 ans) et s'apparente à un *screening* portant sur les interactions comportementales, le développement psychologique de l'enfant, les grandes fonctions et l'évaluation du risque (M. LAMOUR, N. SPIRA, C. NOËL, J. ROSENFELD, 1988 ; JOB-SPIRA, M. LAMOUR, M. GABEL, 1988).

– L'évaluation des interactions parents-nourrisson repose aussi sur l'écoute du discours maternel, paternel et de la famille afin de mieux comprendre les interactions fantasmatiques et la place du bébé dans l'imaginaire des parents.

En clinique un angle d'abord intéressant de l'interaction fantasmatique est l'écart entre « l'enfant imaginaire et l'enfant réel », c'est-à-dire entre l'enfant qu'il y a dans la tête de la mère,

70. Voir § 2.2, p. 213.

dans le «se faisant interactif», et celui que perçoit l'observateur, le soignant. Quand l'interaction est harmonieuse, l'écart existe, mais il est peu important ; parents et soignants ont le sentiment de parler du même enfant. À l'inverse, dans les dysfonctionnements interactifs, l'écart est très important. Il en est ainsi pour le nourrisson de mère psychotique : l'enfant dont parle la mère est bien différent de l'enfant en souffrance que nous voyons interagir.

Dans cette période du début de la vie, il peut être intéressant d'utiliser l'hospitalisation mère-enfant dans une double optique :

- se donner le temps d'évaluer la qualité de la relation mère-enfant et d'observer le bébé pour recueillir suffisamment de données qui permettront de prendre des décisions ultérieures quant à la possibilité du maintien de l'enfant dans le milieu familial ;
- commencer le traitement au niveau du nourrisson, de la mère et du couple parental lorsque le père est présent. Si elle évite une séparation brutale, préjudiciable à l'enfant, l'hospitalisation conjointe ne signifie pas non plus la présence permanente du bébé auprès de sa mère, mais plutôt un ajustement souple de la distance mère-nourrisson. Le recours à l'hospitalisation est judicieux aussi pour préparer le placement de l'enfant dans les meilleures conditions lorsque tous deux paraissent en situation de danger au domicile.

1.4.4. Évaluer l'environnement de l'enfant et de ses parents

On évaluera :
- les liens avec la famille élargie ;
- les relations amicales et de voisinage qui peuvent constituer un réseau d'entraide et de soutien ;
- le réseau de professionnels auprès de la famille [71].

71. Voir § 3.2. p. 196.

2. Modes d'abord, une illustration : l'Unité des petits[72]

Schématiquement, quatre types de situations sont des indications de l'Unité de soins spécialisés à domicile : les familles à problèmes multiples, les familles à pathologie psychotique, les enfants défaillants à la naissance sur le plan de leur organisation somatique et psychique (par exemple, enfant trisomique, prématuré) et enfin les enfants qui présentent un symptôme qui est au premier plan du tableau clinique (par exemple, enfant hypotonique) ou un retard global du développement psychomoteur.

2.1. Objectifs

- Mettre le nourrisson et ses parents en situation d'exprimer leurs compétences et les valoriser.
- Favoriser un meilleur ajustement des partenaires de l'interaction afin que s'instaure et se maintienne une relation d'attachement chargée d'affects à prédominance positive.
- Aménager un environnement stable et fiable pour l'enfant et ses parents, favorisant le développement harmonieux de l'enfant et de la parentalité.

2.2. Modes d'abord

Nous avons imaginé des modes d'approche diversifiés, adaptés à chaque problématique, non seulement au centre (consultations, petits groupes mères-enfants, psychothérapies), mais aussi dans les différents lieux de vie de l'enfant (le domicile, la crèche, la pouponnière, etc.).

---

72. Pour l'historique de la création de l'Unité, se reporter au § 3.2.1., p. 197.

Nos modes d'abord actuels articulent étroitement :

– L'approche familiale centrée sur le nourrisson ; nous parlons alors de «travail direct», qui s'organise autour de trois axes :
  - l'enfant et, plus spécifiquement, l'approche de la naissance et de la construction de sa vie psychique ;
  - les interactions parents-nourrisson avec l'instauration des premiers liens parents-nourrisson ;
  - la parentalité.

– Le travail avec l'environnement : nous parlons alors de «travail indirect».

3. Modes d'intervention spécifiques

3.1. Modes directs

De toutes les approches citées, nous n'en développons ici que trois :

– l'observation thérapeutique ;

– l'accompagnement ;

– les visites à domicile.

3.1.1. L'OBSERVATION THÉRAPEUTIQUE [73]

L'observation des nourrissons tient une place privilégiée à l'Unité. D'abord utilisée comme mode d'évaluation en début de prise en charge, elle est devenue un véritable outil thérapeutique qui a vu son cadre évoluer et s'enrichir au fil des années, grâce à une volonté d'intégration à notre pratique quotidienne de courants théorico-cliniques variés.

---

73. Ce paragraphe reprend en partie le texte de l'article paru dans l'*Encyclopédie médico-chirurgicale*, «Méthodes cliniques d'observation directe du nourrisson» (M. LAMOUR, M. BARRACO, L. DETRY, 1997).

Les courants théorico-cliniques dont est issue notre pratique de l'observation :

- l'observation psychanalytique du bébé dans sa famille selon la méthode d'Esther Bick, telle qu'elle a été reprise et développée en France par Geneviève et Michel Haag ;
- l'observation en institution et la valorisation des compétences du bébé : l'apport d'Emmi Pikler et de l'école de Loczy avec, en France, les travaux de Myriam David et Geneviève Appell ;
- l'approche transactionnelle des perturbations des relations du nourrisson avec ses partenaires (M. LAMOUR, S. LEBOVICI, 1991).

Nous aborderons successivement les principaux courants :

L'OBSERVATION DU NOURRISSON DANS LE CADRE DE L'APPROCHE TRANSACTIONNELLE DES PERTURBATIONS DES RELATIONS DU NOURRISSON AVEC SES PARTENAIRES [74]

Quand l'adaptation mutuelle est problématique, les partenaires «soignent le mal par le mal». Les patterns interactifs inadéquats ont la valeur de mécanismes adaptatifs développés par chacun, le bébé comme la mère, pour réguler l'interaction. Les nourrissons courent un risque d'autant plus grand que ces dysfonctionnements interactifs peuvent devenir leur mode de relation privilégiée avec d'autres partenaires et tout particulièrement avec ceux qui prennent soin d'eux dans une relation proche (M. LAMOUR, 1990).

La mise en évidence de ces mécanismes a des implications préventives et thérapeutiques très importantes que deux exemples illustreront :

- Les nourrissons présentant un handicap entravant leur développement, quand ils fréquentent une crèche collective, suscitent chez l'auxiliaire privilégiée soit le retrait, soit une stimulation excessive (mécanismes adaptatifs identiques à ceux de la mère) ;

---

74. Développée dans les 2e et 3e parties de cet ouvrage.

– Les nourrissons de mères psychotiques délirantes placés dans les trois premiers mois de leur vie engagent leur assistante maternelle dans les mêmes types d'interactions qu'avec leur mère, même si celles-ci les mettaient en danger. La reconnaissance du rôle actif de l'enfant évite de rendre responsable l'assistante maternelle de tous les problèmes et, associée à un traitement de l'interaction, permet le maintien du placement.

Fait essentiel, les mécanismes que nous venons de décrire passent le plus souvent totalement inaperçus car parents, enfants, intervenants sont pris dans une spirale interactive néfaste. Seule l'observation fine, par un tiers, des comportements de l'enfant et de ses relations avec ses différents partenaires permet de les appréhender quand elle s'associe à une élaboration permanente, en équipe, de nos attitudes et contre-attitudes.

L'OBSERVATION EN INSTITUTION ET LA VALORISATION DES COMPÉTENCES DU BÉBÉ

L'observation en institution et la valorisation des compétences du bébé selon Emmi Pikler et l'école de Loczy (Hongrie), dont les travaux ont été diffusés en France [75] par Myriam David et Geneviève Appell (M. DAVID, G. APPELL, 1973).

Emmi Pikler, pédiatre, s'est constamment appuyée sur des observations précises du développement du jeune enfant pour développer une approche médico-pédagogique originale (E. PIKLER, 1969, 1979). Après avoir travaillé avec des bébés dans des familles sans problème, où elle a demandé aux mères de laisser une grande liberté de mouvements et d'activités à leur enfant, elle a appliqué ses idées aux enfants élevés à la pouponnière de Loczy, à Budapest (Hongrie), dès 1946, avec l'espoir d'éliminer les facteurs de carence rencontrés en collectivité, notamment le syndrome d'hospitalisme, responsable de la mort de beaucoup d'enfants à cette époque.

Convaincue de l'existence de grandes ressources chez l'enfant, elle a créé un cadre d'accueil tout à fait original, qualifié

75. De nombreux articles hongrois, non parus en français, ont été traduits et sont disponibles au siège de l'Association Pikler-Loczy, 20, rue de Dantzig, 75015 Paris.

d'«insolite» (M. DAVID, G. APPELL, 1973), où le bébé est respecté et reconnu comme «acteur de son développement». Recherche et observations s'intègrent à la vie quotidienne des jeunes enfants afin d'améliorer constamment leur bien-être. L'aménagement de l'environnement leur permet, au fur et à mesure de leur développement, de maîtriser l'espace et de se sentir compétents et en sécurité. La qualité exceptionnelle des soins, la manipulation des bébés sont constamment sous-tendues par de soigneuses observations de l'enfant qui sont de trois types :

- Les observations écrites quotidiennement par les auxiliaires auprès de l'enfant permettent une meilleure Unité de travail et un meilleur ajustement des soins. Elles alimentent la réflexion lors des synthèses mensuelles ainsi que l'écriture d'un cahier relatant l'histoire de l'enfant, qu'il recevra à sa sortie de la pouponnière ;
- Le tableau de développement permet de suivre l'évolution des postures [76]. L'accomplissement d'apprentissages de plus en plus complexes met en évidence les liens entre acquisitions motrices et création d'un espace de pensée ;
- Les observations à thèmes de petits groupes d'enfants sont pratiquées par des cadres de l'institution.

Les travaux de Loczy ont montré l'intérêt d'observer l'enfant non seulement dans ses temps d'interaction avec ses adultes de référence, mais aussi en activité libre, dans son milieu naturel de vie, avec un double objectif :

- Évaluer les ressources et les troubles précoces du bébé ;
- Traiter : «Il semble que l'observation à petite distance du bébé éveillé, livré à lui-même, soit un mode d'abord thérapeutique intéressant auquel le bébé est sensible et qui valorise l'intérêt de la capacité du bébé à exister par lui-même» (A. TARDOS, M. DAVID, 1991, p. 32). La qualité d'attention au bébé est fondamentale, et ce d'autant plus que l'enfant est en difficulté. L'attention portée au nourrisson rend possible la

76. Entre la position «couché sur le dos» et «marche debout», Emmi Pikler a mis en évidence une importante série de «postures intermédiaires» (L. Pikler, 1979).

mise en place des conditions nécessaires à l'expression de ses compétences telles que Pikler les a définies (E. PIKLER, 1979) :

- l'attention permet de laisser un temps au bébé, celui de l'initiative ;
- l'attention permet aux adultes de se retenir d'agir, de respecter l'autonomie de l'enfant dans l'exécution de l'acte ;
- l'attention à ce bébé-là, à ses caractéristiques individuelles permet de lui offrir des conditions d'environnement rendant ses actes efficaces.

L'enfant sera alors de moins en moins fragile, de moins en moins vulnérable à des risques variés.

Cette approche vise donc à améliorer la qualité des soins qui sont donnés à l'enfant dans «l'ici et maintenant» grâce à une transformation de la nature des échanges entre l'enfant et l'adulte : une étude rétrospective a montré son efficacité dans la prévention des carences institutionnelles (J. FALK, E. PIKLER, 1972). Elle a profondément influencé la pratique des soignants en collectivité d'enfants (crèches, pouponnières, foyers, centres maternels) et fait l'objet de formations spécifiques.

L'OBSERVATION PSYCHANALYTIQUE DU BÉBÉ DANS SA FAMILLE SELON LA MÉTHODE D'ESTHER BICK ET LE CADRE THÉORIQUE DE LA PSYCHANALYSE

Esther Bick, élève de Mélanie Klein (M. KLEIN, 1980, 1952), a institué l'observation du bébé comme partie intégrante de la formation des psychothérapeutes d'enfants puis des psychanalystes (E. BICK, 1964). S'intéressant aux nourrissons «sains», vivant dans une famille banale, cette approche va bien au-delà du comportement manifeste : il s'agit surtout de comprendre quelle réalité psychique et émotionnelle il traduit chez le bébé (D. MELLIER, 1995).

◆ *LA MÉTHODE*

– Le contrat : l'observateur trouve par lui-même des parents qui acceptent de le recevoir et de contribuer à sa formation professionnelle ;

- L'observation proprement dite : l'observateur se rend chaque semaine dans la famille, au cours de la première année de la vie de l'enfant, puis tous les quinze jours au cours de la seconde année, pendant une heure, le même jour, au même moment, en accord avec la famille. Cette régularité respectée installe un cadre, rediscuté si des changements s'avèrent inévitables ;
- Trois temps scandent ce travail : l'observation directe, la retranscription, la supervision de groupe. Ils correspondent respectivement aux trois temps successifs de l'activité de penser : l'attention, la mémorisation, le jugement, tels qu'ils ont été définis par Freud (D. HOUZEL, 1989).

L'OBSERVATION DIRECTE

L'observateur prend place avec discrétion auprès du bébé et de sa famille ; il regarde, n'écrit pas, répond par des mots ou des gestes s'il est sollicité, sans prendre une part active. Il ne cherche pas à donner des conseils ou à interpréter. Il se met dans un certain état de disponibilité psychique et émotionnelle qui lui permet une attention soutenue au bébé et à ses parents. Il se prête, avec toutes ses capacités identificatoires, à ressentir au plus près ce qui se joue entre le bébé et sa famille. Aidé par sa formation et par une supervision, l'observateur doit réussir à se démettre au maximum de tout *a priori*, à être une véritable *tabula rasa*.

LA RETRANSCRIPTION

Elle s'effectue dans un second temps, le plus rapidement possible après l'observation. L'observateur prend des notes détaillées de tout ce qu'il a mémorisé, non seulement des comportements du bébé dans leurs moindres détails dans ses interactions avec l'environnement, mais aussi de l'état émotionnel de chacun (le bébé, la mère, mais aussi l'observateur lui-même).

LA SUPERVISION

Garante du cadre de l'observation, elle s'effectue dans un groupe stable, fermé, animé par un psychanalyste, une fois par semaine et s'appuie sur les notes des observateurs. L'observateur, en relatant son observation, suscite des associations chez lui-même et chez les participants et l'émergence de vécus émotionnels. C'est le temps des hypothèses et des interprétations.

Cette méthodologie d'observation comporte sur le plan épistémologique des aspects résolument modernes : prise en compte de l'influence de l'observateur sur le matériel observé ; intégration des modifications de l'observateur comme moyen d'analyse de la structure du matériel observé ; rôle du cadre comme garant de la valeur «locale» de l'observation (B. GOLSE, 1992).

◆ *RÉFÉRENCES THÉORIQUES*

Ce courant d'observation se réfère aux psychanalystes post-kleiniens, Tustin, Meltzer, Anzieu (1995) et plus particulièrement Bion (1962, 1963) avec son concept opérant de la rêverie maternelle. La mère utilise sa propre capacité de penser pour donner sens aux agressions que le bébé projette dans son psychisme et pour les restituer au bébé comme éléments chargés de sens, permettant ainsi à l'enfant de les intégrer dans son propre fonctionnement psychique (fonction alpha de W.R. Bion, notion de contenant). Ce schéma, prototype de la relation analysant-analyste, est au centre du développement psychique et de l'activité de penser (C. ATHANASSIOU, 1992).

◆ *LES APPLICATIONS DE L'OBSERVATION PSYCHANALYTIQUE DES BÉBÉS*

Elles se sont développées dans trois domaines : la formation, la recherche et la thérapie, en ayant le bien-être de la dyade comme priorité éthique (D. HOUZEL, 1989) :

- La formation des professionnels se préoccupant de la santé mentale des bébés et des adultes avec deux objectifs : découvrir la communication préverbale chez le bébé et suivre son développement ; apprendre à tolérer l'attente et à contenir les tensions émotionnelles ;
- La recherche a permis d'élaborer certains concepts, telle la «crise d'identité familiale» liée à toute naissance, avec sa résolution parallèlement à la genèse de l'identité du bébé ;
- La thérapie : déjà Esther Bick avait souligné la fonction de l'observation comme une relation contenante entre bébé,

mère et observateur : la mère contient les projections du bébé, et l'observateur contient celles de la mère.

En France, Geneviève et Michel Haag, formés par Esther Bick à Londres, transmettent et développent au début des années 80 cette méthode d'observation qui va donner lieu à de multiples applications, tant dans le champ préventif (à la crèche, à la PMI, à l'hôpital) que dans le champ thérapeutique. Ainsi verront le jour des travaux confrontant les données de l'observation avec la clinique des psychoses précoces ; ils seront à l'origine d'approches thérapeutiques novatrices, en particulier dans le domaine de l'autisme (G. HAAG, D. TORDJMAN et collab., 1995).

- En crèche, l'observation partagée entre le personnel et le psychanalyste-observateur va permettre une meilleure attention, des réponses mieux adaptées aux bébés, en traitant le malaise qu'engendre la séparation d'avec les parents [77] ;
- À la PMI, des consultations jumelées pédiatres-psychiatres s'appuient sur cette approche, qui est aussi utilisée pour travailler avec les puéricultrices de secteur sur le contenu des visites à domicile ;
- En service d'hospitalisation néonatale, des psychanalystes (C. DRUON, 1995) sensibilisent, par cette approche, le personnel à ce que peut ressentir le bébé dans l'environnement hospitalier. L'objectif est de mieux déchiffrer ses signaux, en particulier en ce qui concerne la douleur, de mieux l'accompagner dans son engagement relationnel avec l'environnement et de lui offrir un meilleur ajustement des soins quotidiens. Ce regard attentif sur l'enfant participe à constituer un « appareil à penser qui prête une pensée aux nourrissons et permet aussi des échanges entre adultes autour de ce bébé devenu objet d'un investissement commun » (J. SIKSOU citée par M. et G. HAAG, 1995).

77. L'ouvrage de C. Athanassiou *L'Enfant et la crèche* (1987) illustre bien ce type de travail.

- L'observation à domicile par des infirmières de secteur psychiatrique a été proposée dans le cas de psychopathologies précoces du nourrisson et du jeune enfant (D. HOUZEL, 1994).

L'observation : un mode d'abord thérapeutique[78]

À l'Unité, l'observation est d'emblée conçue comme un mode d'abord thérapeutique. Variée dans ses modalités, elle s'articule toujours à l'ensemble du suivi de l'enfant et de la famille, suivi qui peut aussi impliquer des institutions d'accueil de l'enfant (crèche, pouponnière).

Les observations de bébés dans leur famille étant mieux connues et ayant déjà été traitées, nous nous attarderons plus sur l'observation en institution (crèche et pouponnière), mode d'abord thérapeutique qui a été développé à l'Unité.

LE CADRE TECHNIQUE DE L'OBSERVATION

◆ *L'ÉTABLISSEMENT D'UN CONTRAT AVEC LES PARENTS ET L'INSTITUTION*

Quand l'observation est proposée aux parents, sa finalité est d'emblée précisée : une meilleure connaissance de l'enfant dans sa singularité, l'appréhension de la mise en place de l'évolution de son fonctionnement mental, tant dans ses interactions avec ses différents partenaires que dans son activité autonome. La formulation se centre sur le nourrisson afin d'éviter que ce regard ne soit vécu comme intrusif, voire persécutif pour les adultes autour.

De même, des échanges préalables avec l'équipe de l'institution précisent les termes de notre collaboration.

L'observation commence après accord des parents, de l'institution et présentation de l'observateur.

78. Ce paragraphe reprend l'article paru dans *Dialogue* : « Dans les situations à hauts risques, l'observation des nourrissons comme mode d'abord thérapeutique » (M. Lamour et M. Barraco, 1995).

◆ *LES MODALITÉS DE L'OBSERVATION*

Certaines règles régissent l'observation :

– Un(e) même observateur(trice) qui a le statut du soignant de l'enfant assure la continuité de l'observation dont la durée moyenne varie de un à deux ans. Ce peut être un(e) infirmier(ère), un(e) éducateur(trice), un(e) psychomotricien(ne), un(e) psychologue, et plus rarement un médecin ;

– Dans l'institution, l'observateur après s'être présenté à l'enfant se tient à distance, le plus souvent à la même place ; il note de façon détaillée ce qu'il observe dans le moment. Cependant il ne s'interdit pas de suivre l'enfant quand celui-ci s'éloigne trop de son regard ; il ne s'interdit pas de parler, mais ses interventions ne sont pas des interprétations, plutôt des commentaires, comme en voix off, verbalisant les émotions, soutenant l'identification des adultes au bébé. Son regard est bienveillant, son attitude empathique. Chaque observateur imprime sa marque personnelle à l'observation. Plus il a d'expérience de soignant auprès des jeunes enfants, plus le cadre est intériorisé et plus sa pratique est souple et s'ajuste mieux à chaque enfant ;

– Le temps d'observation est hebdomadaire, d'une durée d'une heure environ, à la même heure de la journée et dans le même contexte, afin que le bébé puisse se construire des repères temporels et contextuels qui soutiennent ses anticipations concernant la venue de l'observateur et que se structure l'espace du traitement pour les adultes référents de l'enfant dans l'institution ;

– La supervision de l'observateur est faite individuellement ou en petit groupe, une fois par semaine ou par quinzaine, par le médecin consultant, responsable de l'ensemble du suivi ;

– Lors des consultations familiales qui ponctuent le traitement, il est reparlé de l'observation avec les parents, en présence de l'enfant et de l'observateur. Les données recueillies par l'observateur, focalisées sur le bébé, sont mises en lien avec ce que vivent les parents au quotidien et ce qu'exprime le bébé dans le «se faisant interactif» lors de la consultation ;

– Des synthèses bi-trimestrielles réunissent le personnel de l'institution et de l'Unité (médecin référent et observateur au minimum) concerné par l'enfant.

LES INDICATIONS DE L'OBSERVATION

L'observation est un mode d'abord privilégié des enfants de moins de 2 ans lorsque les capacités d'attention à l'enfant et d'investissement de la mère ou des personnes qui prennent soin de l'enfant (auxiliaire de crèche, assistante maternelle, auxiliaire de pouponnière) se trouvent perturbées.

Les causes en sont variées, tels :

◆ *DES DYSFONCTIONNEMENTS DE LA PARENTALITÉ*

– Quand la mère présente une psychopathologie sévère (psychose, carence, dépression) ;

– Quand l'enfant est défaillant dans son équipement dès la naissance (malformations congénitales, trisomie, hypotonies essentielles, etc).

◆ *DES SITUATIONS DE VIE DU NOURRISSON MARQUÉES PAR UNE DISCONTINUITÉ MAJEURE AVEC DES RUPTURES RELATIONNELLES TELS LES PLACEMENTS SUCCESSIFS, QUE CE SOIT DANS DES FAMILLES D'ACCUEIL OU EN POUPONNIÈRE*

Au-delà des indications spécifiques, notre expérience nous a montré l'intérêt de cet outil thérapeutique pour l'enfant, les parents et les institutions :

– Pour l'enfant soumis à de grandes discontinuités liées à des placements successifs, avec un projet de vie incertain, l'observation apparaît souvent la seule approche possible pour assurer la continuité d'un accompagnement thérapeutique de l'enfant, vital dans ce contexte ;

– Pour les parents qui ne sont pas demandeurs d'aide psychologique [79], l'observation dans l'institution, ne les impliquant pas trop directement, constitue une première approche spécialisée tolérable. Ce n'est qu'après plusieurs mois, quand la

79. Dans la majorité des situations, c'est grâce à un travail conjoint avec les intervenants médico-sociaux de la communauté (puéricultrice, pédiatre, travailleurs sociaux, équipe psychiatrique de secteur) qui nous sollicitent, que nous pouvons approcher ces bébés et leur famille.

confiance s'est installée, qu'ils acceptent de venir à l'Unité, voire formulent une demande de traitement pour leur enfant ;

– Pour les institutions de la communauté avec lesquelles nous avons progressivement développé des relations privilégiées, l'observation a permis de lever en partie les résistances à l'intervention d'une équipe psychiatrique dans leur propre espace : elle est perçue comme apportant un soutien non seulement à l'enfant, mais aussi au personnel, qui souligne sa dimension formatrice, aboutissant à une meilleure compréhension du fonctionnement du bébé et des relations précoces.

C'est pourquoi les crèches, et parfois les pouponnières, nous adressent maintenant des demandes directes d'observation pour des enfants déjà en difficulté ou les mettant en difficulté, ou encore à titre préventif dans des situations à hauts risques.

ILLUSTRATION CLINIQUE

Les premiers mois de l'accompagnement thérapeutique d'un nourrisson d'une mère psychotique, accueillie en pouponnière.

L'observation commence comme décrit p. 146 quand Thomas, âgé de 11 mois, est admis en urgence, à la pouponnière. Nous la poursuivrons après la sortie de Thomas de la pouponnière, pendant la préparation et les premiers mois de son placement en famille d'accueil, huit mois plus tard.

Chaque semaine, l'observatrice arrivait à la pouponnière, à la fin de la sieste de Thomas, afin d'assister à son réveil, au change, au goûter et à un temps de jeu libre. Quand des difficultés au niveau du bain ou des repas ont surgi, elle a observé ces temps, afin de mieux comprendre les problèmes que posait l'enfant à ses auxiliaires.

Après plusieurs observations, elle a commencé à mettre des mots sur les mouvements de Thomas, ses émotions, en essayant de donner sens à ses réactions qui étaient parfois violentes, déconcertantes pour les auxiliaires et pour elle-même.

À l'Unité de soins, toutes les semaines, l'observatrice reprenait, avec le médecin référent et l'infirmière impliqués dans la prise en charge familiale, les observations faites à la pouponnière.

Toutes les six semaines environ, l'équipe de l'Unité responsable du suivi de Thomas, de sa mère, et l'équipe de la pouponnière se retrouvaient pour une synthèse à la pouponnière.

L'apport de l'observation dans le traitement de Thomas se situe tant au niveau du fonctionnement de Thomas que de l'environnement relationnel.

◆ *CERTAINS ASPECTS DU FONCTIONNEMENT DE THOMAS ONT PU ÊTRE REPÉRÉS ET COMPRIS*

Les ressources de Thomas sont au premier plan, au début des observations. Ce beau petit garçon de 1 an qui marche avec assurance étonne par ses capacités de jeu : il s'absorbe de longs temps et prend plaisir à découvrir, explorer les jouets pour ensuite les utiliser, dans un jeu de la bobine, ou expérimenter l'«entre-deux», le dehors et le dedans.

► * Thomas est assis par terre, dans la salle de jeux, avec son auxiliaire et d'autres enfants. Après avoir regardé alternativement son auxiliaire référente et l'observatrice, il prend un jouet, le tourne dans tous les sens et le porte à sa bouche pour le découvrir. Puis il le fait tourner par terre et tape dessus avec un autre jouet. Il se met à quatre pattes, se balance en chantonnant ; il reprend son jouet auprès de l'auxiliaire, puis sort dans le couloir en tenant toujours le jouet. Thomas s'assied par terre, pose le jouet sur sa tête, le fait tourner doucement derrière lui, puis le récupère avec jubilation. Il répète ce jeu plusieurs fois avec plaisir. ◄

Repérées, les compétences de Thomas vont se développer : les auxiliaires valorisent beaucoup ses habiletés motrices : Thomas, qui adore jouer au ballon, surprend les adultes par son agilité et sa précision et devient la mascotte d'un groupe de grands avec lequel il joue au football.

Les signes de souffrance de Thomas au début se cantonnent, en apparence, aux troubles du sommeil. Cependant l'observation suivie des temps de soins nous confronte à sa détresse, son insécurité dans ses échanges avec ses auxiliaires.

* Reprise du récit de Catherine Le Van, observatrice, exposé dans l'article de M. Lamour, M. Barraco, 1995 (2) : «Dans les situations à haut risque, l'observation des nourrissons comme mode d'abord thérapeuthique.»

► Cet enfant, qualifié de gourmand, regarde très peu l'auxiliaire qui le nourrit ; à chaque cuillerée qu'il engloutit, il rejette sa tête en arrière. Entre chaque bouchée, il garde la bouche ouverte, manifestant un besoin de continuité dans le remplissage de la cavité buccale. Lorsque l'attente entre deux plats est trop longue, il se balance subitement en arrière, crie et pleure… ◄

Dès son admission, Thomas est perçu comme un enfant indépendant et autonome, bien adapté à la collectivité, ce d'autant plus qu'il a passé déjà deux mois en pouponnière à l'âge de 4 mois, puis trois mois à la crèche. Il ne paraît pas souffrir des changements d'auxiliaires. Les manifestations de cet enfant sont si ténues que ce n'est que par une observation fine que l'association de l'hypervigilance à l'apparente «hyperadaptation» a été mise en évidence.

► Thomas surveille constamment ce que l'auxiliaire fait avec les autres enfants, souvent collés à elle ; il perd toutes ses capacités de jeux, totalement absorbé dans cette «hypervigilance» aux mouvements de l'auxiliaire, habité par une angoisse due à l'incertitude d'une relation continue avec l'adulte. ◄

La mise en évidence de ces modes de défense, de leur signification pour l'économie psychique de Thomas et de leur impact relationnel, a relancé l'attention des auxiliaires aux manifestations de l'enfant, plus particulièrement au cours des rotations d'équipes, au moment de leur départ, de leur arrivée et durant les absences des référentes. Alors qu'elles se vivaient jusque-là interchangeables «aux yeux de l'enfant» et ne parvenaient donc pas à l'investir avec continuité, elles se sentirent exister, en tant que personne différenciée, quand s'instaura avec Thomas une relation chargée d'affects.

La relation qu'établit Thomas avec l'observatrice au début de son séjour à la pouponnière contraste avec l'attitude des autres enfants : alors que ceux-ci s'agglutinent pour accrocher le regard et attirer l'attention de l'observatrice, Thomas reste à distance et vérifie furtivement du regard qu'elle a les yeux fixés sur lui. À son arrivée et à son départ, il ne manifeste apparemment rien :

► Thomas a le visage fermé, sans expression ; il déambule et tombe souvent. Lorsque l'observatrice annonce son départ, Thomas fuit, semblant l'ignorer complètement. Au moment où elle le quitte, il ne peut croiser son regard, il est inatteignable dans une attitude d'abandon qui met l'observatrice mal à l'aise et lui donne envie, à elle aussi, de fuir. ◄

Un mois plus tard, Thomas montre qu'il perçoit bien que l'observatrice vient pour lui. Quand elle arrive, Thomas la regarde à distance, souriant, mais fuit tout contact proche. Il s'appuie beaucoup sur son regard et ses paroles pour enrichir son jeu, voire la sollicite dans des échanges directs.

► Thomas, moins déprimé, retrouve ses capacités de penser, de jouer. Il entraîne alors l'observatrice dans des lieux où il est seul avec elle et montre tous ses efforts pour maîtriser l'absence de sa mère et toute l'énergie qu'il déploie pour la garder en lui ; il colle souvent son visage à la porte de la pièce des visites, là où il voit sa mère, et écoute avec attention ce que l'observatrice dit de sa maman. Il répète avec jubilation des jeux de «je cours, tu m'attrapes», ainsi que ceux de «cacher-retrouver». Il demande à plusieurs reprises à l'observatrice de cacher un petit objet dans sa main, puis le retrouve avec plaisir pour ensuite le cacher lui-même jusqu'à ce qu'elle le retrouve à son tour ; il jubile. ◄

◆ *LE TRAVAIL AVEC LA POUPONNIÈRE A PERMIS DES AMÉNAGEMENTS DE L'ENVIRONNEMENT AU PLUS PRÈS DES BESOINS DE THOMAS*

Les jours d'observation, les auxiliaires de référence du matin et de l'après-midi ont un temps d'échange avec l'observatrice sur ce qui s'était passé durant la semaine pour Thomas, avant son réveil.

Les temps de soins sont des moments privilégiés pour aborder, mettre en mots ce que Thomas vit et fait vivre de pénible. Tout en commentant ses comportements et en exprimant ce qu'il lui fait ressentir, l'observatrice apprend de l'auxiliaire les manifestations, au quotidien, de la détresse de Thomas.

Le malaise que suscite la relation avec cet enfant, le vécu d'impuissance dans le contact étroit font que l'auxiliaire ne parle pas d'emblée des difficultés de Thomas, et ne l'aborde que dans le «partage du ressenti» avec l'observatrice :

► Thomas vient d'être changé. Il s'est laissé manipuler et est «ailleurs». Assis sur la table de change, il ne s'intéresse nullement à l'auxiliaire qui lui met ses chaussures. Il regarde l'observatrice en baissant la tête, puis révulse ses yeux. L'observatrice lui dit qu'ainsi il ne la voit plus, et que c'est peut-être parce qu'elle était trop près de lui ; elle recule un peu. L'auxiliaire s'adresse à l'observatrice, disant qu'elle ne supporte pas quand il fait ces «yeux-là». Elle ferme alors les siens. Elle associe tout de suite sur le départ définitif, la veille, de sa collègue, première auxiliaire de référence de Thomas. L'observatrice réalise alors que rien n'a été dit à Thomas de cette «disparition». Quand cela est verbalisé à Thomas, il cesse de révulser les yeux, au grand soulagement des adultes présents. ◄

Les synthèses permettent une reprise plus à distance, étendue à toute l'équipe de la section de la pouponnière :

► Un mois et demi après l'admission de Thomas, les troubles du sommeil sont au premier plan des préoccupations des auxiliaires : l'une évoque les terreurs nocturnes, que rien n'apaisait, à l'arrivée de Thomas à la pouponnière. Une autre ajoute qu'elles se sont amplifiées : Thomas se balance en hurlant dans son lit. Certains jours, le matin au réveil et pendant la sieste, il pleure et se balance, allant même jusqu'à se cogner la tête contre les barreaux de son lit. Tour à tour les auxiliaires prennent la parole pour exprimer leurs difficultés à s'occuper de Thomas et dire leur impuissance face à tant de détresse. Nous verbalisons alors que leur malaise, leur sentiment d'impuissance est suscité non pas par leur incapacité, leur incompétence, mais par la souffrance et l'angoisse du petit qui vit dans un «chaos relationnel». Cela libère l'espace psychique pour penser différemment les soins. Les référentes établissent des fiches de rythme ; chaque auxiliaire se mobilise pour apporter à Thomas un soin individualisé : par exemple, au moment de l'endormissement à la sieste, elle reste près de lui à lui caresser la tête et le dos ; le soir, juste avant le coucher, elle lui donne un bain, qui détend Thomas et lui permet d'avoir une relation étroite et agréable avec elle avant de s'endormir. ◄

Nous avons aussi tenté, dans ces synthèses, de faire des liens entre les fluctuations des symptômes de Thomas et les visites de sa mère : aggravation des troubles du sommeil après les premières visites où sa mère était très perturbée ; régression quand l'état de celle-ci s'est amélioré et qu'elle est venue régulièrement voir son fils.

Les éléments apportés par la mère concernant l'histoire de Thomas dans sa première année de vie ont permis d'éclairer le vécu des auxiliaires. Lorsque l'auxiliaire de nuit nous a dit qu'elle s'était demandé, devant tant de détresse, si elle ne devait pas rester dormir près de Thomas toute la nuit, nous avons associé sur le fait que sa mère, durant les premiers mois, le prenait toujours dans son lit pour qu'il dorme.

Les auxiliaires ont évoqué le malaise que la mère provoquait de par son attitude froide et figée dans les échanges avec son enfant, malaise renforcé par son discours incompréhensible, à connotation délirante à certains moments, surtout lors des rares visites qu'elle fit sans être accompagnée par ses soignants infirmiers de l'hôpital psychiatrique.

Grâce à l'observation, les difficultés de Thomas ont été identifiées, comprises et des tentatives de réponse ont été fournies. Thomas a fait l'expérience d'une attention, d'une forme de sollicitude à son égard ; il ne s'est pas enfermé dans sa souffrance, mais est resté tourné vers l'autre, ce d'autant plus qu'il ne perdait pas la relation avec sa mère, avec laquelle il avait déjà construit un premier attachement. Un soin s'installait. Nous avons pu mettre à profit ce temps de séjour à la pouponnière pour poser l'indication d'un placement à long terme et le préparer en tenant compte de la singularité du fonctionnement de Thomas et de son attachement à sa mère.

L'INTÉRÊT DE L'OBSERVATION THÉRAPEUTIQUE DANS LE CADRE D'UNE COLLECTIVITÉ D'ENFANTS (CRÈCHE, POUPONNIÈRE)

◆ *L'OBSERVATION : OUTIL D'ÉVALUATION CONTINUE*

Comme l'exemple de Thomas l'a illustré, l'observation est d'abord un outil d'évaluation continue, très précieux pour les nourrissons. La pathologie précoce y revêt des formes corporelles variées, allant des particularités des ajustements tonico-posturaux à la désorganisation somatique.

Nous utilisons aussi le vécu des soignants comme outil sémiologique pour appréhender certains aspects du fonctionnement de l'enfant, ses émotions, tout particulièrement dans la période préverbale.

L'observation donne une connaissance de l'enfant dans ses échanges quotidiens, lors des différentes situations de vie, avec les différentes personnes qui ont un rôle significatif pour lui. Toutes ces données vont constituer les pièces d'un puzzle qui, tout au long du suivi, va s'organiser et évoluer, donnant une représentation dynamique de l'enfant. C'est à partir de celle-ci que s'ajusteront les soins, que seront proposées des activités au plus près des besoins de l'enfant et de son niveau du développement.

Observer-évaluer, ce n'est pas seulement regarder et partager des informations entre l'observateur et les auxiliaires, mais aussi resituer l'enfant dans son histoire, lier son comportement actuel à des comportements passés, pouvoir donner sens à ce qu'on observe. C'est dire l'intérêt que l'observation prenne place dans le cadre d'une prise en charge familiale plus globale, où est appréhendée la nature des investissements dont l'enfant est et a été l'objet.

◆ *L'OBSERVATION : UNE APPROCHE THÉRAPEUTIQUE TRÈS PRÉCOCE*

Menée avec continuité, l'observation se révèle être une approche thérapeutique très précoce dont nous situerons l'impact à trois niveaux :

- le nourrisson ;
- les relations du nourrisson avec ses partenaires privilégiés ;
- l'environnement institutionnel.

Nous n'évoquerons que quelques-uns des mécanismes qui sous-tendent la fonction thérapeutique de l'observation et qui sont plus spécifiques de l'observation en institution, et tout particulièrement en pouponnière.

◆ *EFFETS DIRECTS SUR LE NOURRISSON*

Si l'observateur garde la fonction de «contenant» des angoisses archaïques du bébé, favorisant la mentalisation et le déploiement des processus de penser (W.R. BION, 1962, 1963) déjà décrits dans le contexte de l'observation dans la famille, le fait qu'il observe un enfant séparé de sa mère le confronte à recevoir les angoisses, voire la désorganisation que suscite la séparation alors que l'objet interne n'est pas encore construit (M. DAVID, 1989) ; dans ce contexte, il peut aider l'enfant *(voir l'observation de Thomas)* à maintenir vivant en lui sa mère, le soutenir dans la construction et dans l'animation des proto-représentations ou représentations en l'absence de la mère.

«Exposé» à ces bébés perturbés, l'observateur risque d'être mis en échec dans sa fonction de thérapeute : «attaqué» dans ses processus de penser, d'élaborer, il est en proie à des émotions violentes (souffrance «à vif», colère, dépression, sentiment d'incompétence, de vide), qui réveillent ses propres terreurs infantiles, ses besoins archaïques. Il oscille entre deux positions extrêmes : agir ou se retirer. Une supervision régulière est donc indispensable pour garder à l'observation sa dimension thérapeutique.

◆ *EFFETS SUR LES RELATIONS DU NOURRISSON AVEC SES PARTENAIRES PRIVILÉGIÉS DE L'INSTITUTION*

Observer un enfant séparé de sa mère, en présence d'une personne rémunérée pour s'occuper de l'enfant pendant un temps relativement limité, confronte d'emblée le soignant au problème de l'investissement de l'enfant par les auxiliaires, sa nature et ses discontinuités puisque plusieurs auxiliaires s'occupent d'un même enfant. Les forces spontanées des institutions s'exercent constamment dans le sens de la «non-individualisation» de l'enfant et du fractionnement relationnel. Cette tendance est encore renforcée par les défenses qu'induisent chez le personnel la psychopathologie de ces nourrissons. Le risque est grand, en pouponnière, que ces enfants se constituent en morceaux clivés : le «morceau bébé-maman», le «morceau bébé-auxiliaire», etc. D'où la nécessité d'une approche thérapeutique qui favorise l'établissement, avec l'auxiliaire de référence, d'une relation d'attachement différenciée et suffisamment sécurisante pour l'enfant, afin qu'il ne vive pas un «chaos» relationnel permanent. L'observation atteint cet objectif : remobilisant l'attention sur le nourrisson et ses besoins relationnels, elle relance et soutient l'investissement de l'auxiliaire référente. Mais celle-ci n'est pas seule à prendre soin de l'enfant ; elles sont nombreuses. L'observateur, en se focalisant sur le fonctionnement de l'enfant, dans les temps d'observation et dans les synthèses, va être une «force de liaison» entre les adultes auprès d'un même enfant. La permanence de ce «holding psychique» aura pour conséquence plus de continuité, de cohérence et donc plus de prévisibilité de l'environnement perçu par le bébé.

Cette «thérapie d'attention», qui favorise l'ajustement des soins aux besoins du nourrisson, ne peut se maintenir que si nous prenons en compte et traitons l'impact des troubles et de la souffrance de l'enfant sur les auxiliaires [80]. C'est surtout dans les synthèses, sur les lieux de l'observation et en s'appuyant sur les données qu'apporte l'observateur, que nous abordons cette problématique.

♦ *Effets de l'observation sur l'environnement institutionnel*

La relation observateur-auxiliaires : une relation à hauts risques

L'observation d'un nourrisson en souffrance en interaction avec son auxiliaire constitue «une expérience émotionnelle qui exige un travail mental important quand il s'agit de la penser et non pas seulement d'y réagir», pour reprendre les mots de Martha Harris concernant l'observation mère-bébé. Identifié à l'enfant, l'observateur se sent très sollicité à critiquer les auxiliaires, souvent violemment, vivant comme intolérable la façon dont elles s'occupent de l'enfant ; plus rarement, en défense contre cette tendance, l'observateur idéalise l'auxiliaire. Ces mouvements ne peuvent être repris et contenus que dans le cadre de la supervision, qui seule permet à l'observateur de garder cet état interne de suspension du jugement, nommé par W.R. Bion «capacité négative» (M. HARRIS, 1979). Non traités, ces phénomènes susciteraient des conflits interéquipes, voire une rupture du traitement.

Chez les auxiliaires, la position de l'observateur, sa disponibilité suscitent des envies ; sa perception et sa compréhension de

---

80. Nous avons vu p. 124 comment le nourrisson risque d'entraîner son auxiliaire référente dans des modes relationnels pathologiques et comment celle-ci s'en défend.

l'enfant sont mises en doute. C'est dire l'intérêt des synthèses en présence de tiers plus à distance, tels la directrice de la pouponnière, la psychologue, le psychiatre référent de l'Unité, pour que ces perceptions différentes s'expriment et soient reconnues comme les multiples facettes du fonctionnement de l'enfant.

La relation entre les parents et l'institution

Elle est très problématique quand les parents présentent une psychopathologie grave associée à une défaillance parentale. La possibilité d'en parler dans les synthèses, de les identifier comme telles, permet une plus grande tolérance du personnel et un réajustement de ses attentes à l'égard des parents.

Les conflits intra-institutionnels et inter-institutionnels

Ils rejouent souvent, en les amplifiant, les dysfonctionnements intrafamiliaux. Leur donner sens impose de se référer au fonctionnement du nourrisson, au type de relations qu'il a instauré dans sa famille, à son histoire familiale. Là encore, non traités, ces conflits peuvent entraîner l'arrêt du traitement.

Il n'est pas rare que l'observation d'un enfant mette en évidence indirectement des dysfonctionnements institutionnels. Dans ces situations, nous ne faisons jamais d'interprétation concernant le fonctionnement même de l'institution, prudence oblige. Il est essentiel de garder là encore notre «capacité négative» de suspension du jugement pour rester dans une position thérapeutique : pas d'intervention sur les roulements du personnel auprès de l'enfant, sur les rythmes des activités dans la journée. C'est à partir de la discussion centrée sur l'enfant et s'appuyant sur les données de l'observation que le personnel de l'équipe de la pouponnière trouve lui-même d'autres aménagements concrets plus adaptés. Plus que de conseiller, il s'agit là de relancer les capacités créatrices de chaque soignant, de soutenir un espace d'illusion et d'anticipation pour l'enfant, quand le soignant est dégagé des aspects les plus mortifères de sa relation à l'enfant, à l'image du travail que nous faisons auprès des mères.

L'observation apparaît donc comme une thérapie d'attention très précieuse pour ces nourrissons si exposés, car elle leur offre un miroir vivant où se regarder. Les contenants multiples que constituent les différents intervenants s'articulent à la manière des poupées gigognes pour sauvegarder l'enfant comme bébé entier et intègre au cœur de ces emboîtements.

3.1.2. L'ACCOMPAGNEMENT

Pour répondre aux besoins des familles en grande souffrance psychique et affective, une évolution des modalités de traitement vers plus de proximité et de prise en compte de l'environnement au quotidien était nécessaire. Le terme *d'accompagnement* est apparu comme le plus adéquat pour qualifier cette nouvelle démarche. Portée initialement par les infirmières, elle s'est étendue à d'autres professionnels de l'équipe.

Actuellement, la définition du verbe *accompagner*, donnée par le dictionnaire Larousse, illustre bien l'usage de plus en plus fréquent de ce terme, pas seulement dans le sens d'«aller quelque part avec quelqu'un», mais aussi de «mettre en place des mesures visant à atténuer des effets négatifs de quelque chose» ou encore d'«aider à supporter des souffrances physiques et psychiques» (PETIT LAROUSSE, 1997).

Dans notre domaine, une plus grande sensibilité aux approches thérapeutiques variées qui se préoccupent de l'environnement a amené une utilisation assez globale de ce terme : la démarche d'accompagnement traduit ainsi tout le cadre qui enveloppe ces familles sur une longue période et comprend les thérapies proposées ainsi que les visites à domicile et les «accompagnements» d'un lieu à un autre.

Définition

De la pratique du placement familial thérapeutique, telle qu'elle a été conceptualisée par Myriam David (1989), nous avons appris qu'un enfant risque de se «perdre» dans les allers et retours de sa famille d'accueil à sa famille naturelle. Assailli dans ces trajets par des émotions violentes et contradictoires, il tente souvent de s'en protéger par des mécanismes de clivage. L'expérience montre que le matériel psychique apparaissant dans ces moments-là est difficilement accessible ultérieurement. D'où l'intérêt de la présence d'un thérapeute qui peut alléger la charge de l'angoisse désorganisatrice et rétablir les liens reviviscents.

Accompagner introduit l'idée d'un partage : *être avec* ; d'une action commune : *faire avec* (et non pas *faire à la place de...*).

Pour parler de l'« accompagnement thérapeutique », nous nous centrons ici spécifiquement sur les temps où il s'agit « d'aller vers avec quelqu'un », tant physiquement que psychiquement.

◆ Dans ce contexte, **ACCOMPAGNER,** c'est établir une relation avec une ou plusieurs personnes, relation qui lui ou leur permettra de vivre, dans les temps de « passage » d'une situation à une autre situation, une continuité relationnelle tant physique (par exemple, accompagner en voiture d'un lieu à un autre) que psychique et émotionnelle.

Dans notre pratique, cet accompagnement se situe à différents niveaux :

– sur les différents lieux : être auprès des parents et du bébé à domicile, dans les lieux d'accueil (crèche) et de soins (consultations PMI), mais aussi entre ces lieux, dans les trajets ;
– dans le temps : être disponible afin de pouvoir répondre à la demande, tout particulièrement dans les moments de crise (par exemple : séparation brutale due à une hospitalisation ou à un placement en pouponnière...);
– dans la relation, visant à rétablir le maillage relationnel.

Qui accompagnons-nous ?

LES FAMILLES

Nous accompagnons les familles qui, en raison de leur histoire et de leur psychopathologie, s'excluent et sont exclues du tissu social.

Pour ces familles isolées, souffrant de la psychose de la mère ou de carences graves, l'extérieur est vécu comme hostile. Aux frontières du domicile se situe la menace. Les contacts de la plus grande banalité sociale, comme les nécessaires consultations pour un bébé ou une démarche auprès d'un service social se transforment en épreuves. Ces difficultés se traduisent en affrontements et en rendez-vous manqués.

Ces femmes, incapables de verbaliser leurs émotions dans des situations qui génèrent l'angoisse, se désorganisent, fuient, agissent plus ou moins violemment et se font rejeter, s'empêchant ainsi de bénéficier de toute aide, et exposant leur bébé à des discontinuités ou à de mauvais soins. Leurs manifestations de peur ou d'angoisse sont souvent interprétées comme plus structurées qu'elles ne le sont, et comme consciemment agressives.

L'exclusion de ces familles s'inscrit dans une histoire de rupture qui leur fait craindre un jugement négatif sur leur rôle de parents, et se profile alors la menace d'une séparation d'avec le bébé.

Entrer dans l'intimité de ces craintes, les voir et les vivre plutôt que seulement les entendre, c'est se mettre dans une disponibilité empathique afin de tenter de briser l'enfermement physique et psychique dans lequel vivent ces familles.

Accompagner les parents, c'est être là dans des moments clés de la vie de leur bébé, essentiellement pour métaboliser ces angoisses indicibles qui peuvent les faire «éclater» et ainsi en protéger l'enfant.

LES BÉBÉS

Les bébés, dans ces contextes, n'ont pas autour d'eux des adultes qui les portent psychiquement dans le temps et dans l'espace. Tous les moments de transition et de changement, du plus quotidien au plus exceptionnel, ne sont pas préparés, entourés, organisés, afin que l'enfant ne se sente pas morcelé, démantelé, étranger à lui-même, quand il passe d'un lieu à l'autre, d'une situation à une autre, d'une relation à une autre.

Dans la préoccupation d'offrir au bébé une opportunité de trouver cette continuité interne, un soignant l'accompagne. Cet adulte qui s'engage dans cette relation de grande proximité devient le contenant «réceptacle» des manifestations de l'enfant. Au cours des semaines et des mois, il est la mémoire vivante de certains événements de la vie de l'enfant et surtout de ses réactions. Bien avant que l'enfant n'utilise le langage verbal et ne soit assuré dans son individuation, ce partage l'aide à se constituer une histoire qui supplée à l'inorganisation des parents. Il lui permet de relier ses manifestations corporelles, somatiques et comportementales à ses affects, comme l'illustrera la séquence portant sur l'accompagnement de Thomas.

Ces accompagnements s'effectuent avec la mère et/ou le père, ou avec l'enfant seul, du domicile à l'Unité, du domicile à la crèche, chez une assistante maternelle, vers l'hôpital ou vers une pouponnière.

Sans envisager toutes les situations qui mettent en jeu une séparation du bébé d'avec ses parents, de la plus mineure à la plus importante, nous pouvons dire que ces distanciations, qui préfigurent l'avènement de l'autonomisation psychique et renvoient les parents à des vécus d'arrachement et le bébé à des sentiments de lâchage et d'abandon, sont des indications d'accompagnement thérapeutique.

Comment accompagnons-nous ?

Les accompagnements sont faits le plus fréquemment par les infirmiers ou les éducatrices, mais les autres professionnels de l'équipe (psychologue, psychomotricien, psychiatre) peuvent être amenés à en faire en fonction des impératifs cliniques.

Les accompagnements des relations parents-enfant réunissent, dans la mesure du possible, deux soignants, l'un plus près de la mère, l'autre plus près de l'enfant, afin que s'entendent comme en un duo psychodramatique les enjeux pour chaque membre de la dyade. Ce dispositif favorise la prise en compte des ressentis archaïques de la mère, souvent en concurrence directe avec son bébé, mais aussi des besoins de l'enfant constamment menacés d'être oubliés ; un thérapeute seul, malgré la labilité et la souplesse de ses identifications aux partenaires de l'interaction, risque de minorer les effets sur l'enfant de la pathologie parentale.

Peu à peu, mère et enfant prennent appui sur cette relation jusqu'à permettre à l'enfant de sortir d'une relation fusionnelle, sans être menacé de se dépersonnaliser.

Le soignant qui accompagne se trouve engagé dans la relation tant physiquement que psychiquement : il est amené à des gestes peu habituels, comme de prendre l'enfant dans ses bras pour l'installer dans le siège-auto, s'asseoir à côté de la mère dans la voiture. Il expérimente là un rapproché physique qui le rend plus sensible aux soins corporels de base qui sont assurés à l'enfant : le bébé est-il habillé de manière adéquate par rapport au temps ? Est-il installé confortablement ? Etc. Il porte une certaine attention qui prolonge ou alimente la préoccupation maternelle, tout en n'y suppléant pas.

Les thérapeutes, au volant de la voiture ou dans la salle d'attente d'un hôpital, se retrouvent dans un contexte beaucoup moins aseptisé que dans leur bureau. Leur comportement face aux patients est plus à découvert, que ce soit par exemple dans leurs propres réactions aux stress de la conduite automobile qu'à celles du milieu hospitalier qui les assimile à l'univers familier, voire familial des patients…

Comme à domicile fonctionnent les règles d'abstinence et de discrétion personnelle. Leur référence interne à l'institution, leur capacité à communiquer avec leurs collègues, le travail d'élaboration de leurs contre-attitudes restent essentiels. Les professionnels s'engagent ainsi à long terme dans un lien, ce qui leur donne toute leur fiabilité.

ILLUSTRATION CLINIQUE

◆ *ACCOMPAGNER L'ENFANT : THOMAS*[81]

Reprenons l'histoire de Thomas, quand il est âgé de 20 mois. Il est installé depuis plusieurs mois, à temps complet, dans une famille d'accueil ; les consultations thérapeutiques hebdomadaires à l'Unité de soins constituent alors les seuls moments de rencontre mère-enfant. Les accompagnements en voiture qui encadrent ces rencontres vont se révéler comme des temps forts du traitement. À l'aller, une infirmière, Marie-Françoise Pain, plus proche de la mère, va chercher Thomas. Au retour, une autre infirmière, Catherine Le Van, qui avait observé Thomas à la pouponnière, puis dans sa famille d'accueil, le reconduit seul chez son assistante maternelle. Les deux infir-

81. L'observation de Thomas est développée p. 163.

mières accompagnent aussi mère et enfant durant les consultations.

Nous nous centrerons ici sur l'accompagnement de l'enfant dans le trajet de retour de l'Unité au domicile de la famille d'accueil.

► Thomas* vient de rencontrer sa mère à l'Unité de soins. Au moment de la séparation, il me faut l'«arracher» des bras de sa mère qui reste dans la pièce avec sa soignante et la psychiatre consultante qui nous aide à prendre l'ascenseur, tant la tension et l'angoisse de Thomas me mettent en difficulté pour le contenir physiquement et psychiquement.

Entre le départ de l'Unité de soins et l'installation dans son siège-auto, Thomas pleure, appelle sa mère, se contorsionne dans mes bras. Je porte le petit sac contenant les gâteaux que lui a donnés sa mère et l'installe près de lui.
Sur la grande place, proche de l'Unité, il me montre la direction derrière nous et me dit : «Pas maison Tata [82], la maison de Maman là-bas. Maman, Maman, là-bas Maman», sur un ton mi-implorant, mi-résigné.
Je réponds : «Oui, Thomas voudrait aller dans la maison de Maman, avec Maman, comme quand il était bébé. Thomas veut pas aller chez Tata, pas la maison de Tata. Thomas, tu peux être triste et en colère d'aller chez Tata et pas chez Maman, mais Maman est trop fatiguée, a trop de soucis dans sa tête. Elle ne peut pas s'occuper de toi dans sa maison pour l'instant, mais je sais qu'elle pense très fort à toi. Ta maman, elle est d'accord, elle a dit oui pour que Tata s'occupe de toi dans sa maison, pour que tu grandisses bien et que tu sois fort chez Tata et Tonton.»
Il mange des «gâteaux de Maman», il s'en remplit et, progressivement, il peut se détendre, tout comme il le faisait un an auparavant à la pouponnière. Thomas est très attentif à ce qui l'entoure, particulièrement aux camions de pompiers avec leur sirène. Lui évoquent-ils la caserne de pompiers face à la maison de sa tata, avec des ambulances et des motos qu'il me demande souvent de suivre ou de rattraper ?

---

* Nous reprenons ici partiellement la présentation de Catherine Le Van sur «l'accompagnement, illustration clinique, journée des 20 ans de l'Unité», février 1996.

82. Surnom donné à l'assistante maternelle.

Arrivé à une autre grande place, proche du domicile de la famille d'accueil, il guette les lions de la fontaine centrale et montre son plaisir de les retrouver. Il me demande avec jubilation d'en faire deux fois le tour pour les regarder :
«Y crachent les lions, lui y crache, lui y crache... caca, pipi, crache...»
«Pas content,... y crache... pas beaux les lions !»
Là je peux mettre en mots sa colère par le jeu.
Plus loin, il met ses doigts dans la bouche, reste silencieux et tète avec vigueur. Je respecte un certain temps ce silence, puis je lui parle de ce qu'il vient de faire et vivre avec sa maman, de ses émotions.
Progressivement, je lui dis qu'il va bientôt arriver chez Tata, j'essaie d'anticiper avec lui ce qu'il va retrouver : les personnes de la famille et ses objets préférés. Il dit alors «Maman», plus dans un registre d'évocation que d'appel. Je décompte avec lui le nombre de «dodos» qu'il va faire avant de la retrouver et je lui dis qu'en attendant il peut penser à elle, la garder dans sa tête et dans son cœur. Il tète ses doigts avec force. Il se détend et s'endort, à peine dix minutes avant d'arriver.
Nous sommes arrivés. Je me retourne pour le réveiller doucement. Une fois qu'il réalise bien qu'il est près de chez Tata, il demande que je le prenne dans les bras, et là, il s'effondre en sanglots. Il pleure à chaudes larmes et, secoué de gros sanglots, il se blottit contre moi. J'ai l'impression qu'il déverse toutes les peines, tout son chagrin qu'il a accumulé depuis des temps et des temps... Je suis émue, touchée par sa souffrance, et je le console avec des paroles et des gestes apaisants.
Il se calme progressivement, puis, comme soulagé, s'assied sur mes genoux et joue à conduire la voiture en reprenant : «La voiture elle court vite, vite, vite, elle court.» Quand il a repris des forces, nous descendons de la voiture et il marche vers la maison de Tata, puis la retrouve, sachant bien que je garderai en mémoire ces moments forts.
Dans l'échange que j'ai avec son assistante maternelle, devant et avec lui, je retransmets les éléments importants de la rencontre pour que, d'une part, elle puisse comprendre ses réactions, qui sont souvent violentes à la suite des rencontres avec sa maman, et d'autre part, pour que Thomas m'écoute évoquer ce qu'il vient de vivre et qu'il voie que d'exprimer ses émotions ne le rend pas tout mauvais et, qu'aucun cataclysme ne s'est déclenché. ◄

«Cet exemple illustre certains aspects de ma fonction de soignante auprès de l'enfant et le type de relation qu'a établi

Thomas avec moi, grâce à la continuité des soins. Cet accompagnement proche a pu atténuer son vécu douloureux et morcelant d'être le "Thomas de Maman", celui de la pouponnière et celui de Tata. Il a pu exprimer et reconnaître ses émotions souvent violentes, dans sa situation d'"enfant séparé" qui garde un lien important avec une mère qui ne peut lui répondre de façon adéquate que dans des domaines très restreints.

« Ce travail continu sur les liens est d'autant plus important que l'enfant a vécu de multiples relations émaillées de ruptures pendant ses trois premières années de vie. Il doit déployer une grande capacité à s'adapter face aux différentes personnes qui s'en occupent, tout en transportant avec lui le mode de relation qu'il a instauré avec sa mère dès ses premiers jours de vie.

« Tout au long de la prise en charge d'un enfant, qui le plus souvent commence dès ses premiers mois, ma fonction de soignante auprès de lui peut se schématiser ainsi : je me rends disponible au nourrisson dans une proximité de sensations corporelles et de vécus émotionnels ; je prends en compte ses rythmes et les modalités d'expression somatique de sa souffrance, en me focalisant particulièrement sur les conduites alimentaires (succion, appétit, régurgitations, etc.), les troubles du transit et les problèmes de sommeil ; je me préoccupe de son développement global, à savoir sa motricité en activité libre et en relation avec les différentes personnes signifiantes, ainsi que l'élaboration de son langage ; je m'attache aux moindres détails, surtout aux plus ténus ; je repère les objets de son environnement proche et ceux qui ont plus "valeur symbolique" (par exemple, vêtements, objets provenant de sa mère, ses jouets, etc.), mais aussi les gestes, les rituels instaurés par l'enfant avec ses parents et les autres personnes référentes, ainsi qu'avec nous ; je suis pas à pas le tissage de ses multiples liens dans les différents moments de vie, en tenant compte de ses réponses corporelles, de ses rythmes et de ses signes de souffrance et en essayant d'y donner un sens. »

Ce récit d'un accompagnement par une infirmière montre l'importance de l'attitude empathique de celui qui accompagne, dans la réalité externe comme dans leur réalité interne, l'enfant et les parents. Elle permettra à ceux-ci de ressentir, d'exprimer en direct les émotions, les angoisses qui surgissent dans ces transitions, pour qu'elles prennent sens dans l'actuel et (ou) dans le lien avec le passé. Les petits moments du quotidien, apparemment insignifiants, deviennent des temps essentiels du traitement. C'est la permanence du soignant, toujours le même, dans le temps et dans les différents espaces, qui «porte» la fonction de liaison qui fera naître la continuité du chaos.

Cet accompagnement est une forme de holding psychique et émotionnel qui favorise le retissage des liens intrafamiliaux mais aussi la reconstruction du maillage social.

3.1.3. L'APPROCHE À DOMICILE [83]

Elle prend place dans ce que nous conceptualisons comme l'approche thérapeutique sur les lieux de vie de l'enfant, que ce soit le domicile des parents, des assistantes maternelles, des familles d'accueil, ou les crèches et les pouponnières, comme nous l'avons décrit dans le chapitre sur l'observation thérapeutique.

Nous aborderons successivement :

- les indications de l'approche à domicile ;
- les temps du traitement où elle prend place ;
- les différentes modalités ;
- le climat et le cadre de la rencontre ;
- le processus thérapeutique.

Les indications

La pratique d'aller à domicile n'est pas nouvelle. L'infirmière, depuis longtemps, prodigue des soins à ceux qui ne peuvent pas se déplacer. Aller chez un patient relève de la tradition du médecin généraliste, du médecin de famille. «Aller chez les gens» est aussi relié à des notions de surveillance héritées du secteur social.

---

83. Nous reprenons ici partiellement le texte de l'article paru dans *Dialogue* : «Suivre une famille à domicile : acte ou parole ?» (M. Barraco, M. Lamour, 1994).

En psychiatrie adulte, l'essor des pratiques de secteur, dont l'objectif est de maintenir l'insertion du patient dans le tissu communautaire, a montré l'intérêt de l'abord à domicile. Il évite bon nombre d'hospitalisations en assurant une continuité de traitement, en allant vers des patients qui, en raison même de leur pathologie, n'ont pas accès aux structures institutionnelles de soins. Il permet aussi de progresser dans la compréhension et dans le traitement des patients en allant « sur les lieux de vie », au cœur des interactions familiales où naît et perdure la psychopathologie.

Dans le domaine de la petite enfance, c'est la sage-femme et la puéricultrice qui nous précèdent au domicile des familles.

Proposer à une famille de se rendre chez elle, ou accepter d'y venir s'il nous l'a été demandé, présuppose :

– de reconnaître la difficulté de cette famille à sortir de son lieu de vie et à aller chercher de l'aide dans le cadre des structures de soins habituelles ;
– de comprendre que c'est en raison même de leur psychopathologie que ces patients ne peuvent faire de demande directe : les manifestations qui alertent l'environnement sont tout autant l'expression d'une souffrance que des formes d'appel à l'aide ;
– d'évaluer que ce mode d'abord est le plus adapté à la problématique de la famille.

LES DIFFÉRENTES INDICATIONS

Dans notre pratique, nous envisageons la visite à domicile quand l'arrivée d'un bébé vient réveiller des souffrances anciennes et toucher les parents, déjà en grande difficulté, aux points les plus vulnérables de leur fonctionnement, quand la famille est en crise et ne peut assurer le « holding » du bébé, dans sa triple dimension, corporelle, affective et psychique.

La psychopathologie maternelle que nous rencontrons revêt des formes variées :

– Ce sont de jeunes mères déprimées, à qui tout effort coûte : ces femmes « se retirent » de l'interaction vivante avec leur enfant ; elles limitent les échanges avec leur bébé aux situations de soins. Leurs affects sont émoussés et le bébé apprend très vite à ne pas trop attendre de cette mère, présente physiquement, mais absente psychiquement. Terrible solitude de la mère et du bébé, dans l'espace du domicile. Par sa venue, le soignant réanime, réhabite l'espace relationnel ;

- Ce sont des familles carencées, souvent privées de liens familiaux. L'exclusion s'inscrit dans une histoire de ruptures et de rejet. L'extérieur est vécu comme dangereux, menaçant ; le regard de l'autre fait ressentir la honte, l'humiliation… Mère et enfant sont dans une relation fusionnelle excluant le tiers.

  Les rythmes temporels, qui normalement organisent et ritualisent le quotidien du bébé, mais aussi la vie familiale, ne peuvent se mettre en place. D'où l'importance, nous le reverrons, de «tenir le cadre temporel» en tant que soignants ;
- Ce sont des mères psychotiques : ici encore l'isolement social et familial est fréquemment retrouvé. Si le dehors peut être vécu comme mauvais, voire persécutif, le péril est surtout en la demeure : il s'incarne dans le «bébé de chair», le «bébé de besoins». La contraignante répétition des soins impose des rapprochés, qui deviennent intolérables quand la psychose maternelle entre en résonance avec les parties les plus archaïques du fonctionnement du bébé. Mère et bébé sont doublement enfermés : enfermés dans cette relation pathologique et pathogène où la fascination mutuelle n'est pas absente ; enfermés dans l'espace du domicile, où la folie risque de s'épanouir.

LES OPPOSITIONS À CETTE PRATIQUE

Les résistances des thérapeutes au travail à domicile s'expriment souvent par :

- la peur de pénétrer l'intérieur du patient, de sa pathologie ;
- la peur de l'envahissement ;
- la peur d'être isolé.

Soulignons que, dans notre pratique clinique, la venue à domicile n'a pas été vécue comme intrusive ou persécutoire, mais plutôt comme le témoignage d'une attention particulière au bébé et à ses parents, qui les valorise. La porte s'est toujours ouverte.

Les situations où les problèmes sociaux masquent des troubles graves de la parentalité, comme dans les familles dites carencées, ne sont pas une contre-indication.

À quel moment ce travail a-t-il lieu d'être ?

Ce mode d'abord est particulièrement intéressant dans la première année de vie de l'enfant. Pour le bébé, son domicile est un lieu de sécurité ; la permanence de son environnement crée pour lui une continuité d'existence.

Le bébé, de par son fonctionnement, nous invite à cette approche sur son ou ses lieux de vie :

- le domicile est l'espace de sécurité ; le bébé a besoin de ses repères pour se sentir en sécurité : personnes, objets, contexte, dans une organisation spatiale et temporelle (rythmes), sinon il vit une rupture de son expérience de continuité d'existence ;
- le domicile est le lieu où le bébé noue une relation stable et fiable avec des adultes de référence, que ce soit les parents géniteurs ou les adultes suppléants ;
- le domicile permet une approche familiale, indispensable quand on sait que le bébé se construit dans l'interaction avec ses parents.

De l'observation à domicile du bébé et des interactions se dégage une sémiologie du quotidien, où s'exprime la souffrance de l'enfant et de ses parents. La dépendance du bébé à l'égard de son environnement, dans sa triple dimension physique (soins nourriciers), affective et psychique – celles-ci étant étroitement corrélées –, impose de prendre en compte sa réalité quotidienne.

Les différentes modalités de l'approche à domicile à l'Unité des petits

Les différentes modalités de cette approche sont résumées dans le tableau 1 et classées en référence à leur durée.

Bien que la dénomination de notre centre soit « Unité de soins à domicile », cette approche ne prend aucun caractère systématique. Proposées quand l'enfant est tout bébé, ces modalités de soins peuvent évoluer vers un projet qui préfigure et annonce la différenciation des espaces psychiques, dans le cadre du processus de séparation-individuation, tels les petits groupes mères-enfants au centre.

L'APPROCHE « À DOMICILE » À L'UNITÉ DES PETITS : DIFFÉRENTES MODALITÉS

I – INTERVENTIONS PONCTUELLES
1) Prise de contact avec une famille (demande indirecte)
2) Évaluation :
- Faire connaissance avec le bébé dans son cadre de vie, dans sa famille ; identifier ses différents attachements
- Évaluer la parentalité ; la mère, mais aussi le père sont plus accessibles au domicile

3) Réponse à l'urgence

II – INTERVENTIONS BRÈVES
1) Périodes de crise
2) Préparation d'un placement

III – INTERVENTIONS DE LONGUE DURÉE
1) Observation thérapeutique du nourrisson dans sa famille
2) Thérapie mère-enfant
3) Accompagnements
- Domicile-Unité (groupes mères-enfants, groupes d'enfants, thérapies, consultations)
- Domicile-extérieur (consultation PMI, crèche, école maternelle…)

IV – CAS PARTICULIERS : ENFANT PLACÉ À TEMPS COMPLET
- En pouponnière
- En famille d'accueil

Nous intervenons de même dans ces lieux de vie de l'enfant ex. : observation du bébé en pouponnière.

Tableau 1

La rencontre : climat et cadre

À domicile, le cadre des rencontres est le lieu de vie des patients. Dans l'espace intime de la maison, on y vit, on y meurt. C'est le lieu privé des jouissances et des souffrances. Là elles se donnent à voir, elles s'agissent. Comment alors recréer un cadre où une parole naisse, à la recherche d'un sens à toutes ces souffrances ?

Le «psy de nourrissons» qui se rend à domicile suit souvent la puéricultrice, l'assistante sociale. Il peut voir les mêmes scènes, entendre les mêmes paroles, lorsqu'au début il est peu différencié par les familles. Pour peu qu'un enfant précédent ait été placé, il va s'inscrire dans la chaîne des travailleurs sociaux, hériter des investissements ambivalents, des espoirs et des rancœurs. Cette inscription n'est pas seulement dans l'actuel : elle prend place dans l'histoire des liens intervenants-famille sur plusieurs générations ; il est donc particulièrement exposé au risque de répétition mortifère.

Hors de son cadre habituel, le thérapeute aura à balayer les embûches variées qu'il va rencontrer : la télévision allumée en permanence, le téléphone qui sonne, les visites du voisinage. Il est immergé dans un climat bien particulier.

LE CLIMAT

C'est d'abord une sollicitation sensorielle très forte, faite d'odeurs, humaines ou animales, dont les vêtements s'imprègnent, de bruits trop intenses ou de silences trop profonds, du goût de café âcre, insistant.

Un ballet des personnes, des portes qui s'ouvrent, se referment.

Ce sont des regards, au-delà des mots..., des découvertes de l'intimité des personnes, des sollicitations éventuellement sexuelles. Des affects nous envahissent : gêne, malaise, inquiétude, sentiment de solitude, tendresse pour des gestes d'accueil, violence, colère ; mais aussi crainte, crainte de blesser ces parents, si fragiles, si humiliés, si honteux.

Nous éprouvons des sentiments d'inconfort, de détresse pour ce bébé ; nous souhaitons l'apaisement, des bras qui portent et contiennent, et qui calment cette tension qui monte en nous. Le sentiment d'être ballottés, à la dérive, tenus puis lâchés nous envahit. En somme, un vécu de nourrisson malmené ?

Arrive une terrible envie d'agir ; de remettre les choses et les êtres à leur place. De les rêver autres, mais il y a le cadre…

L'INSTALLATION DU CADRE

Aller chez quelqu'un suppose au mieux l'invite, l'acceptation au moins. Celui qui se déplace reconnaît la souffrance de celui qui le reçoit. Le thérapeute, par son déplacement physique, dit qu'il propose, lui, un soin. Il a opéré un déchiffrage de la souffrance du sujet, qui s'exprime de manière indirecte dans les perturbations de ses interactions avec l'environnement, qui conduisent à son isolement. Les mouvements habituels, demande du sujet-réponse thérapeutique, d'abord bousculés, doivent reprendre leur place.

À l'Unité pour jeunes enfants, le travail à domicile est toujours inscrit dans une prise en charge globale de l'enfant et de la famille et articulé avec les éventuels autres modes d'abord.

◆ *CADRE THÉORIQUE*

Nous nous référons, sur le plan théorique, à une approche psycho-dynamique centrée sur le bébé et la parentalité et intégrant l'apport de la théorie transactionnelle.

Suivant le type de pathologie rencontrée, nous nous appuyons sur les travaux concernant les parents psychotiques et les familles carencées [84].

◆ *CADRE TECHNIQUE*

◆ *LES SOIGNANTS*

Ce sont le plus souvent des infirmières ou des éducatrices, mais aussi des psychologues, parfois des médecins. Ils vont à domicile seuls ou à deux, l'un étant plus près des parents, l'autre de l'enfant afin de préserver le regard sur l'enfant, souvent le plus menacé, et de ne pas réveiller chez la mère une position d'envie destructrice.

◆ *LES SOIGNANTS SE SITUENT DANS LA DÉMARCHE D'ACCOMPAGNEMENT*[85]

C'est un accompagnement de la relation, dans « être avec », s'apparentant à un « holding ». Le soignant regarde le bébé avec la mère ; il commente ses comportements, ses états émotionnels, tout en permettant à la mère d'exprimer ses émois archaïques, la violence que fait surgir en elle son bébé, mais aussi en soutenant tout mou-

84. Voir chapitres précédents.

85. L'accompagnement a été décrit au § 3.1.2., p. 174. Nous nous limitons ici à l'accompagnement de la relation mère-bébé.

vement de tendresse envers l'enfant. Tout en tenant compte de ce qui se passe dans l'actuel, en référence au «bébé de chair», le thérapeute est à l'écoute de ce qui est ravivé du passé, faisant le lien avec l'histoire de la mère. Il ne donne pratiquement jamais d'interprétation ; c'est l'interaction même avec le bébé dans un mouvement de liaison des interactions fantasmatiques aux interactions réelles, dans ce cadre privilégié, qui va être la source du remaniement du fonctionnement mental des deux partenaires. Ce travail au niveau fantasmatique va permettre de libérer l'enfant des projections mortifères de la mère qui donnaient statut de persécuteur, de chasser «les vieux fantômes du passé qui hantent la chambre d'enfants» (S. FRAIBERG et collab., 1983) et qui ont fait obstacle à un investissement positif de l'enfant réel.

Dans cette relation d'accompagnement, l'attitude du thérapeute est empathique à l'égard tant de la mère que du bébé. L'interaction est objet d'observation, d'analyse ; nous nous intéressons à la main, au regard, au tonus ; nous nous intéressons aussi à tout ce que le bébé et la mère nous font ressentir, nous font rêver, nous font fantasmer. Il s'agit de traduire, en mots accessibles à la mère et à l'enfant, des comportements, de les lier à des affects et leur permettre de lier ces affects à des représentations. Par son regard porté sur l'enfant, le soignant donne place et valeur à l'enfant «réel», l'humanise aux yeux de sa mère. Il fait percevoir à la mère les besoins du bébé en fonction de son âge, de sa maturation, non pas sur un mode éducatif, mais en développant chez la mère ses capacités d'identification au nourrisson. Pour l'enfant, le regard porté par le soignant, de par sa permanence, permet que les tout petits signes, si difficiles à percevoir au début chez le nourrisson, deviennent précieux et s'organisent dans une continuité d'observation qui vise à accompagner l'enfant dans la mise en place de son fonctionnement mental [86]. Il s'agit de faire des liens entre ses différentes expériences de vie, ses différents espaces, de travailler à aménager une continuité externe qui peut soutenir l'avènement, chez l'enfant ; d'un sentiment de continuité interne, constitutif de la construction du *self*.

86. Se référer au § 1.4.1. p. 144 consacré à l'évaluation du fonctionnement des bébés.

Le regard porté avec la mère sur un enfant compétent et les échanges qui en découlent sont très précieux pour relancer les capacités parentales de la mère et du père.

◆ *RYTHMES DE L'APPROCHE À DOMICILE*

C'est en fonction de l'évaluation des difficultés de la famille et de ses possibilités d'accueil que sont fixés le rythme et la durée des visites à domicile (VAD). En cas de thérapie parents-bébé, ce rythme est le plus souvent hebdomadaire : même jour, même heure ; même contexte si possible ; durée d'une heure environ. C'est le soignant qui, par la régularité de ses venues, instaure repères et confiance. Ce rythme permet au bébé d'anticiper la venue du soignant et de vivre la rencontre dans un contexte sécurisant.

Pour ces familles qui ont peu de repères temporels, la régularité est très importante ; tout changement du cadre a un impact désorganisateur.

La détermination du rythme des VAD et son évolution sont un bon indicateur du lien qui se crée : elles révèlent la charge d'angoisse qui émane de la famille et reflètent les possibilités de celle-ci de faire appel à un tiers. Souvent plus rapprochées au début de la prise en charge, les VAD s'espacent quand l'enfant grandit, que la mère peut accepter des rencontres au centre, mais aussi qu'elle peut utiliser des structures comme la halte-garderie, la crèche, etc. Le pianotage des réponses «allant vers» est subtil. Il ne doit pas correspondre, par exemple, à l'unique inquiétude du professionnel ; c'est pourquoi la capacité de ce dernier à faire évoluer le lien de la symbiose à l'individuation est constamment réinterrogée.

Le thérapeute peut être aussi appelé en urgence ; c'est le plus souvent dans un contexte de crise où le bébé est en danger et où les parents font appel à sa fonction contenante et protectrice.

◆ *LES TEMPS DE REPRISE*

Ils prennent différentes formes :

– de manière informelle, au retour du domicile, avec les collègues qui se trouvent là ; ce temps a valeur de «décharge émotionnelle» ;

- la reprise du matériel, avec le médecin référent et éventuellement les autres soignants impliqués dans la famille, le plus régulièrement possible (au maximum toutes les semaines, au minimum tous les mois), soutient le mouvement d'élaboration dans les thérapies et les observations de bébé ;
- dans les synthèses, avec l'ensemble des soignants impliqués dans la famille et des intervenants extérieurs.

Ces temps de reprise sont pour nous les garants du processus thérapeutique : le soignant à domicile est particulièrement exposé à l'agi, à être phagocyté par la pathologie familiale, à laquelle il est directement exposé, d'autant plus qu'il n'a que partiellement la maîtrise du cadre externe. C'est pourquoi le maintien d'un cadre internalisé est si essentiel ; dans l'approche de ces pathologies graves de la parentalité, il n'est possible que par un travail permanent avec un tiers sur le matériel clinique, sur ses mouvements contre-transférentiels, sur ses contre-attitudes.

En conclusion du problème du cadre, nous voudrions souligner que ce type d'approche permet une co-création du cadre.

On entend souvent dire qu'on ne pourrait pas faire de psychothérapie à domicile, le soignant n'ayant aucune maîtrise du contexte de la VAD, et le patient y introduisant constamment des changements. En fait, patients et soignant créent ensemble un cadre dans une interaction soignant-famille plus ouverte.

Comment se traduit concrètement la co-création du cadre ?

- D'abord dans le choix du rythme et du moment de la venue du soignant : ainsi la mère pourra proposer une heure où le bébé dort, signifiant par là même son désir d'avoir le thérapeute pour elle seule ou sa volonté de soustraire son bébé au regard du thérapeute pour des raisons diverses ; le thérapeute pourra alors, en fonction de la compréhension qu'il en aura (en le resituant dans la dynamique relationnelle mère-bébé et mère-thérapeute) et de ses objectifs, accepter ce cadre ou le « négocier » pour aboutir, par exemple, à l'inclusion d'un temps d'éveil du bébé : « Je pourrai venir un peu plus tard ; nous aurons un petit moment tous les trois ensemble quand votre bébé se réveillera. » Le choix du temps par la mère, mais aussi par le thérapeute, peut aussi inclure ou exclure le père de la rencontre, l'ouvrir ou la fermer au reste de la famille (fratrie, grands-parents). La façon dont il se négocie est déjà le reflet de la dynamique intrafamiliale et d'éléments pré-transférentiels et précontre-transférentiels ;

– L'installation progressive de rituels participe aussi de la co-création du cadre :
  - rituels dans l'espace : la même pièce, la même disposition des personnes : le siège attribué, à proximité ou à distance de la mère, du bébé ;
  - rituels dans le temps : par exemple le prélude fait d'un moment autour d'un café, etc. ; puis un temps d'attention à la mère, à sa souffrance, à ses besoins, à sa « partie bébé » avant que les regards et le discours ne se centrent sur l'enfant.

Des scansions sont apportées par le rythme du travail du père (chômage ou non), les vacances scolaires : là, par exemple, régulièrement un aîné s'installe à la place habituelle de sa petite sœur et met en scène sa rivalité et sa détresse, nous exprimant une demande de soins, soins qu'il n'a pu mener à bien avec une autre équipe.

Le soignant sera le garant du maintien de ce cadre, en assurant, par sa venue, la continuité du lien et son inscription temporelle (rythmes des VAD, durée).

Le processus thérapeutique

Il s'inscrit dans la démarche de soins centrée sur le bébé et l'accompagnement de la relation parents-nourrisson.

Nous ne mentionnerons maintenant que ce qui nous paraît plus spécifique de l'approche à domicile.

L'IMMERSION DANS UNE SÉMIOLOGIE DU QUOTIDIEN

Paumelle parlait de la pathologie des placards, « lieu où certains de nos malades enferment leurs projections, objets symboliques divers dont le rangement, la destruction ou l'exhibition sont hautement significatifs [...] » (P. PAUMELLE, J. PRÉVOST, 1969, p. 1060). Ce fut grâce aux aides familiales qu'elle fut appréhendée par les soignants.

L'agencement du logement, par exemple, est souvent une figuration des modes d'organisation de ses occupants. Une famille qui fonctionne dans l'indifférenciation soi-l'autre et dans la confusion des générations aura des «espaces de sommeil» indifférenciés (rondes des corps la nuit). Les objets aussi parlent de chacun. Ainsi dans le dialogue avec la famille se créent des investissements sur certains objets qui, en l'absence du thérapeute, peuvent le présentifier, au mieux dans sa fonction protectrice de tiers dans les moments difficiles avec le bébé. Supports d'évocations, ils réaniment les représentations.

L'IMMERSION DANS UNE FAMILLE

Dans le cadre même de l'éclosion de la pathologie relationnelle, nous pouvons appréhender la place de chacun, père, mère, mais aussi frères et sœurs, grands-parents, etc., auprès du bébé et les différents attachements qu'il est en train de construire. Nous pouvons mieux évaluer non seulement les dysfonctionnements, mais aussi les ressources de la famille.

TRAVAILLER EN «DÉCOR RÉEL»

Bombardé d'affects et d'informations, le thérapeute est constamment sollicité à agir. C'est pourquoi il lui faut en permanence être prudent, se retenir d'agir ; l'urgence est de «penser, de donner sens» aux actes comme aux silences. Soulignons toutefois que, dans les cas graves de sévices et de négligences, le thérapeute pourra être amené à prendre position pour protéger l'enfant ; c'est dans ces moments que le travail en réseau, incluant des mesures judiciaires, est essentiel pour préserver la dimension psycho-affective du soin.

Dans ce «psychodrame en décor réel» [87], peut devenir thérapeutique le passage de la mise en scène à la mise en sens par l'intermédiaire «d'actions parlantes» (D. DOS SANTOS BRENGARD et collab., 1989), telles que P. C. Racamier (1973) les a définies, c'est-à-dire dont le sens importe plus que l'impact sur la réalité.

87. Expression de J. Hochmann citée par D. Dos Santos Brengard et collab., 1989.

L'ACCOMPAGNEMENT DU DOMICILE VERS L'EXTÉRIEUR

Plus nous connaissons ces familles, plus nous sommes frappés par la peur du dehors, de l'extérieur qui les habite. Le domicile est le seul espace de sécurité ; le périmètre de leur vie s'est rétréci à la cité. Toute démarche se fait dans l'angoisse ou ne se fait pas, dans un évitement phobique de la situation anxiogène, et l'on parle alors trop facilement de négligence, parce que ces familles n'ont pas amené le bébé à la consultation de PMI, n'ont pas pris contact avec l'assistante sociale, pour compléter le dossier des prestations sociales, etc.

Quand les peurs mutuelles s'estompent, quand des liens de confiance s'installent à domicile, le soignant peut proposer d'accompagner parents et bébé vers ce dehors dangereux, contenir, comprendre et traiter les mécanismes sous-jacents. Certains intervenants craignent, en s'engageant dans ce type de relation, que se crée un fort lien de dépendance qui ne pourra pas évoluer, créant ainsi des besoins auxquels ils ne pourront pas répondre. Ce n'est pas notre expérience. La dépendance reste la nécessaire étape vers l'autonomie, qui ne s'acquiert que peu à peu. Nous entendons dire : «On donne beaucoup ; on n'obtient rien, même pas qu'elles viennent à la consultation.» Cependant, si l'on ne se donne pas suffisamment de temps, l'objectif d'une plus grande autonomie vers l'extérieur paraît mis en échec. La durée de l'accompagnement est essentielle : l'accompagnement thérapeutique peut se conceptualiser comme l'étape intermédiaire qui permet le mouvement de la dépendance vers l'autonomie.

L'ACCOMPAGNEMENT		
Domicile	→	Extérieur
Dedans	→	Dehors
Dépendance	→	Autonomie

Tableau 2

L'INTENSITÉ DES MOUVEMENTS CONTRE-TRANSFÉRENTIELS

En allant à domicile, le thérapeute s'expose à un double risque : ne pas être accepté ou, à l'inverse, être phagocyté par la famille.

◆ *LA PORTE RESTERA-T-ELLE FERMÉE ?*

C'est une «source intolérable d'angoisse pour l'équipe que de se trouver réduite à l'impuissance par une porte fermée derrière laquelle elle sent la présence d'un malade hostile à toute intervention, mais attendant tout de même que quelque chose se fasse» (P. PAUMELLE, J. PRÉVOST, 1969, p. 1061).

Et pourtant elle peut être fermée ou se refermer un certain temps avant de s'entrebâiller à notre approche. Le thérapeute sera-t-il vécu comme l'extérieur menaçant qui franchit jusqu'à cette dernière protection ? Pénétrant au domicile, fait-il violence aux personnes elles-mêmes ?

◆ *LE THÉRAPEUTE VA-T-IL SE RETROUVER À L'INTÉRIEUR MÊME DU PATIENT ?*

De sa pathologie ? Ses mouvements d'identification et de dégagement seront-ils assez souples pour ne pas être «aspiré» ? Lui permettront-ils, devant des parents méfiants, voire hostiles, de mettre en mots l'impossibilité qu'ils ressentent, eux parents, à faire confiance aux autres et leur colère à l'égard de «tous ces gens qui ne les aident pas». Pourra-t-il penser qu'elles s'originent dans des souffrances d'enfant et ne pas les ressentir comme une agression à son égard ?

Dans ces moments, la fonction protectrice de l'institution (l'équipe, les locaux) n'est plus tangible ; elle s'estompe et ne subsiste que l'essentiel : l'internalisation de sa référence professionnelle, ses représentations des visées thérapeutiques, de l'aide que pourront apporter l'élaboration en équipe ou l'intervention thérapeutique de tel autre professionnel, seul mais avec des représentations de tiers, seul mais non enfermé dans un isolement qui pourrait entraîner des dérapages.

À ces conditions, la relation du soignant avec la mère va passer par différentes phases, qui scandent l'évolution du processus thérapeutique dans les familles à hauts risques de non-construction ou de rupture des liens comme les familles carencées (tableau 3, p. 196).

ÉVOLUTION DE LA RELATION SOIGNANT-PATIENT :
SES DIFFÉRENTES PHASES

I - PRISE DE CONTACT
- Aller vers
- Prudence de l'approche

II - TEMPS PROBATOIRE
- Empathie
- Accepter la famille telle qu'elle est
- Être témoin
- Venir voir
- Appréhender la réalité quotidienne

Ne pas agir, alors que tout pousse à le faire
Co-création du cadre

III - RÉGULARITÉ ET STABILITÉ
Dans l'approche à domicile, ce sont les soignants qui les maintiennent ; ils sont garants de cet aspect du cadre.

IV - ATTACHEMENT
Naissance d'une relation chargée d'affects

V - PROCESSUS THÉRAPEUTIQUE PROPREMENT DIT
Capacité à s'observer soi-même, à relier le présent au passé ; capacité à élaborer
(d'après S.I. GREENSPANN, S. WIEDER, 1987).

Tableau 3

Cette évolution est permise par l'approche à domicile. Plus généralement, notre expérience clinique auprès des bébés et de leurs parents en grande difficulté nous a enseigné qu'il est indispensable de sortir de nos institutions et de nous appuyer sur une bonne insertion communautaire. Le bébé, de par son fonctionnement, nous invite à cette approche sur son ou ses lieux de vie.

3.2. Mode indirect : le travail en réseau

Le travail en réseau est vital pour notre structure. Les parents n'étant pratiquement jamais demandeurs, l'accès aux nourrissons à risque psychosocial et leur traitement ne sont possibles que grâce à un travail conjoint de notre équipe et des différents intervenants médico-sociaux de la communauté. Depuis vingt-deux ans, une collaboration régulière a permis une bonne insertion de l'Unité au niveau :

- des services de PMI (consultations, crèches collectives et familiales, puéricultrices de secteur et sages-femmes à domicile) ;
- des services sociaux (assistantes sociales de secteur, personnel de l'aide sociale à l'enfance, associations de travailleuses familiales) ;
- des services judiciaires ;
- des centres maternels ;
- des pouponnières ;
- d'une maternité ;
- des pédiatres privés et des médecins généralistes ;
- des services de psychiatrie adulte qui suivent les parents et du service de psychiatrie infantile qui connaît la fratrie.

3.2.1. Rappel historique : travail en réseau et création de l'Unité [88]

La collaboration avec le service de protection maternelle et infantile (PMI) a joué un rôle essentiel dans la création de l'Unité de soins par le Dr Myriam David.

Pratiquement dès la création du secteur psychiatrique du XIIIe arrondissement, dans les années 60, le Dr Myriam David, psychiatre appartenant à une des équipes du secteur de psychiatrie infanto-juvénile, instaurait une étroite collaboration avec le centre PMI Masséna, qui regroupait dans un même lieu une consultation pédiatrique, une crèche collective (70 places) et secondairement un service spécialisé d'assistantes sociales chargées de l'agrément et de la «surveillance» des assistantes maternelles.

88. Ce paragraphe s'inspire de l'article paru dans *Vie sociale et traitement*: «Un lieu d'écoute pour des très jeunes enfants» (M. Lamour, M. Lena, 1983).

Dans sa pratique au centre de PMI Masséna, Myriam David avait constaté l'existence d'une pathologie précoce grave, très souvent en relation avec des troubles de l'attachement (maladie symbiotique). L'enfant présentait un retard, voire un arrêt, du développement psychomoteur et de la fonction de mentalisation, débutant entre le 3e et le 6e mois. Ces troubles se structuraient dans le cadre de perturbations graves des interactions précoces en liaison avec le dysfonctionnement de la fonction parentale. Fait notable, la pathologie de l'enfant passait le plus souvent inaperçue derrière les difficultés parentales qui envahissaient la scène : le retard pouvait se constituer à bas bruit, l'apparence pouponne de certains bébés pouvant masquer la pauvreté de leur fonctionnement mental.

Les modes d'abord habituels tels que la consultation ne permettaient pas dans ces cas-là d'établir une relation continue, prolongée, condition indispensable au traitement des perturbations de la relation parents-nourrisson.

«Aller vers» les nourrissons et les familles en grande difficulté, le plus précocement possible, était la seule façon de prévenir les perturbations relationnelles graves qui évoluaient souvent vers une intolérance mutuelle sanctionnée par des séparations avec placement de l'enfant dans des conditions souvent traumatisantes pour lui et ses parents.

En 1975, le Dr Myriam David créa l'Unité de soins spécialisés à domicile, conçue à partir de sa double expérience du suivi d'enfants et de leurs familles, confiés au placement familial d'une part, et du traitement conjoint avec l'équipe du centre de PMI Masséna, d'autre part.

3.2.2. LE TRAVAIL EN RÉSEAU DANS LA COMMUNAUTÉ : UN ABORD PRÉVENTIF PRÉCOCE

Nous allons maintenant aborder successivement les formes que revêt le travail en réseau, son contenu, et la compréhension de ce qui se joue sur le terrain, dans le travail auprès des familles (M. LAMOUR, 1992).

Les différentes formes du travail en réseau

DANS LE CADRE DE LA PRISE EN CHARGE D'UN ENFANT PAR L'UNITÉ

Le premier temps de la prise en charge est le traitement de la demande pour ces familles à pathologie grave qui ne sont pas directement demandeuses de soins. Dès la formulation de la demande de prise en charge d'un nourrisson par un ou plusieurs professionnels de la communauté, nous nous réunissons à l'Unité avec l'ensemble des intervenants concernés par la famille. Chacun, avec la spécificité de son regard, apporte des éléments qui, synthétisés, donneront une représentation de l'enfant, des parents, des relations parents-nourrisson.

Seront évalués :

- le fonctionnement de l'enfant, dans le registre tant des compétences que des dysfonctionnements ;
- les ressources et les perturbations de la parentalité (en association ou non avec une psychopathologie parentale clairement identifiée) ;
- les compétences et les dysfonctionnements interactifs ;
- les ressources et les risques qui pèsent sur l'enfant et sur les parents.

Tout au long du suivi de l'enfant, le travail conjoint se poursuivra dans le cadre de réunions. Il pourra revêtir des formes plus spécifiques, en fonction des situations, comme une observation à la crèche.

Les relations déjà établies avec des institutions du quartier permettent aussi de traiter de façon plus souple, voire innovante, les demandes, comme l'illustre la situation suivante.

◆ *HISTOIRE DE PIERRE ET DE SA MÈRE*[89]
◆ *DEMANDE DE SOINS À L'UNITÉ*

► **M**adame Y. âgée de 30 ans, toxicomane, avait accouché chez elle. En raison d'un syndrome de sevrage, son bébé avait été hospitalisé dans un service de pédiatrie mère-enfant.

89. Ce texte est extrait de l'article «Bébé tenu, bébé lâché», paru dans la revue *Neuropsychiatrie de l'enfance et de l'adolescence* (M. Lamour, A. Gozlan-Lonchampt, M.-F. Pain, 1994).

L'Unité de soins intervient à la demande de l'assistante sociale du secteur de psychiatrie adulte quand se pose, pour Pierre âgé de 15 jours, le problème de la sortie de l'hôpital. L'ordonnance de placement provisoire dans le service de pédiatrie, prise par le juge à l'admission de Pierre à l'hôpital, doit expirer dans quelques jours.

L'équipe psychiatrique et le service pédiatrique ont des avis opposés :

- les soignants de pédiatrie soulignent la bonne qualité de la relation entre Pierre et sa maman, ce qui leur fait envisager le retour à domicile sans étayage particulier ;
- l'équipe de psychiatrie adulte, qui suit la mère depuis plusieurs années (hospitalisations répétées pour état dépressif associé à une toxicomanie), est très préoccupée, la percevant comme vulnérable, avec des risques de décompensation et d'aggravation de la toxicomanie pouvant mettre en danger le bébé, ce d'autant plus que le père de l'enfant est perçu comme un toxicomane violent.

L'équipe qui assure une mesure d'AEMO (action éducative en milieu ouvert) pour la fille aînée de Madame, confiée aux grands-parents maternels, partage les craintes de l'équipe de psychiatrie.

Devant ces avis contradictoires, reflet de l'ambivalence maternelle, une concertation entre les différents intervenants est indispensable pour préparer la sortie de Pierre dans de bonnes conditions.

Est proposée à la mère une consultation avec le psychiatre et l'assistante sociale du secteur adulte, qui a lieu quelques jours après. Dans l'anticipation de sa vie quotidienne avec son petit garçon, la mère se montre très démunie, sans soutien extérieur fiable. Elle exprime en pleurant sa souffrance d'être séparée de sa fille aînée et de ses parents ; elle dit sa peur d'être séparée aussi de Pierre.

Confrontée à un double écueil — soit laisser sortir Pierre sans étayage suffisant, soit séparer mère et enfant d'emblée —, l'équipe de l'Unité souhaite se donner du temps pour évaluer les capacités de la mère à assumer sa fonction maternelle à part entière, tout en assurant la protection de l'enfant et l'accompagnement thérapeutique de la relation mère-enfant ; c'est pourquoi elle propose un travail conjoint avec l'équipe du centre maternel, avec laquelle elle collabore depuis plusieurs années.

◆ *LE CONTRAT ENTRE LA MÈRE, L'UNITÉ DE SOINS ET LE CENTRE MATERNEL*

Le centre maternel n'est pas une structure de soins ; l'équipe a des résistances à admettre des situations d'emblée identifiées comme psychiatriques, et où la question de la distanciation mère-enfant risque de se poser rapidement.

Mais l'Unité compte sur la présence du médecin du centre pour que l'établissement puisse prendre en compte la psychopathologie maternelle. Du fait de sa double formation, le médecin exerce au centre en tant que consultant pédiatre auprès des mères et des bébés et en tant que consultant pédopsychiatre auprès de l'équipe.
L'expérience antérieure de travail conjoint auprès des mères gravement perturbées, accueillies en centre maternel, nous avait montré que, si l'on se donnait les moyens d'observer attentivement le bébé et sa mère en interaction dans les situations de vie quotidienne, il se dégageait assez rapidement (dans les six premiers mois) les éléments permettant de poser ou non l'indication d'un placement à temps complet de l'enfant.
C'est pourquoi il a paru intéressant, dans l'intérêt tant de l'enfant, de sa mère que de l'institution, de proposer l'admission de Pierre et de sa mère au centre maternel sous la forme d'un contrat d'une durée de six mois maximum, à visée évaluative, le centre maternel étant pour la mère un lieu de vie en semi-autonomie, à mi-chemin entre la dépendance totale de l'hôpital et la solitude de son domicile.
Dans ces conditions, avec le soutien de l'Unité de soins et l'intervention, d'emblée, du juge des enfants, le centre maternel accepte cette prise en charge. La mère accueille favorablement ce projet : elle est soulagée de ne pas se retrouver seule avec son fils et de ne pas en être séparée. Le juge prolonge l'ordonnance de placement provisoire de Pierre, confiant l'enfant à l'aide sociale à l'enfance, représentée par le centre maternel. ◄

L'AIDE INDIRECTE

Elle s'adresse aux professionnels de la communauté ayant en charge de jeunes enfants, qui souhaitent consulter des spécialistes de la psychiatrie du nourrisson afin d'avoir un éclairage spécifique sur une situation préoccupante (nous appelons ce type de soutien aux intervenants aide indirecte, par opposition aux soins directs, lorsque nous intervenons nous-mêmes dans la famille). Les rencontres avec les intervenants peuvent être uniques ou multiples, sous forme d'un suivi indirect de l'enfant.

Grâce aux liens qui se sont créés à travers des suivis de cas lourds, les intervenants peuvent nous faire ce type de demandes. En voici une illustration.

◆ *HISTOIRE DE JUMEAUX À LA PMI*

► **L'**équipe d'une consultation PMI nous consulte pour réfléchir sur les problèmes d'une famille composée d'un père, d'une mère de deux enfants de 4 et 6 ans et de jumeaux de 8 mois. Cette situation cumule problèmes sociaux et problèmes psychologiques : parents émigrés, logement dans une seule pièce insalubre, mère déprimée, s'exprimant très mal. Les jumeaux sont des bébés non désirés ; maintenus dans le même petit lit, ils ont été exposés à des carences de soins qui ont eu pour conséquence un arrêt de la croissance staturo-pondérale inquiétant, avec vomissements importants. Le pédiatre envisage un placement en pouponnière.

◆ *LA PREMIÈRE RÉUNION À L'UNITÉ*

La première réunion à l'Unité avec l'ensemble des intervenants permet que s'expriment les inquiétudes majeures du pédiatre et de la puéricultrice qui, à juste titre, voient les dangers qui pèsent sur ces enfants. La confrontation du matériel de la consultation PMI avec les données des visites à domicile menées par l'assistante sociale de secteur, qui a réussi à établir un lien de confiance avec ces parents, dégage rapidement des moyens d'allégement de ce climat de malaise pour la famille et pour les intervenants.

Nous comprenons que la mère vit un confinement, qui lui impose une trop grande proximité avec ses bébés ; elle apparaît déprimée, en proie à des réactions hostiles vis-à-vis des jumeaux, dont elle se protège (et les protège) par une mise à distance relationnelle. Lors de ces visites, ces bébés ont pu montrer des capacités à entrer en relation qui pourraient être développées.

La possibilité de collaboration entre l'assistante sociale et la puéricultrice fait émerger un projet réalisable à court terme : celui de l'accueil des enfants dans un groupe de halte-garderie deux fois par semaine à la PMI, avant d'obtenir l'inscription à la crèche et en évaluant assez rapidement si les effets en sont positifs. Les aléas de la régularité des venues des enfants sont maîtrisés par une proposition d'accompagnement par l'assistante sociale. La fréquentation de ce groupe de mères et enfants permet à la mère de sortir de son marasme ; les bébés recommencent à grossir et les régurgitations s'estompent. La mise en crèche quelques mois plus tard se passe avec une véritable coopération des parents ; les garçons y trouvent leur place.

Durant les deux années qui suivirent la première réunion, ce réseau d'intervenants s'est réuni régulièrement ; des problèmes ont surgi, mais des réponses d'étayage et de soins ont été apportées, qui ont permis que ces enfants reprennent leur développement et ne soient pas placés.

Actuellement ils ont 3 ans et entrent dans un jardin d'enfants. Les parents n'ont pas consulté notre service pour les plus jeunes, mais ils viennent de se soucier d'un retard de langage de leur fils aîné et demandent une consultation au service adéquat. ◄

De manière très indirecte nous y avons participé, et le travail d'accompagnement de la relation des jumeaux dans leur premier âge, réalisé par les cliniciens qui, seuls à ce moment-là, avaient accès à la famille, avait un sens pour eux. Vraisemblablement, sans ces échanges, les problèmes n'auraient été traités qu'en décision sociale de maintien ou de placement familial.

Dans ces réunions, l'objectif prioritaire n'est pas le partage d'informations, encore moins une prise de décision venant de notre part, mais plutôt de comprendre comment chaque professionnel est investi par la famille, ce qu'il représente, comment, de par sa formation, son mandat professionnel, il peut favoriser un mouvement d'évolution psychique. Quand le travail se focalise sur les attitudes ou contre-attitudes des professionnels eux-mêmes, les propos ont une autre teneur puisque l'essentiel de l'échange porte alors sur les ressentis du professionnel qui éclairent la compréhension des relations intrafamiliales et du fonctionnement psychique du bébé, et de ses parents en interrelation avec le clinicien.

Nous restons prudents sur des propos qui dévoileraient des événements de l'histoire familiale non essentiels à la compréhension des difficultés actuelles et sur des diagnostics psychiatriques qui réifieraient le contact, en faisant barrière à la communication. La question du secret professionnel est posée.

L'aide indirecte est particulièrement intéressante dans les situations de crise auxquelles les intervenants médico-sociaux de la petite enfance sont régulièrement confrontés. Dans un climat d'urgence et de dramatisation, la crise expose les différents protagonistes à des risques importants :

- pour l'enfant : risques de discontinuité, de rupture brutale avec son environnement relationnel et matériel (hospitalisation, placement en pouponnière, etc.), mais aussi risques vitaux (carences de soins, maltraitance, négligences graves), et psychologiques (exposition à la psychopathologie parentale) ;
- pour les parents : au risque de décompensation ou d'entrée dans une psychopathologie grave, s'ajoutent les risques d'éclatement de la famille, de rupture avec les intervenants médico-sociaux, renforçant l'isolement familial et social ;
- pour les intervenants : le climat d'urgence incite à prendre des décisions extrêmes, à agir sans se donner un temps d'évaluation, de réflexion mais aussi de concertation et de coordination entre intervenants médico-sociaux concernés par une même famille.

LES RENCONTRES SYSTÉMATISÉES

Des rencontres régulières sont organisées avec les équipes de la communauté indépendamment du suivi d'un enfant.

Elles ont lieu à la PMI, à la maternité, dans les crèches, etc. Elles prennent la forme de réunions mensuelles, de journées annuelles ou d'une recherche-action-formation. Y sont abordés des thèmes variés portant sur la prévention primaire et secondaire (le rôle du père auprès de l'enfant, l'adaptation en crèche et ses avatars, l'intégration des jeunes enfants handicapés, etc.). Les différents membres de notre équipe en sont responsables.

Qu'expriment les intervenants quand ils se rencontrent autour des situations à hauts risques ?

Nous ne pénétrons pas impunément dans ces histoires d'amour et de haine ; nous sommes habités, envahis, voire submergés par des émotions violentes, des pensées troubles, des désirs fous de réécrire l'histoire de ces bébés en souffrance et de leurs parents meurtris, de faire (enfin) mieux que nos prédécesseurs dans la longue chaîne d'intervenants auprès de cette famille. Et puis très vite notre mégalomanie cède la place à un sentiment d'impuissance, d'incompétence, à des vécus dépressifs, à des craintes de désorganisation, à des ressentiments à l'égard des parents et des bébés !

Cette souffrance des intervenants dans ces situations à hauts risques est d'autant plus vive que les intervenants médico-sociaux, lorsqu'ils nous formulent une demande de soins, vivent le plus souvent le nourrisson en danger.

Nous avons vu comment l'analyse de la dynamique relationnelle éclaire la pathologie du lien dans laquelle, en tant qu'intervenants, nous risquons aussi d'être pris.

C'est pourquoi les réunions qui offrent un espace de rencontre, de réflexion et de distanciation sont indispensables pour identifier les mécanismes en jeu et les traiter, à condition qu'y soient présents des professionnels expérimentés, non impliqués directement dans le suivi de la famille.

L'autre intérêt majeur de ce mode de travail en réseau est d'aménager, pour l'enfant, un environnement le plus stable et le plus fiable possible, malgré la défaillance parentale, en prenant en compte les liens d'attachement déjà existants, même s'ils sont pathologiques et pathogènes. La mise en place de cet environnement est vital pour le petit enfant, qui ne s'en différencie pas encore bien et qui ne se construit, en tant que personne, que dans un minimum de continuité dans les soins et dans ses relations affectives.

Traiter les bébés, c'est traiter les dysfonctionnements des interactions parents-nourrisson, mais aussi famille-intervenants et entre intervenants. C'est alors qu'on peut conceptualiser le réseau de professionnels comme un système dynamique ouvert à d'autres alliances et donc toujours renouvelé, visant à un maillage protecteur et créatif pour le bébé et ses parents.

Conclusion

Travaillant auprès des nourrissons, nous avons à « penser bébé », en utilisant toute notre empathie et nos capacités d'identification. Ce mouvement émotionnel n'a de sens thérapeutique que s'il est articulé à une compréhension théorique : analyse des interactions précoces, approfondissement de la compréhension de la parentalité, de la genèse de l'humanisation, des impacts à moyen et long terme, des perturbations relationnelles. Les conditions de dépendance du bébé, tant physique que psychique, nous amènent à une préoccupation globale incluant ses conditions de vie. Là, nous rencontrons les différents partenaires médico-sociaux. Les collaborations interéquipes nous ont confrontés aux souffrances des personnels, aux malaises et aux dysfonctionnements en miroir des pathologies familiales.

L'approche transactionnelle appliquée à la clinique précoce a permis le passage du concept de *mauvais parents*, de *mauvais bébé* ou de *mauvais professionnels* à celui de la vulnérabilité des relations parents-nourrisson-professionnels dans ces situations. L'enfermement dans des patterns interactifs inadéquats et néfastes majore les risques.

Nous sommes tous exposés à cette pathologie du lien. Nous le sommes d'autant plus que nous sommes isolés, que notre formation est insuffisante, que nos institutions sont fragilisées, et que la problématique de la famille entre en résonance avec notre propre histoire.

Le nourrisson, sa famille et les intervenants sont co-acteurs d'une histoire relationnelle qui s'est construite sur plusieurs générations.

Une telle formulation relance la question des mécanismes favorisant la répétition et des niveaux où ils s'exercent. Malgré la multiplicité des interventions, nous sommes souvent frappés par la relative inefficacité des mesures et le sentiment d'impuissance qui pèse sur les services intervenant auprès de ces familles. Les dénominations variées dont elles font l'objet (« cas lourds » ; « familles à problèmes multiples » ; « cas sociaux » ; « familles connues du juge depuis plusieurs générations », etc.)

traduisent bien les mouvements contre-transférentiels, les contre-attitudes des intervenants exposés à la pathologie familiale.

Les dysfonctionnements interactifs qui envahissent la relation famille-intervenants et les relations entre intervenants vont rendre possible l'inscription de la répétition dans la réalité, à travers les mesures prises. Co-acteurs d'une histoire relationnelle qui s'est construite sur plusieurs générations, nous risquons de « co-écrire » la répétition !

C'est pourquoi le soin du nourrisson et de la parentalité nous est apparu devoir inclure un soin de l'interaction à différents niveaux : parents-nourrisson, famille-intervenants, intervenants-intervenants, afin que les partenaires puissent utiliser au mieux leurs ressources et déployer leurs compétences.

L'intégration de ces trois niveaux simultanément et dialectiquement, dans une approche interdisciplinaire reconnaissant la dimension transgénérationnelle, dégage un espace de créativité, protégé de la répétition mortifère, où parents, enfant et intervenants co-écriront une nouvelle histoire.

Ces bébés et ces parents en souffrance ont réuni autour de leurs berceaux des professionnels d'horizons différents. Ces rencontres parfois tumultueuses ont été fécondes : amélioration des connaissances sur le nourrisson, la parentalité, les relations précoces, mais aussi amélioration de la connaissance de nous-même. Des recherches transdisciplinaires se sont développées ainsi que de nouvelles modalités d'actions préventives et thérapeutiques. La psychiatrie du nourrisson, qui prend corps depuis une trentaine d'années, puise ses forces dans ce mouvement.

REPÈRES POUR L'INTERVENTION

Les annexes ont pour objectif d'offrir aux lecteurs des repères synthétiques portant sur la souffrance des bébés, la sémiologie interactive et les troubles de la parentalité. Les grilles d'évaluation proposées ont été mises au point pour être utilisées aisément dans le cadre de la pratique quotidienne des différents intervenants auprès des bébés à hauts risques et de leur famille. Elles sont particulièrement utiles dans les synthèses qui ponctuent le travail en réseau.

1. Caractéristiques de la dynamique relationnelle des situations à hauts risques

I – Il existe de graves perturbations des interactions mère-nourrisson, sur le plan tant comportemental qu'affectif et fantasmatique : **nous sommes confrontés à une pathologie psychiatrique, qui diffuse à l'ensemble de la famille et qui nécessite une intervention spécialisée.**

II – Ce dysfonctionnement interactif, apparu très tôt, se structure en un système relationnel fermé et qui s'autoentretient ; **d'où la nécessité d'une intervention précoce.**

III – Le bébé joue, comme la mère, un rôle actif dans l'apparition et le maintien des perturbations interactives ; **c'est pourquoi il est essentiel de faire du bébé un partenaire à part entière de la prévention et des soins.**

IV – Le nourrisson tend à engager d'autres partenaires dans le même dysfonctionnement (assistante maternelle, auxiliaire) ; ce mécanisme permet de mieux comprendre les échecs répétés de placements, et de ne pas les attribuer à l'incompétence des familles d'accueil ; **cela montre la nécessité d'un accompagnement thérapeutique de l'instauration de nouveaux liens.**

V – Les intervenants auprès de ces familles sont eux aussi exposés à la pathologie relationnelle parents-nourrisson : cliniquement, les formes variées que revêt cette pathologie vont se retrouver dans les relations famille-intervenants et dans les relations entre intervenants.
C'est dire la nécessité de mettre en place des espaces de réflexion pour les intervenants, qui permettent une prise de distance et une élaboration de leur clinique, en présence d'un professionnel non impliqué directement dans la situation dont il est parlé et se référant à une approche psychodynamique.

TABLEAU 4

2. Évaluer

2.1. Évaluer la souffrance du bébé

LES SIGNES DE SOUFFRANCE DU BÉBÉ :
DESCRIPTION SÉMIOLOGIQUE

I – LA SPHÈRE SOMATIQUE
- Les signes fonctionnels
  - alimentation
  - sommeil/états de vigilance
  - fonctions d'élimination
- Les infections à répétition
- Les fièvres inexpliquées
- Les pathologies des voies respiratoires
- La croissance staturo-pondérale

II – LA SPHÈRE TONICO-MOTRICE
- L'organisation tonique
- La motricité
- Les activités répétitives ou stéréotypies

III – LES PROCESSUS DE RÉGULATION

IV – LA DYNAMIQUE DU DÉVELOPPEMENT

V – LA SPHÈRE RELATIONNELLE
- Manifestations émotionnelles
- Troubles du contact
- Hyperadaptation associée à une apparente passivité
- Troubles de l'attachement, de la différenciation des personnes

TABLEAU 5

CARACTÉRISTIQUES DE L'ÉVALUATION DU FONCTIONNEMENT DES BÉBÉS

I – LE CORPS

Le bébé nous parle avec son corps

II – LA COMPRÉHENSION DU LANGAGE CORPOREL DU BÉBÉ DOIT PRENDRE EN COMPTE L'ÉQUIPEMENT INITIAL DU BÉBÉ

III – LES MODES D'EXPRESSION DE LA SOUFFRANCE VONT VARIER SUIVANT :

- Le niveau de développement de l'enfant
- Le contexte interactif et environnemental

La sémiologie du bébé est toujours à resituer :

- Dans la dynamique du développement
- Dans la dynamique de l'interaction nourrisson-environnement

Sa compréhension doit prendre en compte l'équipement initial du bébé.

IV – L'ÉVALUATION DES SIGNES DE SOUFFRANCE N'EST PAS AISÉE CAR :

- Ils sont discrets, donc difficiles à repérer
- Ils apparaissent peu spécifiques
- Les formes qu'ils peuvent prendre, leur intensité ne préjugent en rien de leur gravité

Ces signes de souffrance sont d'abord un appel à l'aide : ils témoignent d'un déséquilibre entre le bébé et son environnement.

TABLEAU 6

2.2. Évaluer les interactions

EXAMEN DU NOURRISSON ÂGÉ DE 2 À 3 MOIS

NOM : ....

PRÉNOM : ....

Date de naissance :
Lieu de naissance :
Fille ☐ Garçon ☐
Date de l'évaluation :
Âge de l'enfant le jour de l'examen :

Personne(s) accompagnant l'enfant

Mère ☐ Père ☐
Fratrie ☐ Autre ☐ Préciser : ....

Mode de garde

La mère travaille-t-elle actuellement ? Oui ☐ Non ☐
Envisage-t-elle de reprendre son travail ? Oui ☐ Non ☐
Mode de garde de l'enfant : Actuel ☐ Envisagé ☐
Crèche ☐ Assistante maternelle ☐
Famille ☐ Préciser : ....
Garde à domicile ☐ Préciser : ....
Autre ☐ Préciser : ....

Composition de la famille vivant au foyer actuellement

Lien de parenté	Date de naissance	Lieu de naissance

Conditions de l'examen

Consultation : Sur rendez-vous ☐ Sans rendez-vous ☐
L'enfant est-il malade ce jour ? Oui ☐ Non ☐
(Si oui, l'examen sera refait éventuellement.)
La mère est-elle inquiète à son arrivée à la PMI ?
Oui ☐ Non ☐

Pesée-mensuration **Poids :** **Taille :**

Prise de poids excessive ☐ Poids stationnaire ☐
Prise de poids suffisante ☐ Chute de poids ☐

Observations pendant la pesée Le bébé présente-t-il :

Un état de bien-être ☐ Un état de panique ☐
Des pleurs ☐

Remarques spontanées notables de la mère

Observations dans la salle d'attente

Impressions générales sur les interactions mère-enfant
Échanges de regards Oui ☐ Non ☐
Échanges de sourires Oui ☐ Non ☐
Échanges de vocalises Oui ☐ Non ☐
Échanges corporels Oui ☐ Non ☐

Problèmes suspectés au niveau :

Du sommeil ☐ De l'alimentation ☐
De la relation parents-enfant ☐

Noms des personnes participant à l'examen

Pédiatre : Puéricultrice :
Psychologue : Auxiliaire de puériculture :
Interprète : Autres :

N.B. Cette première feuille doit être remplie avant l'entrée dans le cabinet médical.

EXAMEN PÉDIATRIQUE

<table>
<tr><th colspan="2">A) LES GRANDES FONCTIONS</th></tr>
<tr><th>ALIMENTATION</th><th>SOMMEIL</th></tr>
<tr><td>Réponses de la mère
Mode : Sein ☐ Biberon ☐ Allaitement mixte ☐
À heure fixe ☐ À la demande ☐
Nombre de repas/24 heures ☐ La nuit ☐
Le biberon est donné le plus souvent par :
La mère ☐ Le père ☐ Une tierce personne ☐
Dans les bras ☐ Dans le lit ☐
Pendant la tétée, l'enfant est-il :
Tendu ☐ Détendu ☐
Après la tétée, l'enfant pleure-t-il ? Oui ☐ Non ☐
Trouvez-vous que votre enfant boit normalement ?
Oui ☐ Non ☐
Trop vite ☐ Trop lentement ☐
En quantité : Trop ☐ Pas assez ☐</td><td>Réponses de la mère
Combien d'heures votre enfant dort-il par 24 heures ? ☐
D'un sommeil : Calme ☐ Agité ☐ Autre ☐
Trouvez-vous qu'il dort :
Suffisamment ☐ Trop ☐ Pas assez ☐
Combien de fois se réveille-t-il la nuit ? ☐
Prend-il la nuit pour le jour ? Oui ☐ Non ☐
L'enfant dort-il dans son lit ? Oui ☐ Non ☐
Dans sa chambre ☐
Dans la chambre de ses parents ☐
Autre ☐ Préciser : ....
S'endort-il :
Facilement (moins d'une demi-heure) ☐ Dans les bras ☐
Difficilement (plus d'une demi-heure) ☐ Dans son lit ☐</td></tr>
<tr><td>Au total selon l'équipe
L'alimentation est-elle source de conflits familiaux ?
Jamais ☐ Rarement ☐
Souvent ☐ Toujours ☐
Le bébé présente-t-il un trouble de l'alimentation ?
Oui ☐ Non ☐
Si oui, préciser : Refus alimentation ☐ Régurgitations ☐
Boulimie (a toujours faim) ☐ Vomissements ☐
Coliques ☐ Autres ☐ Préciser : ....
Les conduites maternelles vous paraissent-elles jouer, dans les difficultés de l'enfant, un rôle : Majeur ☐ Modéré ☐
Mineur ☐ Aucun rôle ☐ Ne sait pas ☐</td><td>Au total selon l'équipe
Le sommeil est-il source de conflits familiaux ?
Jamais ☐ Rarement ☐
Souvent ☐ Toujours ☐
Si oui, préciser : Troubles de l'endormissement ☐
Insomnie ☐ Hypersomnie ☐ Pleurs nocturnes ☐
Autre ☐ Préciser : ....
Les conduites maternelles vous paraissent-elles jouer, dans les difficultés de l'enfant, un rôle :
Majeur ☐ Modéré ☐ Mineur ☐
Aucun rôle ☐ Ne sait pas ☐</td></tr>
</table>

B) INTERACTIONS PARENTS-ENFANT				
I – INTERACTIONS MÈRE-NOURRISSON (OBSERVÉES AVANT L'EXAMEN PHYSIQUE)				
INTERACTIONS	CORPORELLES	VISUELLES	VOCALES	SOURIRES
BÉBÉ	Recherche le fouissement : Oui ☐ Non ☐ S'agrippe : Oui ☐ Non ☐ Apprécie les contacts corporels : Oui ☐ Non ☐	Maintient le contact œil à œil : Oui ☐ Non ☐ Évite le regard de sa mère : Oui ☐ Non ☐ A un regard fixe : Oui ☐ Non ☐ Explore l'environnement : Oui ☐ Non ☐	Vocalise vers sa mère : Oui ☐ Non ☐ Pleure fréquemment : Oui ☐ Non ☐ Hurle fréquemment : Oui ☐ Non ☐	Sourit spontanément à sa mère : Oui ☐ Non ☐ Répond au sourire de sa mère : Oui ☐ Non ☐
MÈRE	Berce son bébé : Oui ☐ Non ☐ Tient son bébé confortablement : Oui ☐ Non ☐ Tient son bébé à distance : Oui ☐ Non ☐ Caresse son bébé : Oui ☐ Non ☐ Embrasse son bébé : Oui ☐ Non ☐	Maintient le regard : Oui ☐ Non ☐ Évite le regard du bébé : Oui ☐ Non ☐ Suit le bébé des yeux : Oui ☐ Non ☐	Parle au bébé : Oui ☐ Non ☐ Jeux vocaux (réciproques) mère-bébé : Oui ☐ Non ☐ Crie fréquemment : Oui ☐ Non ☐ Peut rester silencieuse : Oui ☐ Non ☐	Sourit spontanément à son bébé : Oui ☐ Non ☐ Répond au sourire de son bébé : Oui ☐ Non ☐
Les échanges mère-enfant vous paraissent-ils dans ce domaine :	Excessifs ☐ Dans la moyenne ☐ Rares ☐ Absents ☐	Excessifs ☐ Dans la moyenne ☐ Rares ☐ Absents ☐	Excessifs ☐ Dans la moyenne ☐ Rares ☐ Absents ☐	Excessifs ☐ Dans la moyenne ☐ Rares ☐ Absents ☐

<table>
<tr><th colspan="2">CARACTÉRISTIQUES GÉNÉRALES DES INTERACTIONS MÈRE-NOURRISSON</th></tr>
<tr><td>Qui initie les échanges ?
La mère ☐ L'enfant ☐
Les deux ☐ Aucun des deux ☐
Réciprocité des échanges :
Fréquente ☐
Rare ☐
Absente ☐</td><td>Tonalité affective dominante :
Enfant / Mère
Plaisir ☐ ☐
Tristesse ☐ ☐
Indifférence ☐ ☐
Excitation ☐ ☐
Vide ☐ ☐
Autre ☐ ☐
Préciser : ....</td></tr>
<tr><td colspan="2">Les interactions se déroulent-elles, de façon prédominante, avec : Continuité ☐ Discontinuité ☐</td></tr>
<tr><td colspan="2">II – INTERACTIONS PÈRE-NOURRISSON</td></tr>
<tr><td>SELON LA MÈRE</td><td>SELON L'ÉQUIPE</td></tr>
<tr><td>La mère parle-t-elle spontanément du père de l'enfant ?
Oui ☐ Non ☐
Le père s'occupe-t-il de l'enfant ?
Oui ☐ Non ☐
Si oui : Seul avec l'enfant ☐
Toujours en présence de la mère ☐
Autre ☐ Préciser : ....
....
....
Le père assume-t-il son rôle de père auprès de l'enfant ?
Oui ☐ Non ☐
Sinon, préciser : ....
....
....</td><td>Le père vient-il spontanément à la PMI ?
Oui ☐ Non ☐
Participe-t-il activement à la consultation ?
Oui ☐ Non ☐
Le père assume-t-il son rôle de père auprès de l'enfant ?
Oui ☐ Non ☐
Sinon, préciser: ....
....
....</td></tr>
</table>

C) EXAMEN SOMATIQUE

EXAMEN	NORMAL	SINON, PRÉCISER
État général	Oui ☐ Non ☐	
Peau et muqueuses	Oui ☐ Non ☐	
Voies respiratoires sup. + cavité buccale	Oui ☐ Non ☐	
ORL	Oui ☐ Non ☐	
Cœur	Oui ☐ Non ☐	
Poumons	Oui ☐ Non ☐	
Abdomen	Oui ☐ Non ☐	
Organes génitaux	Oui ☐ Non ☐	
Squelette	Oui ☐ Non ☐	
Yeux	Oui ☐ Non ☐	

Comportement du bébé pendant l'examen physique

A-t-il pu entrer en contact avec l'examinateur ?

Oui ☐ Non ☐

Si oui, préciser :

Contact facile ☐ Difficile ☐ Autre ☐

Agréable ☐ Désagréable ☐ Autre ☐

S'est-il montré :

Actif ☐ Apathique ☐ Autre ☐

Coopérant ☐ Opposant ☐ Autre ☐

En cas de pleurs ou de cris, a-t-il pu :

Se calmer seul Oui ☐ Non ☐

Être calmé par l'examinateur Oui ☐ Non ☐

Être calmé par sa mère Oui ☐ Non ☐

Si oui, préciser : Voix ☐ Contact corporel ☐

Examen neurologique et psychomoteur

PC : Fontanelles (en TD)

Motricité

Gesticulation du bébé :

Riche ☐ Pauvre ☐ Absente ☐

Le bébé tient-il fermement le hochet dans une main ?

Oui ☐ Non ☐

Tonus

Couché sur le dos, le bébé retient-il sa tête quand on le soulève par traction sur les avant-bras ?

Oui ☐ Non ☐

TONUS	TÊTE	TRONC	MEMBRES INFÉRIEURS	MEMBRES SUPÉRIEURS
Normal				
Hyper				
Hypo				

Au total : Tonus harmonieux ☐ Dysharmonieux ☐

Le bébé peut-il communiquer par le regard avec l'examinateur ? Oui ☐ Non ☐

Comportement de la mère pendant l'examen physique du bébé

Était-elle : Détendue ☐ Anxieuse ☐ Autre ☐

Coopérante ☐ En retrait ☐ Autre ☐

A-t-elle montré plutôt une capacité à calmer le bébé ?

Oui ☐ Non ☐

S'est-elle montrée plutôt excitante pour le bébé ?

Oui ☐ Non ☐

CONCLUSION DE L'ÉVALUATION

I – Développement de l'enfant

Homéostasie : L'enfant passe-t-il aisément de l'état de tension à l'état de détente ? Oui ☐ Non ☐

L'enfant a-t-il acquis un rythme veille-sommeil ? Oui ☐ Non ☐

Attachement : L'enfant a-t-il une relation différenciée avec sa mère ? Oui ☐ Non ☐

II – La relation mère-enfant vous paraît-elle :

Très harmonieuse ☐ Plutôt dysharmonieuse ☐

Plutôt harmonieuse ☐ Très dysharmonieuse ☐

Perceptions contradictoires dans l'équipe ☐

III – L'enfant a-t-il été fréquemment malade durant les 3 premiers mois ? Oui ☐ Non ☐

Si oui, préciser : ....

IV – Hospitalisations–séparations : L'enfant a-t-il déjà été hospitalisé ? Oui ☐ Non ☐

Si oui, préciser : Nombre..................... Durée......................... Motif..........................

L'enfant a-t-il vécu d'autres séparations à temps complet ? Oui ☐ Non ☐

Si oui, préciser : Nombre..................... Type .... Durée..........................

Motif...

V – Inquiétudes de l'équipe (porter dans la case directement le coefficient de pondération)

CONCERNANT	ENFANT OUI ☐ NON ☐	PARENTS	MÈRE OUI ☐ NON ☐	PÈRE OUI ☐ NON ☐	FAMILLE OUI ☐ NON ☐
Si oui, portent-elles sur :	**Grandes fonctions :**	**Psychopathologie**	☐	☐	**Psychopathologie** ☐
Coefficient de pondération	Sommeil ☐	**État somatique**	☐	☐	**État somatique** ☐
	Alimentation ☐	**Relation**			**Le couple** ☐
1) Pas d'inquiétude	**État somatique** ☐	mère-bébé	☐		**Situation finan.** ☐
2) Inquiétude mineure	**Relation**	père-bébé		☐	**Situation profes.** ☐
3) Inquiétude moyenne	mère-bébé ☐	Autres, préciser :			**Logement** ☐
4) Inquiétude majeure	Autres, préciser :	....			Autres, préciser : .....
	....	....			....

Le coefficient de pondération doit apparaître pour chaque item.

VI – Antécédents

1) Critères portant sur l'enfant

Pendant la grossesse et/ou après l'accouchement, la mère a-t-elle été hébergée en foyer maternel ou hôtel maternel et/ou maison maternelle ? Oui ☐ Non ☐

L'enfant a-t-il été déjà l'objet de sévices et/ou de négligences graves ? Oui ☐ Non ☐

2) Critères concernant la fratrie

Les grossesses antérieures ont-elles été médicalement « non suivies » ? Oui ☐ Non ☐

Les frères et/ou sœurs ont-ils été « recueillis temporaires » et/ou placés à temps complet (inclus les séjours en pouponnières supérieurs à un mois, en l'absence de motif médical précis) ? Oui ☐ Non ☐

3) La famille, à la connaissance de l'équipe, a-t-elle déjà été « adressée officiellement » et/ou fait-elle déjà l'objet d'une « prise en charge » par une « des structures suivantes » :

ASE (à l'exception des allocations mensuelles) Oui ☐ Non ☐

Si oui, préciser : AEMO administrative ☐ Placement ☐

Justice : Oui ☐ Non ☐ Si oui, préciser : AEMO judiciaire ☐

OPP (ordonn. de placement provisoire) ☐

Psychiatrie : Oui ☐ Non ☐ Si oui, préciser : Secteur psychiatrique ☐

Psychiatre de ville ☐

Autre ☐

VII – Cet enfant vous paraît-il à risques au niveau :

Des sévices Oui ☐ Non ☐

Des négligences graves Oui ☐ Non ☐

De la psychopathologie Oui ☐ Non ☐

VIII – Souhaitez-vous une évaluation plus approfondie ? Oui ☐ Non ☐

Si oui, précisez dans quel(s) domaine(s) et sur quel mode : ....

....

....

....

EXAMEN DU NOURRISSON ÂGÉ DE 11 À 13 MOIS

NOM : ....

PRÉNOM : ....

Date de naissance :
Lieu de naissance :
Fille ☐ Garçon ☐
Date de l'évaluation :
Âge de l'enfant le jour de l'examen :

Personne(s) accompagnant l'enfant

Mère ☐ Père ☐
Fratrie ☐ Autre ☐ Préciser : ....

Mode de garde

La mère travaille-t-elle actuellement ? Oui ☐ Non ☐
Si oui, mode de garde actuel :
Famille ☐ Préciser : ....
Garde à domicile ☐ Préciser : ....
Autre ☐ Préciser : ....

Composition de la famille vivant au foyer

Lien de parenté	Date de naissance	Lieu de naissance

Noms des personnes participant à l'examen

Pédiatre : Puéricultrice :
Psychologue : Auxiliaire de puériculture :
Interprète : Autres :

Conditions de l'examen

Consultation : Sur rendez-vous ☐ Sans rendez-vous ☐
L'enfant est-il malade ce jour ? Oui ☐ Non ☐
(Si oui, l'examen sera refait éventuellement.)
La mère est-elle inquiète ? Oui ☐ Non ☐

Pesée-mensuration	**Poids**		**Taille**	
	Normal	☐	Normale	☐
	– DS	☐	– DS	☐
	+ DS	☐	+ DS	☐

Observations pendant la pesée

Le bébé présente-t-il :
Des pleurs Oui ☐ Non ☐
Des peurs Oui ☐ Non ☐
De l'agitation Oui ☐ Non ☐
De l'apathie Oui ☐ Non ☐
L'enfant est-il réconforté par sa mère ? Oui ☐ Non ☐
L'enfant s'agrippe-t-il à sa mère ? Oui ☐ Non ☐

Remarques spontanées notables de la mère

Observations dans la salle d'attente

L'enfant ne joue pas ☐ Joue seul ☐ Joue avec sa mère ☐
Curieux et intéressé par les autres personnes présentes ☐
Attitudes envers les étrangers :
Sourires ☐ Pleurs ☐ Pas de manifestations particulières ☐

Problèmes suspectés au niveau :

De l'alimentation ☐ Du dévelop. psychomoteur ☐
Du sommeil ☐ De la relation parents-enfant ☐

N.B. Cette première feuille doit être remplie avant l'entrée dans le cabinet médical.

EXAMEN PÉDIATRIQUE :

A) LES GRANDES FONCTIONS		
ALIMENTATION	SOMMEIL	PROPRETÉ
Réponses de la mère Mode : Sein ☐ Biberon ☐ Cuillère ☐ Tasse ☐ Sevrage : À quel âge ? .... Durée .... Motif (en quelques mots) .... Réactions du bébé au sevrage : Troubles alimentaires ☐ Troubles du sommeil ☐ Troubles du comportement ☐ Autre ☐ Préciser : .... Qui donne les repas : Père ☐ Mère ☐ Fratrie ☐ Assistante maternelle ☐ Mange seul ☐ Autre ☐ Préciser : .... L'enfant mange-t-il : En famille ☐ Seul ☐ Dans ce cas pourquoi : Horaires décalés ☐ Convenance personnelle ☐ Autre ☐ Préciser : .... Trouvez-vous que votre enfant mange : Pas ☐ Peu ☐ Bien ☐ Trop ☐	**Réponses de la mère** De quelle heure à quelle heure l'enfant dort-il : La nuit .... Le jour .... Trouvez-vous qu'il dort : Suffisamment ☐ Trop ☐ Pas assez ☐ Se réveille-t-il la nuit ? Oui ☐ Non ☐ Si oui, plus d'une fois/nuit Oui ☐ Non ☐ Plusieurs nuits/semaine Oui ☐ Non ☐ Trouvez-vous que c'est beaucoup ? Oui ☐ Non ☐ Fait-il des cauchemars ? Oui ☐ Non ☐ Pleure-t-il souvent la nuit ? Oui ☐ Non ☐ L'enfant dort-il dans son lit ? Oui ☐ Non ☐ Dans sa chambre ? Oui ☐ Non ☐ Dans la chambre de ses parents ? Oui ☐ Non ☐ Autre ☐ Préciser : .... S'endort-il facilement (moins d'une demi-heure) ? ☐ Difficilement (plus d'une demi-heure) ? ☐ A-t-il besoin pour s'endormir : De quelqu'un Oui ☐ Non ☐ Si oui, Père ☐ Mère ☐ Fratrie ☐ D'un objet transitionnel Oui ☐ Non ☐ D'une sucette Oui ☐ Non ☐ D'une veilleuse Oui ☐ Non ☐	**Réponses de la mère** L'enfant a-t-il été mis sur le pot ? Oui ☐ Non ☐ À quel âge ? .... Par qui : La mère ☐ L'assistante maternelle ☐ Autre ☐ Préciser : ....

LES GRANDES FONCTIONS (suite)		
ALIMENTATION	SOMMEIL	PROPRETÉ
Au total selon l'équipe Les repas sont-ils conflictuels ? Jamais ☐ Rarement ☐ Souvent ☐ Toujours ☐ L'enfant présente-t-il un trouble alimentaire ? Oui ☐ Non ☐ Si oui, préciser : Boulimie ☐ Anorexie ☐ Mérycisme ☐ Refus alimentaire électif ☐ Diarrhée ☐ Constipation ☐ Les conduites maternelles vous paraissent-elles jouer, dans les difficultés de l'enfant, un rôle : Majeur ☐ Modéré ☐ Mineur ☐ Aucun rôle ☐ Ne sait pas ☐	**Au total selon l'équipe** Le sommeil est-il source de conflits familiaux ? Jamais ☐ Rarement ☐ Souvent ☐ Toujours ☐ L'enfant présente-t-il des troubles du sommeil ? Oui ☐ Non ☐ Si oui, préciser : .... Troubles de l'endormissement ☐ Insomnie ☐ Hypersomnie ☐ Autre ☐ Préciser : .... Les conduites maternelles vous paraissent-elles jouer, dans les difficultés de l'enfant, un rôle : Majeur ☐ Modéré ☐ Mineur ☐ Aucun rôle ☐ Ne sait pas ☐	**Au total selon l'équipe** Le propreté est-elle source de conflits familiaux ? Jamais ☐ Rarement ☐ Souvent ☐ Toujours ☐ Les conduites maternelles vous paraissent-elles : Adéquates ☐ Inadéquates ☐ Ne sait pas ☐

B) INTERACTIONS PARENTS-ENFANT

I – INTERACTIONS MÈRE-NOURRISSON

INTERACTIONS	CORPORELLES	VISUELLES	VOCALES	GESTUELLES
ENFANT	S'agrippe à sa mère : ☐ Apprécie les contacts corporels : ☐ Refuse les contacts corporels : ☐ Passif, indifférent : ☐ S'éloigne et revient : ☐	Regarde sa mère : ☐ Explore l'environnement : ☐ Recherche sa mère du regard : ☐ Fuit le regard de sa mère : ☐ Attire le regard de sa mère sur un objet : ☐ Regard vide : ☐	Utilise la voix pour communiquer : Oui ☐ Non ☐ Comprend les ordres, les interdits : Oui ☐ Non ☐ Pleure : Oui ☐ Non ☐ Imite, répond en écho : Oui ☐ Non ☐	Montre du doigt ce qui l'intéresse (pointing) : Oui ☐ Non ☐ Tend les objets à la mère : Oui ☐ Non ☐ Imite les gestes de sa mère : Oui ☐ Non ☐
MÈRE	Est-elle captatrice ? Oui ☐ Non ☐ Accepte les allées et venues de l'enfant et les encourage : Oui ☐ Non ☐ Est-elle rejetante ? Oui ☐ Non ☐	Évite le regard : Oui ☐ Non ☐ Surveille l'enfant : Oui ☐ Non ☐ Répond au regard de l'enfant : Oui ☐ Non ☐	Est-ce qu'elle communique par la voix avec son enfant ? Oui ☐ Non ☐ Est-ce qu'elle lui donne des explications ? Oui ☐ Non ☐ A-t-elle un langage bébé ? Oui ☐ Non ☐	Donne des objets à son enfant : Oui ☐ Non ☐ Prend les objets que l'enfant lui donne : Oui ☐ Non ☐ Interdit du geste : Oui ☐ Non ☐ Limite physiquement les gestes de l'enfant : Oui ☐ Non ☐
Les échanges mère-enfant vous paraissent-ils dans ce domaine :	Excessifs ☐ Dans la moyenne ☐ Rares ☐ Absents ☐	Excessifs ☐ Dans la moyenne ☐ Rares ☐ Absents ☐	Excessifs ☐ Dans la moyenne ☐ Rares ☐ Absents ☐	Excessifs ☐ Dans la moyenne ☐ Rares ☐ Absents ☐

<table>
<tr><th colspan="3">CARACTÉRISTIQUES GÉNÉRALES DES INTERACTIONS MÈRE-NOURRISSON</th></tr>
<tr>
<td>Qui initie les échanges ?
La mère ☐ L'enfant ☐
Les deux ☐ Aucun des deux ☐
Réciprocité des échanges
Fréquente ☐
Rare ☐
Absente ☐</td>
<td>Tonalité affective dominante
Enfant Mère
Plaisir ☐ ☐
Tristesse ☐ ☐
Indifference ☐ ☐
Excitation ☐ ☐
Vide ☐ ☐
Autre ☐ ☐
Préciser : ....
....</td>
<td>Contenu prédominant des interactions
Jeux mère-enfant ☐
Enfant seul ☐
Autre ☐
Mère exagérément : Permissive ☐
Interdictrice ☐
Autre ☐
Enfant Passif ☐
Opposant ☐
Autre ☐
Les interactions favorisent-elles l'exploration de l'environnement ?
Oui ☐ Non ☐</td>
</tr>
<tr><td colspan="3">Les interactions se déroulent-elles, de façon prédominante, avec : Continuité ☐ Discontinuité ☐</td></tr>
<tr><td colspan="3">II – INTERACTIONS PÈRE-NOURRISSON</td></tr>
<tr><th>SELON LA MÈRE</th><th colspan="2">SELON L'ÉQUIPE</th></tr>
<tr>
<td>La mère parle spontanément du père de l'enfant :
Oui ☐ Non ☐
Le père s'occupe-t-il de l'enfant ?
Oui ☐ Non ☐
Si oui : Seul avec l'enfant ☐
En présence de la mère ☐
Autre ☐ Préciser : ....
....</td>
<td colspan="2">Le père vient spontanément à la PMI :
Oui ☐ Non ☐
Il participe activement à la consultation :
Oui ☐ Non ☐
L'enfant semble-t-il très proche de son père ?
Oui ☐ Non ☐
L'enfant manifeste-t-il des comportements négatifs à l'égard de son père (évitement, peur, hostilité) ?
Oui ☐ Non ☐</td>
</tr>
</table>

C) EXAMEN SOMATIQUE

Examen	Normal	Sinon, préciser
État général	Oui ☐ Non ☐	
Peau et muqueuses	Oui ☐ Non ☐	
Voies respiratoires supérieures + cavité buccale	Oui ☐ Non ☐	
ORL	Oui ☐ Non ☐	
Cœur	Oui ☐ Non ☐	
Poumons	Oui ☐ Non ☐	
Abdomen	Oui ☐ Non ☐	
Organes génitaux	Oui ☐ Non ☐	
Squelette	Oui ☐ Non ☐	
Yeux	Oui ☐ Non ☐	

Comportement de l'enfant pendant l'examen physique

Angoisse lors de l'examen physique avec le pédiatre :
Absente ☐ Mineure ☐ Modérée ☐ Majeure ☐

En cas d'angoisse modérée ou majeure, l'enfant est-il capable de se calmer ?

Seul	☐	Grâce à la mère	☐
Avec des paroles	☐	Grâce à un jeu	☐
Grâce à la sucette	☐	Pris dans les bras	☐
Par hyperstimulation	☐		

Comportement de la mère pendant l'examen physique :

Était-elle : Détendue ☐ Anxieuse ☐ Autre ☐
Coopérante ☐ En retrait ☐ Autre ☐

Examen neurologique et psychomoteur

PC : Fontanelles :

1) Motricité

Saisit-il un objet entre le pouce et l'index ? Oui ☐ Non ☐

2) Tonus

Station assise dos droit ☐
Station debout avec appui ☐
Station debout sans appui ☐
Marche tenu par la main ☐
Se relève-t-il seul ? ☐

3) Langage, sociabilité

– Selon la mère

Répète-t-il un son entendu ? Oui ☐ Non ☐
Est-ce que, lorsque vous lui interdisez quelque chose, il comprend cette défense ? Oui ☐ Non ☐
Est-ce qu'il dit des mots ? Oui ☐ Non ☐
Est-ce qu'il montre du doigt ce qu'il désire ? Oui ☐ Non ☐
Est-ce qu'il donne un objet lorsqu'on le lui demande ? Oui ☐ Non ☐

– Selon l'équipe

En fonction de l'interrogatoire de la mère et de l'observation directe, le développement du langage vous paraît :

Adéquat pour l'âge ☐
En retard ☐
En avance ☐

CONCLUSION DE L'ÉVALUATION

I – Développement de l'enfant : séparation-individuation

L'enfant a-t-il acquis une certaine indépendance (capacité d'initiative, affirmation de soi) ? Oui ☐ Non ☐

Manifeste-t-il un riche éventail de sentiments (plaisir, colère, tristesse) ? Oui ☐ Non ☐

S'intéresse-t-il à l'environnement et aux objets ? Oui ☐ Non ☐

Manifeste-t-il de l'intérêt à communiquer avec les personnes autres que sa mère ? Oui ☐ Non ☐

II – La relation mère-enfant vous paraît-elle : Très harmonieuse ☐ Plutôt dysharmonieuse ☐

Plutôt harmonieuse ☐ Très dysharmonieuse ☐

Perceptions contradictoires dans l'équipe ☐

III – L'enfant a-t-il été fréquemment malade avant la première année ? Oui ☐ Non ☐

Si oui, préciser : ....

IV – Hospitalisations-séparations :

L'enfant a-t-il déjà été hospitalisé ? Oui ☐ Non ☐

Si oui, préciser : Nombre .... Durée .... Motif ....

L'enfant a-t-il vécu d'autres séparations à temps complet ? Oui ☐ Non ☐

Si oui, préciser : Nombre .... Type .... Durée ....

Motif ....

V – Inquiétudes de l'équipe (porter dans la case directement le coefficient de pondération)

CONCERNANT	ENFANT OUI ☐ NON ☐	PARENTS	MÈRE OUI ☐ NON ☐	PÈRE OUI ☐ NON ☐	FAMILLE OUI ☐ NON ☐
Si oui, portent-elles sur :	**Grandes fonctions :**	**Psychopathologie**	☐	☐	**Psychopathologie** ☐
Coefficient de pondération	Sommeil ☐	**État somatique**	☐	☐	**État somatique** ☐
1) Pas d'inquiétude	Alimentation ☐	**Relation**			**Le couple** ☐
2) Inquiétude mineure	**État somatique** ☐	mère-bébé	☐		**Situation finan.** ☐
3) Inquiétude moyenne	**Développement psychomoteur** ☐	père-bébé		☐	**Situation profes.** ☐
4) Inquiétude majeure	**Relation mère-bébé** ☐	Autres, préciser :			**Logement** ☐
	Autres, préciser :	....			Autres, préciser : ....
Le coefficient de pondération doit apparaître pour chaque item.					

VI – Antécédents

1) Critères portant sur l'enfant

Pendant la grossesse et/ou après l'accouchement, la mère a-t-elle été hébergée en foyer maternel ou hôtel maternel et/ou maison maternelle ? Oui ☐ Non ☐

L'enfant a-t-il été déjà l'objet de sévices et/ou de négligences graves ? Oui ☐ Non ☐

2) Critères concernant la fratrie

Les grossesses antérieures ont-elles été médicalement « non suivies » ? Oui ☐ Non ☐

Les frères et/ou sœurs ont-ils été « recueillis temporaires » et/ou placés à temps complet (inclus les séjours en pouponnières supérieurs à un mois, en l'absence de motif médical précis) ? Oui ☐ Non ☐

3) La famille, à la connaissance de l'équipe, a-t-elle déjà été « adressée officiellement » et/ou fait-elle déjà l'objet d'une « prise en charge » par une « des structures suivantes » :

ASE (à l'exception des allocations mensuelles) Oui ☐ Non ☐
Si oui, préciser : AEMO administrative ☐ Placement ☐

Justice : Oui ☐ Non ☐ Si oui, préciser : AEMO judiciaire ☐
OPP (ordonn. de placement provisoire) ☐

Psychiatrie : Oui ☐ Non ☐ Si oui, préciser : Secteur psychiatrique ☐
Psychiatre de ville ☐
Autre ☐

VII – Cet enfant vous paraît-il à risques au niveau : Des sévices Oui ☐ Non ☐
Des négligences graves Oui ☐ Non ☐
De la psychopathologie Oui ☐ Non ☐

VIII – Souhaitez-vous une évaluation plus approfondie ? Oui ☐ Non ☐
Si oui, précisez dans quel(s) domaine(s) et sur quel mode : ....
....
....
....

EXAMEN DU NOURRISSON ÂGÉ DE 2 ANS

NOM : ....

PRÉNOM : ....

Date de naissance :
Lieu de naissance :
Fille ☐ Garçon ☐
Date de l'évaluation :
Âge de l'enfant le jour de l'examen :

Personne(s) accompagnant l'enfant
Mère ☐ Père ☐
Fratrie ☐ Autre ☐ Préciser : ....

Mode de garde
La mère travaille-t-elle actuellement ? Oui ☐ Non ☐
Si oui, mode de garde de l'enfant :
Crèche ☐ Assistante maternelle ☐
Famille ☐ Préciser : ....
Garde à domicile ☐ Préciser : ....
Autre ☐ Préciser : ....

Composition de la famille vivant au foyer actuellement

Lien de parenté	Date de naissance	Lieu de naissance

Noms des personnes participant à l'examen
Pédiatre : Puéricultrice :
Psychologue : Auxiliaire de puériculture :
Interprète : Autres :

Conditions de l'examen
Consultation : Sur rendez-vous ☐ Sans rendez-vous ☐
L'enfant est-il malade ce jour ? Oui ☐ Non ☐
(Si oui, l'examen sera refait éventuellement.)
La mère est-elle inquiète à son arrivée à la PMI ?
Oui ☐ Non ☐

Pesée-mensuration	**Poids**		**Taille**	
	Normal	☐	Normale	☐
	– DS	☐	– DS	☐
	+ DS	☐	+ DS	☐

Observation pendant la pesée
L'enfant : Refuse ☐ Accepte ☐ Semble effrayé ☐
Réponse de la mère :
Rassurante ☐ Passive ☐ Autoritaire ☐
Augmente les difficultés de l'enfant ☐

Remarques spontanées notables de la mère

N.B. Cette première feuille et la suivante doivent être remplies avant l'entrée dans le cabinet médical.

Observations dans la salle d'attente (autonomie, sociabilité)
Comportements de l'enfant

Enfant

Activité motrice :
- Très faible (préoccupante) ☐
- Dans la limite de la normale ☐
- Très intense (agitation préoccupante) ☐

Relation avec les objets
- Intérêt ☐
- Indifférence ☐
- Violence ☐
- Utilisation monotone et stéréotypée ☐
- Utilisation appropriée à l'âge ☐

Relation avec les autres
- Intérêt ☐
- Agression ☐
- Indifférence ☐
- Séduction ☐

Relation avec sa mère
- Joue loin de sa mère ☐
- Près de sa mère ☐
- Joue avec sa mère ☐
- Ne joue pas ☐
- Joue seul ☐

Attitude de sa mère
- Participante ☐
- Rassurante ☐
- Captatrice ☐
- Indifférente ☐
- Interdictrice ☐
- Légèrement interdictrice ☐

Problèmes suspectés au niveau :
- De l'alimentation ☐
- Du sommeil ☐
- Du langage ☐
- De la relation mère-enfant ☐
- De la socialisation ☐

EXAMEN PÉDIATRIQUE :

A) LES GRANDES FONCTIONS

ALIMENTATION

Réponses de la mère

Mode : Nombre de repas ....

Morceaux ☐ Mixte ☐ Petits pots ☐

Nombre de tétées ....

Nombre de biberons ....

Conditions des repas :

En famille Oui ☐ Non ☐

Sans aide Oui ☐ Non ☐

Trouvez-vous que votre enfant mange :

Pas ☐ Peu ☐ Bien ☐ Trop ☐

Refuse-t-il certains aliments ?

Oui ☐ Non ☐

Refuse-t-il toute nourriture ?

Oui ☐ Non ☐

Le forcez-vous à manger ?

Oui ☐ Non ☐

Les repas sont-ils des moments :

Agréables Oui ☐ Non ☐

Difficiles Oui ☐ Non ☐

Si oui, l'enfant réagit-il avec :

Colères ☐ Vomissements ☐

Passivité ☐

SOMMEIL

Réponses de la mère

De quelle heure à quelle heure l'enfant dort-il :

La nuit .... Le jour ....

Se réveille-t-il la nuit ? Oui ☐ Non ☐

Si oui, plus d'une fois/nuit Oui ☐ Non ☐

plusieurs nuits/semaine Oui ☐ Non ☐

Trouvez-vous

que c'est beaucoup ? Oui ☐ Non ☐

Fait-il des cauchemars ? Oui ☐ Non ☐

Pleure-t-il souvent la nuit ? Oui ☐ Non ☐

Se lève-t-il ? Oui ☐ Non ☐

Va-t-il dans le lit des parents ? Oui ☐ Non ☐

Le gardez-vous dans votre lit ? Oui ☐ Non ☐

L'enfant dort-il dans son lit ? Oui ☐ Non ☐

Dans sa chambre Oui ☐ Non ☐

Dans la chambre des parents ? Oui ☐ Non ☐

Autre ☐ Préciser : ....

S'endort-il :

Facilement (moins d'une demi-heure) ☐

Difficilement (plus d'une demi-heure) ☐

A-t-il besoin pour s'endormir :

De quelqu'un Oui ☐ Non ☐

Si oui, Père ☐ Mère ☐ Fratrie ☐

D'un objet transitionnel Oui ☐ Non ☐

D'une sucette Oui ☐ Non ☐

D'histoires ? Oui ☐ Non ☐

De chansons ? Oui ☐ Non ☐

D'une veilleuse ? Oui ☐ Non ☐

Autre ☐ Préciser : ....

PROPRETÉ

Réponses de la mère

À quel âge lui avez-vous proposé le pot :

....

Réaction de l'enfant

Indifférence ☐ Acceptation ☐

Opposition ☐ Autre ☐

Attitude des parents

Tolérant ☐ Indifférent ☐

Autoritaire ☐

Acquisition du contrôle sphinctérien

	Jour	Nuit
Urinaire	☐	☐
Anal	☐	☐

LES GRANDES FONCTIONS (suite)		
ALIMENTATION	SOMMEIL	PROPRETÉ
Au total selon l'équipe Les repas sont-ils source de conflits familiaux ? Jamais ☐ Rarement ☐ Souvent ☐ Toujours ☐ L'enfant présente-t-il un trouble alimentaire ? Oui ☐ Non ☐ Si oui : Boulimie ☐ Anorexie ☐ Refus alimentaire électif ☐ Diarrhée ☐ Constipation ☐ Les conduites maternelles vous paraissent-elles jouer, dans les difficultés de l'enfant, un rôle : Majeur ☐ Modéré ☐ Mineur ☐ Aucun rôle ☐ Ne sait pas ☐	**Au total selon l'équipe** Le sommeil est-il source de conflits familiaux ? Jamais ☐ Rarement ☐ Souvent ☐ Toujours ☐ L'enfant presente-t-il des troubles du sommeil ? Oui ☐ Non ☐ Date d'apparition .... Si oui : Troubles de l'endormissement ☐ Insomnie ☐ Hypersomnie ☐ Les conduites maternelles vous paraissent-elles jouer, dans les difficultés de l'enfant, un rôle : Majeur ☐ Modéré ☐ Mineur ☐ Aucun rôle ☐ Ne sait pas ☐	**Au total selon l'équipe** Le propreté est-elle source de conflits familiaux ? Jamais ☐ Rarement ☐ Souvent ☐ Toujours ☐ Les conduites maternelles vous paraissent-elles : Adéquates ☐ Inadéquates ☐ Ne sait pas ☐

B) INTERACTIONS PARENTS–ENFANT

I– INTERACTION MÈRE–NOURRISSON

Qui initie les échanges ?
La mère ☐ L'enfant ☐
Les deux ☐ Aucun des deux ☐

Mode prédominant
Corporel ☐
Vocal ☐
Visuel ☐
Pas de prédominance d'un mode ☐

Réciprocité des échanges
Fréquente ☐
Rare ☐
Absente ☐

Tonalité affective dominante

	Enfant	Mère
Plaisir	☐	☐
Tristesse	☐	☐
Indifférence	☐	☐
Excitation	☐	☐
Vide	☐	☐
Autre	☐	☐

Préciser : ....
....

Contenu prédominant des interactions
Jeux mère-enfant ☐
Enfant seul ☐
Autre ☐
Mère exagérément Permissive ☐
Interdictrice ☐
Autre ☐
Enfant Passif ☐
Opposant ☐
Autre ☐
Les interactions favorisent-elles l'exploration de l'environnement ?
Oui ☐ Non ☐

Les interactions se déroulent-elles, de façon prédominante, avec : Continuité ☐ Discontinuité ☐

II – INTERACTION PÈRE-NOURRISSON

SELON LA MÈRE

Mère parle spontanément du père de l'enfant ?
Oui ☐ Non ☐
Le père s'occupe-t-il de l'enfant ?
Oui ☐ Non ☐
Si oui : Seul avec l'enfant ☐
En présence de la mère ☐
Autre ☐ Préciser : ....
....

SELON L'ÉQUIPE

Le père vient spontanément à la PMI
Oui ☐ Non ☐
Il participe activement à la consultation
Oui ☐ Non ☐
L'enfant semble-t-il très proche de son père ?
Oui ☐ Non ☐
L'enfant manifeste-t-il des comportements négatifs à l'égard de son père (évitement, peur, hostilité) ?
Oui ☐ Non ☐

C) EXAMEN PHYSIQUE

EXAMEN	NORMAL	SINON, PRÉCISER
État général	Oui ☐ Non ☐	
Peau et muqueuses	Oui ☐ Non ☐	
Voies respiratoires sup. + cavité buccale	Oui ☐ Non ☐	
ORL	Oui ☐ Non ☐	
Cœur	Oui ☐ Non ☐	
Poumons	Oui ☐ Non ☐	
Abdomen	Oui ☐ Non ☐	
Organes génitaux	Oui ☐ Non ☐	
Squelette	Oui ☐ Non ☐	
Yeux	Oui ☐ Non ☐	

Examen neurologique et psychomoteur

PC : Fontanelles :

L'enfant

Marche bien	Oui ☐	Non ☐
Se lève seul	Oui ☐	Non ☐
Obéit à un ordre simple	Oui ☐	Non ☐
Associe 2 mots	Oui ☐	Non ☐
Se nomme par son prénom	Oui ☐	Non ☐
Imite un trait	Oui ☐	Non ☐
Superpose des cubes	Oui ☐	Non ☐

Comportement de l'enfant pendant l'examen

A-t-il pu entrer en contact avec l'examinateur :

Oui ☐ Non ☐

Si oui, préciser :

Contact facile ☐ Difficile ☐ Autre ☐

S'est-il montré ?

Coopérant ☐ Réticent ☐ Opposant ☐ Autre ☐

Actif ☐ Passif ☐ Inhibé ☐ Autre ☐

Par rapport à sa mère :

Indépendant ☐ «Collé» ☐ Autre ☐

L'enfant a-t-il exprimé un large éventail d'affects ?

Oui ☐ Non ☐

L'enfant est-il de façon prédominante : Calme ☐ Agité ☐

Comportement de la mère pendant l'examen

La mère était-elle ?

Détendue ☐ Anxieuse ☐ Autre ☐

Coopérante ☐ En retrait ☐ Autre ☐

A-t-elle établit un bon contact avec l'examinateur ?

Oui ☐ Non ☐

En cas de détresse, la mère a-t-elle pu rassurer et apaiser l'enfant ?

Oui ☐ Non ☐

CONCLUSION DE L'ÉVALUATION

I – Développement de l'enfant

La symbolisation chez l'enfant est : Absente ☐ Très pauvre ☐ Présente ☐ Non explorable ☐

II – La relation mère-enfant vous paraît-elle : Très harmonieuse ☐ Plutôt dysharmonieuse ☐

Plutôt harmonieuse ☐ Très dysharmonieuse ☐

Perceptions contradictoires dans l'équipe ☐

III – L'enfant a-t-il fréquemment été malade dans sa deuxième année ? Oui ☐ Non ☐

Si oui, préciser ....

IV – Hospitalisations-séparations :

L'enfant a-t-il déjà été hospitalisé ? Oui ☐ Non ☐

Si oui, préciser : Nombre .... Durée .... Motif ....

L'enfant a-t-il vécu d'autres séparations à temps complet ? Oui ☐ Non ☐

Si oui, préciser : Nombre .... Type .... Durée.......................................

Motif..

V – Inquiétude de l'équipe (porter dans la case directement le coefficient de pondération)

CONCERNANT	ENFANT OUI ☐ NON ☐	PARENTS	MÈRE OUI ☐ NON ☐	PÈRE OUI ☐ NON ☐	FAMILLE OUI ☐ NON ☐
Si oui, portent-elles sur :	**Sommeil** ☐	**Psychopathologie**	☐	☐	**Psychopathologie** ☐
Coefficient de pondération	**Alimentation** ☐	**État somatique**	☐	☐	**État somatique** ☐
	Propreté ☐	**Relation**			**Le couple** ☐
1) Pas d'inquiétude	**Langage** ☐	mère-bébé	☐		**Situation financière** ☐
2) Inquiétude mineure	**État somatique** ☐	père-bébé		☐	**Situation professionnelle** ☐
3) Inquiétude moyenne	**Relation mère-enfant** ☐	Autres, préciser :			**Logement** ☐
4) Inquiétude majeure	**Autonomisation** ☐	....			Autres, préciser :
	Symbolisation ☐	....			....
	Autres, préciser :	....			....
	....				

Le coefficient de pondération doit apparaître pour chaque item.

VI – La famille est-elle déjà connue de :

ASE Oui ☐ Non ☐
Justice Oui ☐ Non ☐
Psychiatrie Oui ☐ Non ☐

VII – Cet enfant vous paraît-il à risques au niveau :

Des sévices : Oui ☐ Non ☐
Des négligences graves : Oui ☐ Non ☐

De la psychopathologie : Oui ☐ Non ☐

VIII – Souhaitez-vous une évaluation plus approfondie ? Oui ☐ Non ☐

Si oui, précisez dans quel(s) domaine(s) et sur quel mode : ....
....
....
....

EXAMEN DE L'ENFANT ÂGÉ DE 3 ANS

NOM : ....

PRÉNOM : ....

Date de naissance :
Lieu de naissance :
Fille ☐ Garçon ☐
Date de l'évaluation :
Âge de l'enfant le jour de l'examen :

Personne accompagnant l'enfant
Mère ☐ Père ☐
Fratrie ☐ Autre ☐ Préciser : ....

Mode de garde
La mère travaille-t-elle actuellement ? Oui ☐ Non ☐
Si oui, mode de garde actuel :
Crèche ☐ Assistante maternelle ☐
Famille ☐ Préciser : ....
Garde à domicile ☐ Préciser : ....
Autre ☐ Préciser : ....

Composition de la famille vivant au foyer

Lien de parenté	Date de naissance	Lieu de naissance

Noms des personnes participant à l'examen
Pédiatre : Puéricultrice :
Psychologue : Auxiliaire :
Interprète : Autres :

Conditions de l'examen
Consultation : Sur rendez-vous ☐ Sans rendez-vous ☐
L'enfant est-il malade ce jour ? Oui ☐ Non ☐
(Si oui, l'examen sera refait éventuellement.)
La mère est-elle inquiète ? Oui ☐ Non ☐
Pesée-mensuration Poids : Taille :
L'enfant vient-il : Seul ☐ Facilement ☐
Avec sa mère ☐ Difficilement ☐

Remarques spontanées notables de la mère

Observations dans la salle d'attente
L'enfant communique-t-il verbalement ? Oui ☐ Non ☐
Si oui : Spontanément ☐ Beaucoup ☐
Sur incitation ☐ Peu ☐
Avec sa mère ☐ Avec les enfants ☐
Avec les adultes ☐
L'enfant joue-t-il ? Oui ☐ Non ☐
Si oui : Seul ☐ Avec sa mère ☐ Avec les enfants ☐
La mère lui permet-elle de jouer ? Oui ☐ Non ☐
L'enfant vous paraît-il : Épanoui ☐ Anxieux ☐
Inhibé ☐ Calme ☐ Hyperactif ☐
Agressif ☐ Passif ☐
La mère avec son enfant est-elle :
Détendue ☐ Anxieuse ☐ Souple ☐
Laxiste ☐ Rigide ☐

Problèmes suspectés au niveau :
De l'alimentation ☐ Du sommeil ☐ Du langage ☐
De la relation mère-enfant ☐ De la socialisation ☐

N.B. Cette première feuille doit être remplie avant l'entrée dans le cabinet médical.

EXAMEN PÉDIATRIQUE :

A) LES GRANDES FONCTIONS		
ALIMENTATION	SOMMEIL	PROPRETÉ
Réponses de la mère L'enfant a-t-il de l'appétit ? Oui ☐ Non ☐ Mange-t-il sans aide ? Oui ☐ Non ☐ Les repas avec votre enfant sont des moments : Agréables ☐ Difficiles ☐ Autre ☐ Préciser :	**Réponses de la mère** À quelle heure votre enfant : S'endort le soir ? ☐ Se réveille le matin ? ☐ Se réveille-t-il la nuit ? Oui ☐ Non ☐ Si oui, combien de fois ? .... Dort-il dans sa chambre ? Oui ☐ Non ☐ A-t-il son lit ? Oui ☐ Non ☐ Comment s'endort-il : Facilement (moins d'une demi-heure) ? ☐ Difficilement (plus d'une demi-heure) ? ☐ Existe-t-il des rituels (histoires, chansons, objets transitionnels) ? Oui ☐ Non ☐	**Réponses de la mère** **Acquisition du contrôle sphinctérien** Jour / Nuit Urinaire ☐ ☐ Anal ☐ ☐
Selon l'équipe L'alimentation est-elle source de conflits familiaux ? Jamais ☐ Rarement ☐ Souvent ☐ Toujours ☐ L'enfant présente-t-il des perturbations de l'alimentation ? Oui ☐ Non ☐ Si oui, préciser : Refus global d'aliments ☐ Refus électif d'aliments ☐ Anorexie ☐ Boulimie ☐ Autre ☐ Préciser : .... Les conduites maternelles vous paraissent-elles jouer, dans les difficultés de l'enfant, un rôle : Majeur ☐ Modéré ☐ Mineur ☐ Aucun rôle ☐ Ne sait pas ☐	**Selon l'équipe** Le sommeil est-il source de conflits familiaux ? Jamais ☐ Rarement ☐ Souvent ☐ Toujours ☐ L'enfant présente-t-il des troubles du sommeil ? Oui ☐ Non ☐ Si oui, préciser : .... Troubles de l'endormissement ☐ Insomnie ☐ Hypersomnie ☐ Cauchemars ☐ Peur du noir ☐ Somnanbulisme ☐ Terreurs nocturnes ☐ Autre ☐ Préciser : .... Les conduites maternelles vous paraissent-elles jouer, dans les difficultés de l'enfant, un rôle : Majeur ☐ Modéré ☐ Mineur ☐ Aucun rôle ☐ Ne sait pas ☐	**Selon l'équipe** L'acquisition de la propreté est-elle source de conflits familiaux ? Jamais ☐ Rarement ☐ Souvent ☐ Toujours ☐ Les conduites maternelles vous paraissent-elles jouer, dans les difficultés de l'enfant, un rôle : Majeur ☐ Modéré ☐ Mineur ☐ Aucun rôle ☐ Ne sait pas ☐

B) EXAMEN SOMATIQUE

EXAMEN	NORMAL	SINON, PRÉCISER
État général	Oui ☐ Non ☐	
Croissance staturo-pondérale	Oui ☐ Non ☐	
Peau et muqueuses	Oui ☐ Non ☐	
Voies respiratoires sup. + cavité buccale. État dentaire	Oui ☐ Non ☐	
ORL	Oui ☐ Non ☐	
Audition	Oui ☐ Non ☐	
Cœur TA :	Oui ☐ Non ☐	
Poumons	Oui ☐ Non ☐	
Abdomen	Oui ☐ Non ☐	
Squelette	Oui ☐ Non ☐	
Yeux : examen de l'acuité visuelle fait Existence d'un strabisme	Oui ☐ Non ☐ Oui ☐ Non ☐	
Organes génitaux	Oui ☐ Non ☐	

Examen neurologique et psychomoteur

MOTRICITÉ	NORMAL	SINON, PRÉCISER
Marche	Oui ☐ Non ☐	
Coordination	Oui ☐ Non ☐	
Équilibre	Oui ☐ Non ☐	
Latéralité définie	Oui ☐ Non ☐	Si oui, gauche ☐ droite ☐
Réflexes	Oui ☐ Non ☐	

L'enfant imite-t-il :

Un trait vertical et horizontal Oui ☐ Non ☐

Un cercle Oui ☐ Non ☐

Peut-il nommer 5 objets familiers sur images ? Oui ☐ Non ☐

C) SEXUALITÉ

Selon la mère

Pensez-vous que votre enfant se pose des questions sur la différence des sexes, la naissance ? Oui ☐ Non ☐

Est-ce qu'il joue fréquemment avec son sexe ?
Oui ☐ Non ☐

Si oui, pensez-vous que c'est : Normal ☐ Inquiétant ☐
Autre ☐ Précisez : ....

Selon l'équipe

Les parents ont-ils à ce niveau des conduites

Mère : Adéquates ☐ Inadéquates ☐ Ne sait pas ☐

Père : Adéquates ☐ Inadéquates ☐ Ne sait pas ☐

D) LANGAGE

Selon la mère

L'enfant parle-t-il couramment ? Oui ☐ Non ☐

Dans quelle langue s'adresse-t-on à lui à la maison ? Oui ☐ Non ☐

Parle-t-il une autre langue ? Oui ☐ Non ☐

Si oui, préciser...

Selon l'équipe

Pendant l'examen l'enfant parle :

- Spontanément Oui ☐ Non ☐
- Sur incitation Oui ☐ Non ☐
- Pas du tout Oui ☐ Non ☐

Pose-t-il des questions par rapport à l'examen ? Oui ☐ Non ☐

Fait-il des phrases ? Oui ☐ Non ☐

Utilise-t-il le «je»? Oui ☐ Non ☐

Le langage paraît-il adéquat avec l'âge ? Oui ☐ Non ☐

Sinon, existe-t-il un trouble du langage ? Oui ☐ Non ☐

Préciser, si possible ....

Les conduites maternelles à ce niveau vous paraissent-elles jouer, dans les difficultés de l'enfant, un rôle :

- Majeur ☐
- Modéré ☐
- Mineur ☐
- Aucun rôle ☐
- Ne sait pas ☐

E) ÉCOLE (OU JARDIN D'ENFANTS)

Selon la mère

Votre enfant vous paraît-il content d'aller à l'école ? Oui ☐ Non ☐

S'intéresse-t-il aux activités proposées ? Oui ☐ Non ☐

Si oui, préciser : ....

Adaptation satisfaisante Oui ☐ Non ☐

Ne sait pas ☐

Sinon, préciser : Anxiété proche de la phobie ☐

Inhibition ☐ Agitation ☐

Autres, préciser : ....

La fréquentation scolaire est-elle régulière ? Oui ☐ Non ☐

F) VIE SOCIALE

Selon la mère

L'enfant a-t-il des copains ? Oui ☐ Non ☐

Apparaît-il isolé ? Oui ☐ Non ☐

Est-il jaloux ? Oui ☐ Non ☐

Si oui, préciser Fratrie ☐ Autre ☐

Les relations sont-elles :

- Avec les enfants Faciles ☐ Difficiles ☐
- Avec les adultes familiers Faciles ☐ Difficiles ☐
- Avec les adultes étrangers Faciles ☐ Difficiles ☐

G) INTERACTIONS AVEC LE PÈRE

Selon la mère

Parle spontanément du père de l'enfant ? Oui ☐ Non ☐

Le père s'occupe-t-il de l'enfant ? Oui ☐ Non ☐

Si oui : Seul avec l'enfant ☐

Avec elle et l'enfant ☐

Autre ☐ Préciser : ....

Selon l'enfant

Parle-t-il spontanément de son père ? Oui ☐ Non ☐

Selon l'équipe

Le père vient-il spontanément à la PMI ? Oui ☐ Non ☐

Le père participe-t-il activement à la consultation ? Oui ☐ Non ☐

L'enfant semble-t-il très proche de son père ? Oui ☐ Non ☐

L'enfant manifeste-t-il des comportements négatifs à l'égard de son père (évitement, peur, hostilité) ? Oui ☐ Non ☐

H) COMPORTEMENT PENDANT L'EXAMEN

De l'enfant

L'enfant a-t-il pu entrer en contact avec l'examinateur ? Oui ☐ Non ☐

Si oui, préciser : Contact facile ☐ Difficile ☐

Autre ☐ Préciser : ....

S'est-il montré ?

Coopérant ☐ Réticent ☐

Autre ☐ Opposant ☐

Actif ☐ Passif ☐ Inhibé ☐

Autre ☐ Préciser : ....

Est-il resté « accroché » à sa mère pendant la majeure partie de l'examen ? Oui ☐ Non ☐

L'enfant était-il de façon prédominante :

Détendu ☐ Triste ☐ En détresse ☐

Excité ☐ Anxieux ☐

Autre ☐ Préciser : ....

De la mère

Était-elle :

Détendue ☐ Anxieuse ☐ Autre ☐

Coopérante ☐ En retrait ☐ Autre ☐

A-t-elle établi un bon contact avec l'examinateur ? Oui ☐ Non ☐

En cas de détresse de l'enfant, la mère a-t-elle pu le rassurer et l'apaiser Oui ☐ Non ☐

En cas de colère l'a-t-elle calmé ? Oui ☐ Non ☐

Apparaît-elle « dépassée » par son enfant ? Oui ☐ Non ☐

Séquence de séparation (en fin d'évaluation). On demande à la mère, devant l'enfant, de sortir quelques minutes

1) La séparation est-elle possible

Pour la mère Oui ☐ Non ☐

La séparation est-elle facile pour la mère ? Oui ☐ Non ☐

Sinon, préciser :

Détresse ☐ Tristesse ☐ Anxiété ☐
Indifférence ☐ Colère ☐ Autre ☐

Pour l'enfant Oui ☐ Non ☐

La séparation est-elle facile pour l'enfant ? Oui ☐ Non ☐

Sinon, préciser :

Détresse ☐
Tristesse ☐
Anxiété ☐
Indifférence ☐
Colère ☐
Autre ☐ Préciser : ....

2) En l'absence de sa mère

L'enfant ne fait rien ☐
L'enfant joue seul ☐
L'enfant parle avec l'examinateur ☐
L'enfant joue avec l'examinateur ☐

L'enfant est :

Détendu ☐
Excité ☐
Anxieux ☐
En colère ☐
Indifférent ☐
Triste ☐
Autre ☐ Préciser : ....

3) Les retrouvailles sont-elles faciles

Pour la mère Oui ☐ Non ☐ Sinon : Tension ☐ Ambivalence ☐ Évitement ☐ Autre ☐..............
Pour l'enfant Oui ☐ Non ☐ Sinon : Tension ☐ Ambivalence ☐ Évitement ☐ Autre ☐..............

CONCLUSION DE L'ÉVALUATION

I – Développement de l'enfant

Autonomisation de l'enfant Est-il autonome en ce qui concerne :

L'alimentation	Oui ☐	Non ☐
La propreté	Oui ☐	Non ☐
La socialisation	Oui ☐	Non ☐

Constance de l'objet L'enfant supporte-t-il d'être séparé de sa mère lorsqu'elle quitte la pièce ? Oui ☐ Non ☐

II – La relation mère-enfant vous paraît-elle :

Très harmonieuse ☐
Plutôt dysharmonieuse ☐
Plutôt harmonieuse ☐
Très dysharmonieuse ☐
Perceptions contradictoires dans l'équipe ☐

III – L'enfant a-t-il été fréquemment malade dans sa 3e année ? Oui ☐ Non ☐

Si oui, préciser : ....

IV – Hospitalisations-séparations :

L'enfant a-t-il déjà été hospitalisé ? Oui ☐ Non ☐

Si oui, préciser : Nombre.................................... Durée.. Motif..

L'enfant a-t-il vécu d'autres séparations à temps complet ? Oui ☐ Non ☐

Si oui, préciser : Nombre .... Type...................................... Durée..

Motif ....

V – Inquiétudes de l'équipe (porter dans la case directement le coefficient de pondération)

CONCERNANT	ENFANT OUI ☐ NON ☐	PARENTS	MÈRE OUI ☐ NON ☐	PÈRE OUI ☐ NON ☐	FAMILLE OUI ☐ NON ☐
Si oui portent-elles sur :	**Grandes fonctions**	**Psychopathologie**	☐	☐	**Psychopathologie** ☐
	Sommeil ☐	**État somatique**	☐	☐	**État somatique** ☐
Coefficient de pondération	Alimentation ☐	**Relation**			**Le couple** ☐
	Langage ☐	mère-enfant	☐		**Situation finan.** ☐
1) Pas d'inquiétude	**État somatique** ☐	père-enfant		☐	**Situation profes.** ☐
2) Inquiétude mineure	**Relation**	Autres, préciser :			**Logement** ☐
3) Inquiétude moyenne	**mère-enfant** ☐	....	☐	☐	Autres, préciser : ....
4) Inquiétude majeure	**Autonomisation** ☐	....			....
	Autres, préciser :	....			....
Le coefficient de pondération doit apparaître pour chaque item.					

VI – La famille est-elle déjà connue :

De l'ASE	Oui ☐	Non ☐
De la justice	Oui ☐	Non ☐
De la psychiatrie	Oui ☐	Non ☐

VII – Cet enfant vous paraît-il à risques au niveau :

Des sévices	Oui ☐	Non ☐
Des négligences graves	Oui ☐	Non ☐
De la psychopathologie	Oui ☐	Non ☐

VIII – Souhaitez-vous une évaluation plus approfondie ? Oui ☐ Non ☐

Si oui, préciser dans quel(s) domaine(s) et sur quel mode : ....

....

....

....

2.3. Évaluer la parentalité : grille d'évaluation

Mettre une croix dans la case correspondant à la réponse choisie.

Enfant

Nom : Prénom :

Né le :

Rang dans la fratrie :

Nom du service faisant l'évaluation :

Motif de prise en charge par ce service :

À la demande directe des parents : oui ☐ non ☐

Sinon, par qui et par quelle institution l'enfant et/ou les parents ont-ils été adressés à ce service ?

I. SITUATION ACTUELLE

◆ *PARENTS DE L'ENFANT :*

Mère Nom : Prénom :

Née le : Âge : Pays d'origine :

Père Nom : Prénom :

Né le : Âge : Pays d'origine :

◆ *STATUT LÉGAL DE L'ENFANT ET AUTORITÉ PARENTALE*

L'enfant porte le nom du père géniteur ☐ de la mère ☐

d'un autre homme ☐ Préciser : ....

Est reconnu par la mère ☐ le père géniteur ☐

un autre homme ☐ Préciser : ....

Exercice de l'autorité parentale :

par la mère ☐ le père géniteur ☐

un autre homme ☐ Préciser : ....

Mesure judiciaire :

Signalement oui ☐ non ☐

AEMO oui ☐ non ☐

Service l'exerçant : ....

Ordonnance de placement provisoire oui ☐ non ☐

Durée : ....

Partage de l'autorité parentale avec l'ASE oui ☐ non ☐

◆ *COUPLE PARENTAL*

Statut légal : marié ☐ divorcé ☐ séparé ☐

Situation actuelle : parents vivent ensemble oui ☐ non ☐

Couple stable oui ☐ non ☐

Instable oui ☐ non ☐

Rupture récente oui ☐ non ☐

Si oui préciser quand par rapport à la grossesse et à la naissance de l'enfant : ....

◆ *FRATRIE*

Nom Prénom	Né(e)	Âge	Même mère[1]	Même père[1]	Lieu de vie
			oui ☐ non ☐	oui ☐ non ☐	
			oui ☐ non ☐	oui ☐ non ☐	
			oui ☐ non ☐	oui ☐ non ☐	
			oui ☐ non ☐	oui ☐ non ☐	
			oui ☐ non ☐	oui ☐ non ☐	

◆ *SITUATION SOCIALE*

Profession du père :..

En activité oui ☐ non ☐

Sinon : chômage ☐ Désinsertion sociale ☐

Profession de la mère :..

En activité oui ☐ non ☐

Sinon : chômage ☐ Désinsertion sociale ☐

1. que l'enfant concerné par l'évaluation.

◆ *DOMICILE PRINCIPAL DE L'ENFANT (en toutes lettres) :*

....

Ce domicile est fixe : oui ☐ non ☐

autre ☐ préciser : ....

Personnes y vivant : père ☐ mère ☐

Autre partenaire ☐ préciser : ....

Fratrie ☐ préciser : ....

Grands-parents ☐ préciser : ....

Situation particulière : ....

◆ *MODES D'ACCUEIL DE JOUR DE L'ENFANT :* oui ☐ non ☐

Crèche familiale ☐ collective ☐ Assistante maternelle ☐

Autre, préciser : ....

◆ *RÉSEAU DE SOUTIEN AUTOUR DE L'ENFANT ET DE SES PARENTS (les liens de parenté sont nommés en référence à l'enfant)*

– **Famille :**

Maintien des liens avec la famille élargie :

oui ☐ non ☐ Si oui préciser : ....

Grands-parents : maternels oui ☐ non ☐

paternels oui ☐ non ☐

Oncles, tantes : maternels oui ☐ non ☐

paternels oui ☐ non ☐

Autres relations de soutien dans la famille : oui ☐ non ☐

Si oui, préciser : ....

– **Voisinage, amis :**

Relations de confiance : oui ☐ non ☐

Isolement important : oui ☐ non ☐

– **Professionnels :**

Lister les professionnels et les services ayant un lien stable avec la famille : ....

....

....

....

II. EXERCICE DE LA FONCTION PARENTALE

Ces données sont recueillies :
- **par observation directe des relations parents-nourrisson** ☐
  - par la personne qui remplit l'évaluation ☐
  - par un tiers ☐ préciser : ....
- **de manière indirecte :** discours des parents en l'absence de l'enfant ☐
  - par la personne qui remplit l'évaluation ☐
  - par un tiers ☐ préciser : ....

Dans le contexte :
du domicile ☐ du service ☐ du mode de garde ☐
Autre ☐ préciser: ....

1 – Soins nourriciers

- ALIMENTATION

Signaux de l'enfant (faim, satiété, goûts) :

Comportements des parents face à ces signaux	Perception		Déchiffrage		Réponse adéquate	
	Mère	Père	Mère	Père	Mère	Père
le plus souvent						
souvent						
rarement						
jamais						

Globalement, en ce qui concerne les besoins de leur enfant, les parents :

Les parents ont	Représentations des besoins adaptées à l'âge		Reconnaissance des besoins		Réponse adéquate	
	Mère	Père	Mère	Père	Mère	Père
le plus souvent						
souvent						
rarement						
jamais						

– Un rythme s'est-il installé au niveau des repas ? oui ☐ non ☐
– Respectent-ils les initiatives et l'activité propre de leur enfant ?
Mère : le plus souvent ☐ souvent ☐ rarement ☐ jamais ☐
Père : le plus souvent ☐ souvent ☐ rarement ☐ jamais ☐
– Exercent-ils une contrainte physique sur l'enfant dans ce domaine ?
Mère : le plus souvent ☐ souvent ☐ rarement ☐ jamais ☐
Père : le plus souvent ☐ souvent ☐ rarement ☐ jamais ☐
Problèmes particuliers : ....

• SOINS CORPORELS

Signaux de l'enfant (hygiène, acquisition de la propreté, habillement, douleur, etc.) :

Comportements des parents face à ces signaux	Perception		Déchiffrage		Réponse adéquate	
	Mère	Père	Mère	Père	Mère	Père
le plus souvent						
souvent						
rarement						
jamais						

Globalement, en ce qui concerne les besoins de leur enfant, les parents :

Les parents ont	Représentations des besoins adaptées à l'âge		Reconnaissance des besoins		Réponse adéquate	
	Mère	Père	Mère	Père	Mère	Père
le plus souvent						
souvent						
rarement						
jamais						

– Respectent-ils les initiatives et l'activité propre (motricité, etc.) de leur enfant ?
Mère : le plus souvent ☐ souvent ☐ rarement ☐ jamais ☐
Père : le plus souvent ☐ souvent ☐ rarement ☐ jamais ☐

– Exercent-ils une contrainte physique sur l'enfant dans ce domaine ?

Mère : le plus souvent ☐ souvent ☐ rarement ☐ jamais ☐

Père : le plus souvent ☐ souvent ☐ rarement ☐ jamais ☐

– Problèmes particuliers : ....

• VEILLE/SOMMEIL

Signaux de l'enfant concernant ses états de veille et de sommeil :

Comportements des parents face à ces signaux	Perception		Déchiffrage		Réponse adéquate	
	Mère	Père	Mère	Père	Mère	Père
le plus souvent						
souvent						
rarement						
jamais						

Globalement, en ce qui concerne les besoins de leur enfant, les parents :

Les parents ont	Représentations des besoins adaptées à l'âge		Reconnaissance des besoins		Réponse adéquate	
	Mère	Père	Mère	Père	Mère	Père
le plus souvent						
souvent						
rarement						
jamais						

Un rythme veille-sommeil s'est-il installé ? oui ☐ non ☐

Problèmes particuliers : ....

• SITUATIONS PARTICULIÈRES

Comportements des parents à l'égard de l'enfant :

– **Devant ses manifestations de détresse** (cris, pleurs, tristesse…):

Capacité à le calmer :

Mère : oui ☐ non ☐

Père : oui ☐ non ☐

Seuil de tolérance aux manifestations de détresse de leur enfant :

Mère : faible ☐ moyen ☐ élevé ☐ trop élevé ☐

Père : faible ☐ moyen ☐ élevé ☐ trop élevé ☐

– **Quand l'enfant est malade :** mère père

Soins apportés à l'enfant : oui ☐ non ☐ oui ☐ non ☐

Adéquation des soins : oui ☐ non ☐ oui ☐ non ☐

Recours fréquent à l'hospitalisation :

oui ☐ non ☐ oui ☐ non ☐

– autres : ....

2 – Vie affective

– **Manifestations de tendresse des parents** (câlins, baisers, caresses, paroles, etc.) :

Mère : absentes ☐ rares ☐ assez fréquentes ☐ fréquentes ☐

Suscitent un malaise chez l'intervenant : oui ☐ non ☐

Père : absentes ☐ rares ☐ assez fréquentes ☐ fréquentes ☐

Suscitent un malaise chez l'intervenant : oui ☐ non ☐

– **Manifestations agressives des parents** (secouer, frapper, paroles, etc.) :

Mère : absentes ☐ rares ☐ assez fréquentes ☐ fréquentes ☐

Mettent en danger l'enfant : oui ☐ non ☐

Père : absentes ☐ rares ☐ assez fréquentes ☐ fréquentes ☐

Mettent en danger l'enfant : oui ☐ non ☐

– **Parent présent émotionnellement à l'enfant :**

Mère : le plus souvent ☐ souvent ☐ rarement ☐ jamais ☐

Père : le plus souvent ☐ souvent ☐ rarement ☐ jamais ☐

– **Le parent peut-il prêter au bébé des émotions ?**

Mère : le plus souvent ☐ souvent ☐ rarement ☐ jamais ☐

Si oui, lesquelles : ....

Père : le plus souvent ☐ souvent ☐ rarement ☐ jamais ☐

Si oui, lesquelles : ....

– **Discordance entre les émotions du bébé et les comportements parentaux :**

Mère : le plus souvent ☐ souvent ☐ rarement ☐ jamais ☐

Père : le plus souvent ☐ souvent ☐ rarement ☐ jamais ☐

3 – Vie psychique

LE BÉBÉ IMAGINÉ

– **Le bébé imaginaire** (attendu) :

	bébé désiré		sexe souhaité		caractéristiques
Mère :	oui ☐	non ☐	F ☐	G ☐	....
Père :	oui ☐	non ☐	F ☐	G ☐	....

– **Rôle de l'enfant** (mandat transgénérationnel) :

Pour la mère :

Pour le père :

– **Intentions prêtées au bébé :**

Par la mère : oui ☐ non ☐

Si oui, à prédominance : positive ☐ négative ☐ les deux ☐

Par le père : oui ☐ non ☐

Si oui, à prédominance : positive ☐ négative ☐ les deux ☐

– **Statut du bébé dans le psychisme du parent :**

Mère : narcissisant, réparateur ☐ persécuteur ☐
parentifié ☐ autre : ....

Père : narcissisant, réparateur ☐ persécuteur ☐
parentifié ☐ autre : ....

LE BÉBÉ RÉEL

– **Les parents sont-ils attentifs au bébé réel ?**

Mère : le plus souvent ☐ souvent ☐ rarement ☐ jamais ☐

Père : le plus souvent ☐ souvent ☐ rarement ☐ jamais ☐

– **Écart entre le bébé réel et le bébé imaginaire :**

Chez la mère : faible ☐ assez important ☐ très important ☐

Chez le père : faible ☐ assez important ☐ très important ☐

– **Réaménagements parentaux vers une meilleure prise en compte de l'enfant réel :**

Pour la mère : possibles ☐ difficiles ☐ impossibles ☐

Pour le père : possibles ☐ difficiles ☐ impossibles ☐

LE PARENT IMAGINAIRE

Comment le parent se représente-t-il en tant que parent :

Mère :

Père :

– Écart entre le parent réel et le parent imaginaire :

Mère : faible ☐ assez important ☐ très important ☐

Père : faible ☐ assez important ☐ très important ☐

– Réaménagements parentaux : possibles ☐ difficiles ☐ impossibles ☐

4 – Différenciation des rôles paternel et maternel

– **Dans le couple parental :**

Différenciation : nette ☐ précaire ☐ absente ☐

Inversion des rôles : oui ☐ non ☐

– **Éventuellement dans la famille recomposée :**

Différenciation : nette ☐ précaire ☐ absente ☐

Inversion des rôles : oui ☐ non ☐

– **Autre configuration particulière :**..

5 – Fonctionnement familial

– **Père, mère et bébé ont-ils des échanges à trois ?**

souvent ☐ rarement ☐ jamais ☐

– **Individuation des membres de la famille :**

faible ☐ assez importante ☐ importante ☐

– **Différenciation entre les générations :**

importante ☐ assez importante ☐ faible ☐ confusion ☐

– **Existence de :**

- Transactions incestueuses intrafamiliales oui ☐ non ☐
  Si oui, préciser : ....
- Abus sexuels : oui ☐ non ☐ Si oui, préciser : ....
- Sévices corporels : oui ☐ non ☐ Si oui, préciser : ....

III. PARENTALITÉ ET PSYCHOPATHOLOGIE

1 – Fonctionnement mental des parents

– EXISTENCE D'UNE PSYCHOPATHOLOGIE

	diagnostic	degré de gravité	évolution
Chez la mère :			
Chez le père :			

– HOSPITALISATION EN PSYCHIATRIE

Chez la mère : oui ☐ non ☐ Nombre : ☐

Chez le père : oui ☐ non ☐ Nombre : ☐

– LIENS ENTRE CETTE PSYCHOPATHOLOGIE ET LA PARENTALITÉ

◆ *DÉBUT :*

Chez la mère : avant la grossesse ☐ pendant ☐ après ☐

Si début après l'accouchement : début périnatal ☐

Début à un stade particulier du développement de l'enfant ☐

Préciser : ....

Chez le père : avant la grossesse ☐ pendant ☐ après ☐

Si début après l'accouchement : début périnatal ☐

Début à un stade particulier du développement de l'enfant ☐

Préciser : ....

◆ *ÉVOLUTION AVEC LE DÉVELOPPEMENT DE L'ENFANT (sevrage, étapes du processus de séparation-individuation, etc.) :*

Mère : amélioration ☐ stationnaire ☐ aggravation ☐

Préciser l'étape : ....

Père : amélioration ☐ stationnaire ☐ aggravation ☐

Préciser l'étape : ....

◆ *LE NOURRISSON A UN IMPACT DÉSORGANISATEUR SUR LE FONCTIONNEMENT PARENTAL*

De la mère : oui ☐ non ☐

Du père : oui ☐ non ☐

– L'UN DES PARENTS PEUT-IL AVOIR UNE FONCTION DE MÉDIATION ET DE PROTECTION POUR L'ENFANT FACE À LA PATHOLOGIE DE L'AUTRE

oui ☐ non ☐ Si oui le père ☐ la mère ☐

2 – Antécédents concernant la parentalité

– ÉLÉMENTS DE L'HISTOIRE DES PARENTS DÉTERMINANTS POUR LA PARENTALITÉ

Mère :

Pathologie somatique grave oui ☐ non ☐

Hospitalisations fréquentes oui ☐ non ☐

Si oui, préciser le type d'hospitalisation : ....

Passé de carences oui ☐ non ☐ Discontinuités oui ☐ non ☐

Placements oui ☐ non ☐ Préciser : ....

Négligences graves oui ☐ non ☐ Maltraitance oui ☐ non ☐

Abus sexuels oui ☐ non ☐ Inceste oui ☐ non ☐

Problèmes de filiation sur le plan légal (non-reconnaissance par un des parents, abandon, adoption, etc.)

oui ☐ non ☐ Si oui, préciser : ....

Autres éléments de l'histoire de la mère

Préciser : ....

Père :

Pathologie somatique grave oui ☐ non ☐

Hospitalisations fréquentes oui ☐ non ☐

Si oui, préciser le type d'hospitalisation : ....

Passé de carences oui ☐ non ☐ Discontinuités oui ☐ non ☐

Placements oui ☐ non ☐ Préciser : ....

Négligences graves oui ☐ non ☐ Maltraitance oui ☐ non ☐

Abus sexuels oui ☐ non ☐ Inceste oui ☐ non ☐

Problèmes de filiation sur le plan légal (non-reconnaissance par un des parents, abandon, adoption, etc.)

oui ☐ non ☐ Si oui, préciser : ....

Autres éléments de l'histoire du père

Préciser : ....

– ANTÉCÉDENTS PORTANT SUR LES AÎNÉS DE LA FRATRIE

Pathologie somatique grave oui ☐ non ☐

Hospitalisations fréquentes oui ☐ non ☐

Si oui, préciser le type d'hospitalisation : ....

Carences oui ☐ non ☐ Discontinuités oui ☐ non ☐

Placements oui ☐ non ☐ Préciser :.................................
Négligences graves oui ☐ non ☐ Maltraitance oui ☐ non ☐
Abus sexuels oui ☐ non ☐ Inceste oui ☐ non ☐
Problèmes de filiation sur le plan légal (non-reconnaissance par un des parents, abandon, adoption, etc.)
oui ☐ non ☐ Si oui, préciser :..
Autres éléments de l'histoire des enfants
Préciser :..

IV. Conclusion de l'évaluation globale

1 – Parentalité

- EXISTENCE D'UNE PSYCHOPATHOLOGIE AYANT UN IMPACT SUR LA PARENTALITÉ

Chez la mère : oui ☐ non ☐
Chez le père : oui ☐ non ☐

- EXERCICE ACTUEL DE LA PARENTALITÉ

◆ *SOINS NOURRICIERS*

Ressources :

Mère : importantes ☐ assez importantes ☐ faibles ☐ absentes ☐
Père : importantes ☐ assez importantes ☐ faibles ☐ absentes ☐

Risques :

Mère : importants ☐ assez importants ☐ faibles ☐ absents ☐
Père : importants ☐ assez importants ☐ faibles ☐ absents ☐

◆ *VIE AFFECTIVE*

Ressources :

Mère : importantes ☐ assez importantes ☐ faibles ☐ absentes ☐
Père : importantes ☐ assez importantes ☐ faibles ☐ absentes ☐

Risques :

Mère : importants ☐ assez importants ☐ faibles ☐ absents ☐
Père : importants ☐ assez importants ☐ faibles ☐ absents ☐

◆ *VIE PSYCHIQUE*

Ressources :

Mère : importantes ☐ assez importantes ☐ faibles ☐ absentes ☐

Père : importantes ☐ assez importantes ☐ faibles ☐ absentes ☐

Risques :

Mère : importants ☐ assez importants ☐ faibles ☐ absents ☐

Père : importants ☐ assez importants ☐ faibles ☐ absents ☐

- SIGNES DE SOUFFRANCE DES PARENTS

Décrire :

- LE NOURRISSON A-T-IL UN IMPACT DÉSORGANISATEUR SUR LE FONCTIONNEMENT PARENTAL ?

  oui ☐ non ☐

- L'UN DES PARENTS PEUT-IL AVOIR UNE FONCTION DE MÉDIATION ET DE PROTECTION POUR L'ENFANT FACE À LA PATHOLOGIE DE L'AUTRE ?

  oui ☐ non ☐ Si oui le père ☐ la mère ☐

- CAPACITÉS DE LA FAMILLE À UTILISER LES FORMES D'AIDE DÉJÀ PROPOSÉES

Mère : importantes ☐ assez importantes ☐ faibles ☐ absentes ☐

Père : importantes ☐ assez importantes ☐ faibles ☐ absentes ☐

Ensemble familial :

importantes ☐ assez importantes ☐ faibles ☐ absentes ☐

2 – L'enfant

- SIGNES DE SOUFFRANCE DE L'ENFANT

Décrire les principaux :

- RISQUES ENCOURUS PAR L'ENFANT

◆ *RISQUES VITAUX*

Malnutrition :

importants ☐ assez importants ☐ faibles ☐ absents ☐

Négligences graves :

importants ☐ assez importants ☐ faibles ☐ absents ☐

Sévices corporels :

importants ☐ assez importants ☐ faibles ☐ absents ☐

- *RISQUES AFFECTIFS*
  importants ☐ assez importants ☐ faibles ☐ absents ☐
- *RISQUES PSYCHOLOGIQUES*
  importants ☐ assez importants ☐ faibles ☐ absents ☐
- *RISQUES DE RUPTURE ET DE DISCONTINUITÉ DE SON ENVIRONNEMENT*
  importants ☐ assez importants ☐ faibles ☐ absents ☐
- *RISQUES DE MAUVAIS TRAITEMENTS*
  importants ☐ assez importants ☐ faibles ☐ absents ☐
- *RISQUES D'ABUS SEXUELS*
  Extrafamiliaux
  importants ☐ assez importants ☐ faibles ☐ absents ☐
  Intrafamiliaux
  importants ☐ assez importants ☐ faibles ☐ absents ☐

3 – Indications thérapeutiques

- LES RISQUES QUI PÈSENT SUR L'ENFANT NÉCESSITENT-T-ILS UNE INTERVENTION URGENTE ?
  oui ☐ non ☐
- LE MAINTIEN DE L'ENFANT DANS SA FAMILLE EST-IL POSSIBLE ACTUELLEMENT ?
  oui ☐ non ☐

Si oui, une aide spécialisée vous paraît-elle nécessaire ?
oui ☐ non ☐

Si oui, la ou lesquelles ?

- PMI : VAD de la puéricultrice ☐ consultation ☐ accueil ☐
- Modes de garde de jour :
  crèche ☐ assistante maternelle ☐ halte-garderie ☐
- Services sociaux : secteur ☐ AEMO administrative ☐
- Services juridiques : juge des enfants ☐ IOE ☐ AEMO ☐
- Services psychiatriques ☐
  pour l'enfant ☐ pour les parents ☐ pour la fratrie ☐
- Autres ☐ préciser : ....

Si ces types d'aide ne sont pas accessibles aux parents, ou s'ils les refusent, le maintien de l'enfant avec ses parents reste-t-il possible ?

oui ☐ non ☐

- UNE HOSPITALISATION MÈRE-ENFANT EST-ELLE INDIQUÉE ?

oui ☐ non ☐ Si oui, préciser :...

- UNE MESURE DE DISTANCIATION PARENTS-ENFANT EST-ELLE NÉCESSAIRE ?

oui ☐ non ☐ Si oui, préciser :...

◆ *À COURT TERME*

oui ☐ non ☐ Si oui, préciser :...

- Hospitalisation de l'enfant seul oui ☐ non ☐
- Placement de l'enfant : oui ☐ non ☐

Si oui, préciser : en pouponnière ☐
en famille d'accueil ☐
dans sa famille ☐

◆ *À LONG TERME*

oui ☐ non ☐ Si oui, préciser :...

Placement de l'enfant oui ☐ non ☐

Si oui, préciser : dans la famille élargie ☐ préciser :.........
en famille d'accueil PFS ☐ PF ASE ☐
dans un foyer ☐ préciser :.....................

◆ *LE NOUVEAU DOMICILE DE L'ENFANT DOIT-IL ÊTRE :*

à proximité ☐ à distance ☐ du domicile des parents ?

◆ *LES MODALITÉS DE MAINTIEN DES LIENS FAMILLE-ENFANT*

Actuellement, préciser :

– Les rencontres avec :

le père ☐ la mère ☐ les deux parents ☐ la fratrie ☐
un ou des autres membres de la famille ☐ Préciser :.................

– Le rythme des rencontres :..
– Le lieu des rencontres :...
– La nécessité de la présence d'un tiers oui ☐ non ☐
préciser :...
– Les modes d'évaluation des rencontres :...

Qui devrait avoir de fait le pouvoir de décision pour ces rencontres ?
- actuellement : ....
- à long terme : ....

◆ *QUELLE QUE SOIT LA MESURE DÉCIDÉE, UNE AIDE SPÉCIALISÉE VOUS PARAÎT-ELLE NÉCESSAIRE POUR CET ENFANT ET SA FAMILLE ?*

oui ☐ non ☐

De quel type ?
- Services sociaux : secteur ☐ AEMO administrative ☐
- Services juridiques : juge des enfants ☐ IOE ☐ AEMO ☐
- Services psychiatriques ☐
  pour l'enfant ☐ pour les parents ☐ pour la fratrie ☐
- Autres ☐ préciser : ....

REMARQUES PARTICULIÈRES

2.4. Critères permettant d'évaluer la probabilité pour l'enfant d'être élevé par ses parents

I – PARENTS

Mère :

- Son attitude pendant la grossesse à l'égard du bébé
- Grossesse imaginaire : ses aléas
- Vécu de l'accouchement et en particulier le «choc» avec le bébé réel
- Capacité de percevoir les besoins du bébé réel
- Statut de l'enfant dans les fantasmes maternels (bébé persécuteur ?)
- Sa capacité à se faire aider par l'environnement familial et social

Père :

- Présence au domicile
- Inscription familiale et sociale de l'enfant (reconnaissance et demande qu'il porte son nom)
- Statut de l'enfant dans les fantasmes paternels
- Capacité de percevoir les besoins du bébé réel

Les deux parents :

- Présence d'une psychopathologie et sa gravité
- Éléments de l'histoire des parents déterminants pour leur parentalité : passé de carences, discontinuité, maltraitance, etc.
- Antécédents concernant leur parentalité vis-à-vis de leurs autres enfants : discontinuité (hospitalisations, placement), négligence, maltraitance, perturbations du développement
- Évolution de leur psychopathologie en fonction de la naissance des enfants et de leur développement

II – ENFANT

- Atteintes somatiques, prématurité
- Caractéristiques tempéramentales

III – FAMILLE

- Lien mère-grands-parents maternels
- Lien père-grands-parents paternels
- Possibilité d'un soutien matériel et affectif

Tableau 7

BIBLIOGRAPHIE

AINSWORTH M.D., BLEHAR M.C., WATERS E., WALL S., «Patterns of attachment», dans *A Psychological Study of the Strange Situation*, Erlbaum, Hillsdale, N.J., 1978.

AJURIAGUERRA J., *Manuel de psychiatrie de l'enfant*, 2e éd., Masson, Paris, 1974.

ANZIEU D., *Le Moi-peau*, Dunod, Paris, 1985.

ATHANASSIOU C., *L'Enfant et la crèche*, Césura, Lyon, 1987.

BARRACO M., LAMOUR M., «The little stranger : du bébé étrange au bébé maltraité», dans *Dialogue*, 1991, n° 113, p. 24-32.

BARRACO M., LAMOUR M., «Suivre une famille à domicile : acte ou parole ?», dans *Dialogue*, 1994, n° 123, p. 31-39.

BENEDEKT T., «Parenthood as a developmental phase», dans *Journal American Psychology Association*, 1959, n° 7, p. 389-417.

BERTALANFFY VON L., *Théorie générale des systèmes*, trad. franç., Dunod, Paris, 1973.

BICK E., «Notes on infant observation in psycho-analytic training», dans *International Journal of Psychoanalysis*, 1964, 45, 4, p. 558-566.

BION W.R. (1962), *Aux sources de l'expérience*, éd. franç., PUF, Paris, 1979.

BION W.R. (1963), *Éléments de psychanalyse,* éd. franç., PUF, Paris, 1979.

BOSZORMENYI-NAGY I., SPARK G.M., *Invisible Loyalties,* Harper and Row, New York, 1973.

BOWLBY J., *Attachment and Loss*, 2 vol., Basic Books, New York, 1969.

BRAZELTON T.B., « Assessment as a method for enhancing infant development », dans *Zero to Three*, 1981, 2-1, 1-8.

BRAZELTON T.B., « Comportement et compétence du nouveau-né », trad. franç., dans *Psychiatrie de l'enfant*, 1981, p. 24, 2, 375-396.

BRAZELTON T.B. (1973), « Neonatal behavioral assessment scale », dans *Clinics in Developmental Medicine,* n° 50, Heineman, Londres, *ibid.*, 2e éd., 1984.

BRAZELTON T.B., ALS H., « Quatre stades précoces au cours du développement de la relation mère-nourrisson », trad. franç., dans *Psychiatrie de l'enfant*, 1981, n° 24, 2, p. 397-418.

BRIDGES L., CONNELL J.P., BELSKY J., « Similarities and differences in infant mother and infant father interaction in the strange situation : A component process analysis », dans *Developmental Psychology*, 1988, n° 24, 1, p. 92-100.

CICCONE A., LHOPITAL M., *Naissance à la vie psychique,* Dunod, Paris, 1991.

CORBOZ A., *Observation et traitement des crises familiales au post-partum : échanges père-mère-bébé,* IIIe Congrès mondial de la Waipad, Stockholm, 1986.

CORBOZ A., FORNI P., FIVAZ E., « Le jeu à trois entre père, mère et bébé ; une méthode d'analyse des interactions visuelles triadiques », dans *Neuropsychiatrie de l'enfance*, 1989, 37, 1, p. 23-33.

COSNIER J., *Psychologie des émotions et des sentiments*, Éd. Retz, Paris, 1994.

Crittenden P.N., « Relationships at risk », dans Belsky J., Nezworski T. (dir.), *Clinical Implications of Attachment*, Erlbaum, Hillsdale, N.J., 1988, p. 136-174.

Cupa Perard D., Moinet I., Chassin F., Thoret N., Bel C., Valdes L., « Devenir père ou la grossesse du père », dans *Revue de médecine psychosomatique*, 1994, n°s 37-38, p. 85-106.

Cyrulnik B., « Éthologie de la naissance du père », dans *Devenir*, 1989, 1, 4, p. 36-46.

David M., « Souffrance du jeune enfant exposé à un état psychotique maternel », dans *Perspectives psychiatriques*, 1987, 6-1, p. 7-21.

David M., *Le Placement familial. De la pratique à la théorie*, ESF, Paris, 1989.

David M., Appell G., *Loczy et le maternage insolite*, Éd. du Scarabée, Paris, 1973.

David M., Lamour M., Kreisler A., Harnisch R., « Recherche sur les nourrissons de familles carencées », dans *Psychiatrie de l'enfant*, 1984, xxvii, 1, p. 175-222.

Davis J.A., « Soma et psyché aux premiers stades du développement », dans *Devenir*, 1989, 1-4, p. 65-85.

Dos Santos Brengard D. et collab., « Réflexions sur l'expérience d'une Unité intersectorielle de soins à domicile en psychiatrie du nourrisson. Parents et bébés acteurs dans une maison qu'ils utilisent pour parler », dans *Devenir*, 1992, 1, p.49-72.

Druon C., « L'aide au bébé et à ses parents en réanimation néonatale », dans *Devenir*, 1989, 1-4, p. 47-64.

Druon C., « Un bébé en néonatalogie », dans *Le Bébé à l'hôpital*, Bensoussan P. (dir.), Syros, Paris, 1995, p. 69-77.

Durning P.C., *Éducation et suppléance familiale,* CTLERHI, diffusion PUF, Paris, 1986.

EASTERBROOKS M.A., GOLDBERG W.A., «Toddler development in the family : Impact of father involvement and parenting characteristics», dans *Child Development*, 1984, 55, p. 742-752.

EASTERBROOKS M. A., GOLDBERG W.A., «Effects of early maternal employment on toddlers, mothers and fathers», dans *Developmental Psychology*, 1985, 21, 5, p. 774-783.

EMDE R.N., «The prerepresentational self and its affective core», dans *The Psychoanalytic Study of the Child*, SOLNIT A.J., 1983, 38, p. 165-192.

ENRIQUEZ M., «Incidence du délire parental sur la mémoire des descendants», dans *Transmission de la vie psychique entre générations*, KAËS R., FAIMBERG H., ENRIQUEZ M., BARANES J.J. (dir.), Dunod, Paris, 1993, p. 130-149.

ESCALONA S., *The roots of individuality,* Adline, Chicago, 1968.

FABLET D., MACKIEWICZ M.B., *Les Modalités de coopération entre professionnels et parents d'enfants placés dans les pouponnières à caractère social,* t. I, 1996.

FALK J., PIKLER E., *Données de la recherche sur l'intégration sociale des enfants élevés dans notre institut*, publié en hongrois, *Magyar Pszichologiai Szemle*, 1972, 29, 3-4, p. 488-500. Disponible en français à l'Association Pikler-Loczy.

FIVAZ E., *Alliances et mésalliances dans le dialogue entre adulte et bébé. La communication précoce dans la famille*, Delachaux et Niestlé, Neuchâtel, 1987.

FIVAZ E., «Vers une théorie de la triade familiale», dans *Psychopathologie du bébé*, LEBOVICI S., WEIL-HALPERN F., PUF, 1989, p. 99-106, Paris.

FIVAZ E., FIVAZ R., KAUFMANN L., «Encadrement du développement : le point de vue systémique», dans *Cahiers critiques de thérapie familiale et de pratiques de réseaux*, 1982, 4-5, p. 63-74.

FIVAZ-DEPEURSINGE E., STERN D.N., BÜRGIN D., BYNG-HALL J., CORBOZ-WARNERY A., LAMOUR M., LEBOVICI S., «The dynamics of interfaces : seven authors in search of encounters across levels of description of an event involving a mother, father, and baby», dans *Infant Mental Health Journal*, 1994, 15, 1, p. 69-89.

FRAIBERG S., *Clinical Studies in Infant Mental Health : The First Year of Life*, Basic Books, New York, 1980.

FRAIBERG S. (1981), «Mécanismes de défense pathologiques au cours de la petite enfance», dans *Devenir*, 1993, 5, 1, p. 7-29.

FRAIBERG S., ADELSON E., SHAPIRO V., «Fantômes dans la chambre d'enfants», dans *Psychiatrie de l'enfant*, trad. franç., 1983, XXVI, p. 57-98.

FRASCAROLO F., *Engagement paternel quotidien et relations parents-enfant*, thèse de doctorat de l'université de Genève, 1994.

FURNISS T., «L'inceste et l'abus sexuel dans la famille : un modèle de traitement intégré», dans *Nouvelles Approches de la santé mentale de la naissance à l'adolescence pour l'enfant et sa famille,* CHILAND C. , YOUNG J.C., PUF, Paris, 1990, p. 559-575.

GAUVAIN-PICARD A., «Le nourrisson qui a mal», dans *Devenir,* 1990, 2, p. 10-22.

GIBELLO B., *L'Enfant à l'intelligence troublée,* Le Centurion, Paris, 1984.

GILLES C., *Paroles de pères : l'enfant imaginaire du père pendant la grossesse*, mémoire pour diplôme universitaire de formation aux techniques de santé mentale, université Paris-Nord, UFR de Bobigny, 1991.

GOLSE B., *Réflexion synthétique à propos de l'observation directe*, symposium sur «Les applications de l'observation psychanalytique au travail clinique avec les bébés», Waimh, Congrès de Chicago, États-Unis, 13 septembre 1992.

GOLSE B., *Du rôle de l'attention dans le dépistage et les interventions très précoces*, symposium sur «Les relations précoces parents-enfant et leurs troubles», VIe Symposium de Genève de «Psychiatrie de l'enfant et de l'adolescent», 1995.

GREENSPANN S.I., WIEDER S., «Dimensions and levels of the therapeutic process», dans *Infants in Multirisk Families,* International Universities Press, Madison, Connecticut, 1987, p. 391-430.

GUÉDENEY N., «Les limites de l'hospitalisation mère-enfant en pédiatrie», *Nervure*, 1989, 2, p. 28-32.

HAAG M., HAAG G., «L'observation du nourrisson selon Esther Bick (1901-1983) et ses applications», dans *Nouveau Traité de psychiatrie de l'enfant et de l'adolescent,* LEBOVICI S., DIATKINE R., SOULÉ M., t. I., PUF, Paris, 1995, p. 531-547.

HAAG G., TORDJMAN D. et collab., «Grille de repérage clinique des étapes évolutives de l'autisme infantile traité», dans *Psychiatrie de l'enfant*, 1995, 38, p. 495-527.

HARRIS M., «L'apport de l'observation de l'interaction mère-enfant à la formation du psychanalyste», dans *Nouvelle Revue de psychanalyse*, 1979, 19, p. 99-112.

HERBINET-BAUDOIN, AGUETTANT A., FLAVIGNY Ch., «Oralité et évolution du nouveau-né alimenté artificiellement», dans *Neuropsychiatrie de l'enfance*, 1982, 30 (4-5), p. 199-206.

HOUZEL D., «Penser les bébés. Réflexion sur l'observation directe», dans *Revue de médecine psychosomatique*, 1989, n° 19, p. 27-38.

HOUZEL D., «Les applications thérapeutiques de l'observation directe dans le champ de la psychiatrie», dans *Devenir*, 1994, 2, p. 74-86.

JARDIN F., HAAB C., MONTES DE OCA M., BRESCH D., LETRONNIER P., MOREAU A., «Dépression maternelle et troubles somatiques du bébé», dans *Psychiatrie de l'enfant*, 1996, n° 39, 1, p. 103-136.

JARDIN F., LAMOUR M., «Du signalement à la demande», dans *Revue française de service social*, 1984, 143, p. 1-9.

JOB-SPIRA, LAMOUR M., GABEL M., CHAMBRUN DE J., LEBOVICI S., «Recherche-action sur la prévention de la maltraitance chez le très jeune enfant : méthodologie et premiers résultats», dans *Archives françaises de pédiatrie*, 1988, 45, 4, p. 277-288.

KORNER A.F., «Les différences individuelles à la naissance et leurs implications dans le domaine des pratiques de soins infantiles», dans *Neuropsychiatrie de l'enfance*, trad. franç., 1984, n° 27, p. 412-413.

KREISLER L., *Traité de psychopathologie du nourrisson : les inorganisations structurales du jeune enfant, conséquences des carences affectives chroniques,* 1989, p. 353-365.

KREISLER L., CRAMER B., «Sur les bases cliniques de la psychiatrie du nourrisson», dans *Traité de psychiatrie de l'enfant et de l'adolescent*, LEBOVICI S., DIATKINE R., SOULÉ M., t. 2, PUF, Paris, 1981, p. 649-679.

LAMOUR M., «L'accompagnement des relations précoces mères-nourrissons : expérience d'une Unité de soins spécialisés pour jeunes enfants», dans *Le Groupe familial*, 1988, n° 118, p. 61-67.

LAMOUR M., «Les nourrissons de parents psychotiques», dans LEBOVICI S., WEIL-HALPERN F., *Psychopathologie du bébé*, PUF, Paris, 1989, p. 655-673.

LAMOUR M., «Le bébé est-il fragile ?», dans *Devenir*, 1990, n° 4, p. 20-29.

LAMOUR M., «Les situations à haut risque de maltraitance et de négligences graves : la place de l'approche psychiatrique dans le travail en réseau», dans *Enfance Majuscule*, 1992, p. 29-31.

LAMOUR M., «Jamais deux sans trois», dans *Dialogue*, 1995, n° 130, p. 27-40.

LAMOUR M., BARRACO M., «Le nourrisson de mère psychotique : une singulière exposition», dans *Nouvelle Revue d'ethnopsychiatrie*, 1988, n° 12, p. 105-118.

LAMOUR M., BARRACO M., «Une Unité de soins psychiatriques pour les très jeunes enfants et leurs parents», dans *Dialogue*, 1991, n° 112, p. 93-97.

LAMOUR M., BARRACO M. (1), «Perturbations précoces des interactions parents-nourrisson et construction de la vie psychique : le jeune enfant face à une mère psychotique», dans *Psychiatrie de l'enfant*, 1995, n° 38, p. 529-554.

LAMOUR M., BARRACO M. (2), «Dans les situations à haut risque, l'observation des nourrissons comme mode d'abord thérapeutique», dans *Dialogue*, 1995, n° 128, p. 81-92.

LAMOUR M., BARRACO M., «Les représentations du bébé en souffrance chez les soignants : penser l'impensable», dans *Devenir*, 1997-1, vol. 9, p. 33-58.

LAMOUR M., BARRACO M., DÉTRY M., «Méthodes cliniques d'observation directe du nourrisson», dans *Encyclopédie médico-chirurgicale,* Elsevier, Paris, dans *Psychiatrie*, 1997, 37-200-d-10, 8 p.

LAMOUR M., BARRACO M., GABEL M., FROGER C., LEBOVICI S., *Liens d'amour, liens de haine,* Ve Festival vidéo-psy, 17-19 janvier 1992.

LAMOUR M., DAVID M., JARDIN F., KUKUCKA N., *Mécanismes à la source de la maltraitance et/ou des négligences graves : actions préventives précoces,* ministère des Affaires sociales et de la Solidarité nationale : contrat n° 84-A, 1986.

LAMOUR M., GOZLAN-LONCHAMPT A., DE VRIENDT-GOLDMAN C., «Attention, bébé : naissance de la vie psychique chez le nourrisson hospitalisé», dans *Revue de médecine psychosomatique*, 1994, n°s 37-38, p. 151-174.

LAMOUR M., GOZLAN-LONCHAMPT A., PAIN M.-F., «Bébé tenu, bébé lâché : l'accompagnement thérapeutique d'une mère toxicomane et de son bébé dans le cadre d'une mesure de distanciation», dans *Neuropsychiatrie de l'enfance et de l'adolescence*, 1994, 42 (3), 70-75.

LAMOUR M., KUKUCKA N., «Contingence du nourrisson», dans *L'évaluation des interactions précoces entre le bébé et ses partenaires,* Eshel, 1989, p. 237-254.

LAMOUR M., LEBOVICI S., «Les interactions du nourrisson avec ses partenaires» *Encyclopédie médico-chirurgicale,* Paris-France, dans *Psychiatrie,* 1989, 37-190-B60, 10, 22 p.

LAMOUR M., LEBOVICI S., «Les interactions du nourrisson avec ses partenaires : évaluations et modes d'abord préventifs et thérapeutiques», dans *Psychiatrie de l'enfant*, 1991, n° 34, p. 171-275.

LAMOUR M., LENA M., «Un lieu d'écoute pour les très jeunes enfants», dans *Vie sociale et traitement*, 1983, n° 150, p. 23-28.

LAMOUR M., SPIRA N., NOËL C., ROSENFELD J., «Nouvelles actions préventives chez les nourrissons à risque psychosocial et leurs familles», dans *Psychiatrie du bébé*, CRAMER B., Eshel, Paris, 1988.

LAROUSSE, *Dictionnaire Petit Larousse*, 1997.

LE CAMUS J., *Pères et bébés*, L'Harmattan, Paris, 1995.

LEBOVICI S., «Techniques de l'observation du très jeune enfant» dans *Nouveau Traité de psychiatrie de l'enfant et de l'adolescent*, LEBOVICI S., DIATKINE R., SOULÉ M., t. 1., PUF, Paris, 1995, p. 549-561.

LEBOVICI S., LAMOUR M., GOZLAN-LONCHAMPT A., «Transmission intergénérationnelle et processus de paternalisation-filiation», dans *Enfance* (à paraître).

LEBOVICI S., STOLÉRU S., *Le Nourrisson, la mère et le psychanalyste. Les interactions précoces*, Le Centurion, Paris, 1983.

LIBERMAN A. F., PAWL J.H., «Clinical applications of attachment theory» dans *Clinical Implications of Attachment*, BELSKY J., NEZWORSKI T., Erlbaum, Hillsdale, N. J., 1988, p. 327-351.

MARCELLI D., « De l'hallucination d'une présence à la pensée d'une absence : à propos de l'absence dans les relations d'objet précoce », dans *Psychiatrie de l'enfant*, 1985, n° 28, 2, p. 403-440.

MARCELLI D., « Entre la répétition et le changement. Sur les rythmes et les rituels dans la petite enfance », dans *Lieu de l'enfance*, 1986, n° 5, p. 67-78.

MARCELLI D., « Rôle des microrythmes et des macrorythmes dans l'émergence de la pensée chez le nourrisson », dans *Psychiatrie de l'enfant*, 1992, n° 35, 1, p. 57-82.

MELLIER D., « Le travail de fonction contenante et l'observation du nourrisson selon E. Bick », dans *Dialogue*, 1995, n° 128, p. 16-27.

PALACIO-QUENTIN E., ETHIER L.S., *Apprentissage et socialisation,* vol. 16, n°s 1 et 2, 1993.

PALACIO-QUENTIN E., ETHIER L.S., JOURDAN-IONESCU C., LACHARITÉ C., *L'Intervention auprès des familles négligentes : un programme prometteur,* dans PORTOIS J.B (dir.), De Boeck, Bruxelles (sous presse).

PAPOUSEK H., PAPOUSEK M., « Intuitive parenting : A dialectic counterpart to the infant's integrative competence », dans *Handbook of Infant Development*, OSOFSKY J.D., Wiley & Son, 1987, p. 669-720, New York.

PAUMELLE P., PRÉVOST J., « Les modalités de l'intervention à domicile en psychiatrie de secteur ; l'équipe de secteur et les soins à domicile ; le service d'hospitalisation à domicile et d'urgence », dans *Inform. psychiat.*, 1969, 45, 10, p. 1053-1065.

PEDERSEN F.A., « Mother, father, and infant as an interactive system », dans *In the Beginning : Readings in Infancy*, BELSKY J. (dir.), Colombia University Press, New York, 1982, p. 216-226.

PIERRHUMBERT B., « La situation étrange », dans *Devenir*, 1992, n° 4, p. 69-93.

PIERRHUMBERT B., «Quand le bébé retrouve sa mère...», dans *Devenir*, 1994, n° 1, p. 99-121.

PIKLER E. (1979), «Importance du mouvement dans le développement de la personne : initiative, compétence», dans *Acta Pediatrica, Academie Scientarium-Hungaricas*, 20, 2, 3, p. 185-192, trad. franç., dans *Médecine infantile*, 1984, n° 3, p. 274-278.

PIKLER E. (1979), *Se mouvoir en liberté dès le premier âge,* PUF, Paris, trad. franç., SZANTO A. et GEFFRÉ M., 1984.

PINOL-DOURIEZ M., *Bébé agi-Bébé actif*, PUF, Paris, 1984.

QUINIOU-PIZZOGLIO Y., «Bébé en risque continu de traumatisme», dans *Revue française de psychosomatique*, 1992, n° 2, p. 97-103.

RABAIN-JAMIN J., «De quelques formes paradoxales de l'échange mère-nourrisson», dans *Neuropsychiatrie de l'enfance*, 1984, n° 32, 10, p. 545-551.

RACAMIER P.C., *Le Psychanalyste sans divan*, Payot, Paris, 1973.

RAIMBAULT G. et collab., «Les nourritures terrestres. À propos d'enfants en réanimation digestive», dans *Psychiatrie de l'enfant*, 1980, n° 23, 1, p. 5-86.

ROBERT P., *Dictionnaire alphabétique et analogique de la langue française,* SNL Le Robert, Paris, 1980.

ROVEE-COLLIER C., FAGEN J.W., «La mémoire des nourrissons», dans *La Recherche*, vol. 15, 158, 1984, p. 1096-1103.

SAMEROFF A.J., «Early influences on development : Fact or fancy ?», dans *Merrill-Palmer Quaterly*, 1975, n° 21, p. 267-294.

SATGÉ P., «Implications psychologiques des techniques actuelles de néonatalogie», dans *Neuropsychiatrie de l'enfance*, 1982, n° 30 (4-5), p. 234-236.

SENDAK M., *Max et les maximonstres*, L'École des Loisirs, Paris, 1963.

SIKSOU J., GOLSE B., «L'ancrage corporel des systèmes de symbolisation précoce», dans *Devenir*, 1991, n° 2, p. 63-71.

SOLNIT A., «L'enfant vulnérable, rétrospective», dans *L'Enfant dans sa famille*, vol. 4, trad. franç., *L'Enfant vulnérable*, PUF, Paris, 1982.

SOLYOM A.E., AINSLIE R.C., MCMANUS M.E., «Early assessment of psychological risk factors : On the role of husband/father during pregnancy and in the early postnatal period», dans *Infant Mental Health Journal*, 1981, n° 2,1, p. 23-32.

SPITZ R.A. (1965), *De la naissance à la parole. La première année de la vie*, PUF, Paris, trad. franç., 1968.

STERN D.N., «La conversation d'avant le langage», dans *Une nouvelle science, la bébologie*, G. Delaisi de Perceval ; Bigeargeal (dir.), Autrement, Paris, 1985, p. 236-243.

STERN D.N. (1985), *Le Monde interpersonnel du nourrisson*, trad. franç., PUF, Paris, 1989.

STERN D.N. (1990), *Le Journal d'un bébé*, Calmann-Lévy, trad. franç., Paris, 1992.

STERN D.N. (1989), «La représentation des patterns de relations. Étude en fonction du développement», dans SAMEROFF A. J., EMDE R.N., *Les Troubles des relations précoces*, PUF, Paris, trad. franç., 1993.

STERN D.N., «Une manière de construire un nourrisson cliniquement pertinent», dans *Revue de médecine psychosomatique*, 1994, n° 37/38, p. 15-38.

TARDOS A., DAVID M., «De la valeur de l'activité libre du bébé dans l'élaboration du *self*», dans *Devenir*, 1991, n° 4, p. 9-33.

TRONICK E.Z., GIANINO A.F., «The transmission of the maternal disturbance to the infant», dans *Maternal Depression and Infant Disturbance*, TRONICK E.Z., FIELD T., Jossey-Bass Inc., San Francisco, 1986, p. 5-11.

WINNICOTT D.W., *De la pédiatrie à la psychanalyse*, trad. franç., Payot, Paris, 1969.

WINNICOTT D.W. (1971), «Le rôle de miroir de la mère et de la famille dans le développement de l'enfant», dans *Jeu et réalité*, trad. franç., Gallimard, Paris, 1975.

ZASLOW M.J., PEDERSEN F.A, CAIN R.L., SUWALKSKY J., KRAMER E., «Depressed mood in new fathers : Associations with parent-infant interactions», dans *Psychology Monographs*, 1985, n° 11(2), 135-150.

ZEANAH C.H., ANDERS T.F, «La subjectivité dans les relations parents-enfants», dans *Psychiatrie du bébé : nouvelles frontières, Médecine et hygiène*, CRAMER B., Eshel, Genève, Paris, 1988, p. 337-361.

FILMS

LAMOUR M., BARRACO M., GABEL M., FROGER C., LEBOVICI S. :

- ***Liens d'amour, liens de haine I*** : *Interactions précoces parents-nourrisson et maltraitance*, primé au Ve Festival vidéo-psy, 17-19 janvier 1992.
- ***Liens d'amour, liens de haine II :*** *Les intervenants face à la maltraitance.*

Impression : EUROPE MEDIA DUPLICATION S.A.
F 53110 Lassay-les-Châteaux
N° 5959 - Dépôt légal : Octobre 1998